Ines Bothe-Fehl / Ursula Ernst-Auch et al.

Karriere machen:
Bank und Versicherung 2003

◆ Berufs- und Karriereplaner

Ines Bothe-Fehl/Ursula Ernst-Auch et al.

Karriere machen
Bank und Versicherung

2003

Erfolgsprogramme für Berufseinstieg und Weiterbildung

GABLER

Bibliografische Information Der Deutschen Bibliothek
Die Deutsche Bibliothek verzeichnet diese Publikation in der Deutschen Nationalbibliografie; detaillierte bibliografische Daten sind im Internet über <http://dnb.ddb.de> abrufbar.

1. Auflage Dezember 2002

Lektorat: Guido Notthoff

Der Gabler Verlag ist ein Unternehmen der Fachverlagsgruppe BertelsmannSpringer.
www.gabler.de

Umschlaggestaltung: Regine Zimmer, Dipl.-Designerin, Wiesbaden
Satz: Fotosatz L. Huhn, Maintal
Druck und buchbinderische Verarbeitung: Wilhelm & Adam, Heusenstamm
Gedruckt auf säurefreiem und chlorfrei gebleichtem Papier
Printed in Germany

ISBN 3-409-21747-9

Inhalt

1. Erfolgskonzepte für berufliche Weiterbildung

1.1 Bankakademie

Bankakademie

Bankakademie e. V.
Sonnemannstraße 9-11
60314 Frankfurt am Main
0 69/15 40 08-0
http://www.bankakademie.de
info@bankakademie.de

„Das Kompetenzzentrum für Bildung und Beratung in Banking und Finance“, so lautet das Leitbild der Bankakademie e. V., der renommierten Weiterbildungsinstitution seit über 40 Jahren. 1957 in Frankfurt am Main gegründet, seit 1966 von den Verbänden des deutschen Kreditgewerbes getragen, hat sich die Institution mit ihren verschiedenen Geschäftsfeldern zur führenden Weiterbildungseinrichtung für Mitarbeiterinnen und Mitarbeiter aus den verschiedenen Sparten der Bank- und Finanzindustrie, aber auch der Unternehmen banknaher Bereiche entwickelt. Ziel der Bankakademie ist es, die berufliche Qualifikation in der Bankenlandschaft zu verbessern und deren Mitarbeiter auf die Übernahme mittlerer und gehobener Fach- und Führungsaufgaben vorzubereiten. Außerdem ist es ihr Anspruch in Bezug auf eigene Produkte, den sich permanent ändernden Anforderungen der Kreditwirtschaft gerecht zu werden.

Annähernd 100.000 Studierende bei der Bankakademie, dem ältesten und bekanntesten Geschäftsfeld dieser Institution, zeugen ebenso von dem Erfolg des Konzeptes wie das hochkarätige Profil der Hochschule für Bankwirtschaft (Private Fachhochschule der Bankakademie e. V.), das Geschäftsfeld Seminare und Projekte, das weltweit operierende Geschäftsfeld Bankakademie International sowie die Online-Akademie efiport AG.

Die grundlegende Philosophie der Bankakademie, ein stets aktuelles Bildungsangebot im Rahmen von berufsbegleitenden Studiengängen sowie offenen oder maßgeschneiderten Inhouse-Veranstaltungen anzubieten, und dies an über 100 Studienorten in Deutschland, trifft die Bedürfnisse der Banken- und Finanzwirtschaft in hohem Maße. Den gewachsenen Anforderungen der Kreditwirtschaft sowohl an generalistisch ausgerichteten Studiengängen als auch funktionsorientierten Qualifizierungsmaßnahmen, begegnet die Bankakademie seit Jahren mit einem Komplettangebot von allgemein bankbetrieblich-orientierten Studiengängen bis hin zu maßgeschneiderten Seminaren und Qualifizierungsprojekten. Die entsprechenden Abschlüsse verfügen über eine hohe Anerkennung und sind eine gute Voraussetzung für die Karriere in der Finanzwirtschaft. Das bundesweite Ansehen und die Akzeptanz der Diplome und Zertifikate ergeben sich auch aus der nicht mehr wegzudenkenden Integration in die Kreditwirtschaft. Eine erst im Herbst 2000 bei Personalverantwortlichen sowie Mitarbeitern des Banking und Finance-Bereiches durchgeführte Marktbefragung bestätigte, dass die Bankakademie als die repräsentative Weiterbildungseinrichtung des Bankensektors wahrgenommen wird, die mit einem Höchstmaß an fachlicher Kompetenz und einem praxisorientierten Dozentenstamm erfolgreich Qualifizierungsmaßnahmen durchführt. Einhergehend mit den strukturellen geschäftlichen Veränderungsprozessen der Kreditwirtschaft entwickelt die Bankakademie sowohl Qualifizierungspakete als auch Einzelmaßnahmen. Diese orientieren sich methodisch, inhaltlich und organisatorisch an den Anforderungen der Kreditwirtschaft und an einem modernen Unterrichtsdesign. Nicht zuletzt die im Jahre 2000 aus einer Projektgruppe der Bankakademie heraus entwickelte Online-Akademie efiport AG zeugt davon, dass die Bankakademie zukunftweisenden Trends aufgeschlossen ist und sie proaktiv umsetzt.

Die Aktivitäten der Bankakademie lassen sich grob in zwei Bereichen darstellen. Einerseits gehören die berufsbegleitenden Studiengänge zu den Klassikern der Bankakademie. Andererseits entspricht das Angebot an offenen und geschlossenen Seminaren sowie maßgeschneiderten Inhouse-Bildungskonzeptionen und deren Umsetzung den Kundenwünschen nach flexiblen und schnellen Weiterbildungslösungen in Zeiten beschleunigter Veränderungsprozesse der Kreditwirtschaft.

Berufsbegleitende Studiengänge

Das berufsbegleitende dreistufige Bildungskonzept stellt die ideale Qualifizierung für alle jungen Bankmitarbeiter dar, die ihre Karrierechancen in der Kredit-

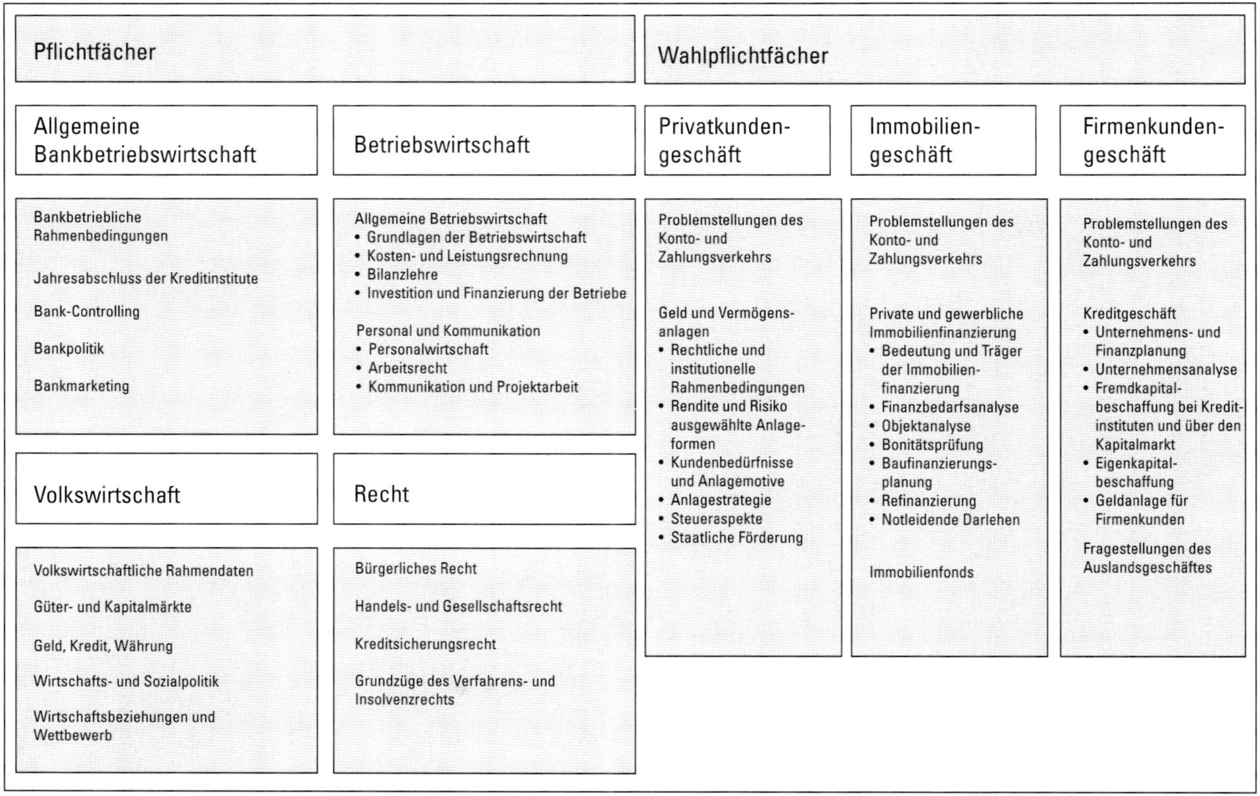

Abbildung 1 Studieninhalte Bankfachwirt

wirtschaft verbessern wollen. Es eröffnet Bankpraktikern gute Entwicklungs- und Berufschancen und entspricht dem individuellen Bedarf der Zielgruppen im Rahmen ihrer Personalentwicklung in den Kreditinstituten. Als langjähriger Marktführer mit knapp 11.000 Studierenden jährlich bietet die Bankakademie mit dieser Konzeption die renommierte und praxisorientierte Alternative zu einer traditionellen Hochschulausbildung an. Das im Jahr 2000 eingeführte Extranet der Bankakademie ist inzwischen zu einem festen Bestandteil vieler Studiengänge geworden. Das Extranet dient der Unterstützung der Studierenden, Dozenten und Tutoren der berufsbegleitenden Studiengänge über Zugriff auf Materialien, Linklisten und Foren. Insbesondere die fachlichen Diskussionsforen werden rege genutzt. Hier hat die Bankakademie zum Teil Fachexperten mit der Betreuung der Foren engagiert. Diese stellen Material ein und beantworten die vielfältigen Fragen der Studierenden. Das Extranet der Bankakademie hat sich innerhalb kürzester Zeit zum größten geschlossenen Bildungsnetzwerk in Deutschland entwickelt. Bedingt durch das starke Wachstum wird für Ende 2002 ein Relaunch des Extranets auf einer neuen technischen Plattform vorbereitet, die in noch stärkerem Maße den Anforderungen einer modernen Lernumgebung Rechnung trägt. Zahlreiche neue Features werden eine zielgerichtete Betreuung und Information der Studierenden in einer noch besseren Form ermöglichen.

Die detaillierten Informationen zu den einzelnen Studiengängen sind im Folgenden dargestellt.

Bankfachwirt-Studium

Studienziel

Das Bankfachwirt-Studium der Bankakademie richtet sich an engagierte Mitarbeiter in Kreditinstituten, die ihre berufliche Kompetenz verbessern und sich zielgerichtet auf die Bankfachwirt-Prüfung vor den Industrie- und Handelskammern vorbereiten wollen. Das Bankfachwirt-Studium schafft die Grundlage zur Übernahme von vielseitig qualifizierten Aufgaben in allen Geschäftsfeldern der Kreditwirtschaft.

Studieninhalte

Die Inhalte des Bankfachwirt-Studiums richten sich nach dem Rahmenstoffplan „Geprüfter Bankfachwirt/Geprüfte Bankfachwirtin“ des Deutschen Industrie- und Handelstages. Im Vordergrund steht die Vermittlung eines breiten bankbetrieblichen, betriebswirtschaftlichen, volkswirtschaftlichen und rechtlichen Fachwissens, auf dessen Basis bankfachliche Sachverhalte bearbeitet werden. Ergänzend wählen die Studierenden eines der praxisnahen Wahlpflichtfächer. Eine Stoffübersicht befindet sich am Ende dieser Information. Für das Studium werden die Kenntnisse aus der Ausbildung zum Bankkaufmann/zur Bankkauffrau vorausgesetzt.

Studienmaterial
Die Studierenden erhalten ein speziell für das Bankfachwirt-Studium konzipiertes Studienmaterial, das vom Bankakademie-Verlag herausgegeben wird. Es besteht aus dem fünfbändigen Studienwerk in Loseblattform (Grundwerk und halbjährliche Aktualisierungen) und Übungsheften. Die Bankakademie hat des weiteren eine CD-ROM-Aufgabensammlung entwickelt. Diese bietet die Möglichkeit einer gezielten Vorbereitung auf die internen Prüfungen der Bankakademie und die IHK-Abschlussprüfung.

Studienform
Die Bankakademie bietet Präsenzlehrgänge sowie seit Juni 2002 einen Bankfachwirt online an, der bei der staatlichen Zentralstelle für Fernunterricht unter der Nummer 6730002 zugelassen ist. Hierbei sind die Stoffinhalte in mehrwöchige Fachmodule eingeteilt, die aus jeweils einem Selbststudienteil mit internetgestützter Fach- und Organisationsbetreuung sowie Lernplanung, einem Repetitorium in Seminarform und einer Lernzielkontrolle bestehen. Weitere Informationen finden Sie unter www.bankfachwirt-online.de.

Extranet
Im Extranet stehen den angehenden Bankfachwirten für jedes Fach Foren zum Austausch über Fachfragen sowie Foren zur Kommunikation allgemeinen Interesses zur Verfügung. Links und Dokumente zur Organisation, Musteraufgaben u. v. m. sind für Dozenten und Studierende eingestellt.

Zulassung
In Anlehnung an die Zulassungsvoraussetzungen zur Bankfachwirt-Prüfung nach der bundeseinheitlichen Prüfungsordnung kann zum Bankfachwirt-Studium der Bankakademie zugelassen werden,

- wer über eine abgeschlossene Berufsausbildung als Bankkaufmann/-frau oder Sparkassenkaufmann/-frau verfügt oder

- wer über eine andere abgeschlossene anerkannte kaufmännische Berufsausbildung verfügt und bei Studienbeginn eine mindestens einjährige Berufspraxis in einem Kreditinstitut nachweisen kann oder
- wer bei Studienbeginn eine mindestens vierjährige Berufspraxis im Kreditgewerbe nachweisen kann.

Das Bankfachwirt-Studium beginnt – je nach Studienort – im Frühjahr und/oder im Herbst. Es dauert circa zwei Jahre und ist in vier Semester eingeteilt. Vorlesungsfrei bleibt in der Regel die Schulferienzeit im Sommer.

Die Lehrveranstaltungen finden je nach Studienort entweder überwiegend abends an zwei Wochentagen oder samstags vormittags und an einzelnen Abenden statt. An einigen Studienorten werden beide Alternativen angeboten.

IHK-Abschlussprüfung

Die Abschlussprüfung vor der Industrie- und Handelskammer richtet sich nach der bundeseinheitlichen Verordnung über die Prüfung zum anerkannten Abschluss „Geprüfter Bankfach-wirt/Geprüfte Bankfachwirtin". Über die Zulassung zur Bankfachwirt-Prüfung entscheidet die für die Prüfung zuständige Industrie- und Handelskammer bzw. deren Prüfungsausschuss „Bankfachwirt".

Bankakademie-Diplom

Nach erfolgreichem Abschluss der Bankfachwirt-Prüfung erhalten die Absolventen des Bankfachwirt-Studiums neben dem Zeugnis der IHK ein Diplom der Bankakademie.

Bankbetriebswirt-Studium

Studienziel

Das Bankbetriebswirt-Studium richtet sich an Mitarbeiterinnen und Mitarbeiter aus der Kreditwirtschaft, die sich für fach- und personalorientierte Führungsaufgaben qualifizieren möchten, zum Beispiel

- Beratung von gewerblichen Kunden und/oder vermögenden Privatkunden,
- Gruppenleitung,
- Geschäftsstellenleitung.

Das Bankbetriebswirt-Studium baut auf den Inhalten des Bankfachwirt-Studiums auf und bereitet auf die Übernahme von verantwortungsvollen Fach- und Führungsaufgaben in den Banken vor. Die Studierenden werden praxisorientiert weitergebildet und somit befähigt, für ausgewählte Probleme der Kreditwirtschaft Lösungen zu erarbeiten:

- die fachliche Kompetenz wird durch eine problem- und praxisorientierte Vermittlung von bankbetrieblichen Schwerpunkten entwickelt;
- die methodische Kompetenz wird fallbezogen trainiert;
- Konzepte und Instrumente zur Entwicklung der persönlichen und sozialen Kompetenz werden zielgruppengerecht behandelt und praxisnah angewandt.

Absolventen des Bankfachwirt-Studiums der Bankakademie sowie Bewerbern mit vergleichbarer Qualifikation wird mit dem Bankbetriebswirt-Studium die Möglichkeit eröffnet, die nötige Handlungskompetenz zu erlangen, die für verantwortungsvolle Aufgaben in der Bankpraxis erforderlich ist. Das vertiefte Verständnis für bankbetriebliche und personalpolitische Zusammenhänge versetzt sie in die Lage, analytisch zu denken und bereichsübergreifend zu handeln.

Studieninhalte

Die Inhalte des Bankbetriebswirt-Studiums sind auf die hohen Anforderungen an diese Zielgruppe zugeschnitten und gliedern sich in die folgenden thematischen Schwerpunkte (s. auch Abbildung 2):

- Entwicklung der methodischen Kompetenz,
- Bank-Controlling; Ertragsmanagement und Risikopolitik,
- Privatkundengeschäft der Kreditinstitute,
- Firmenkundengeschäft der Kreditinstitute,
- Portfolio-Management,
- Entwicklung der persönlichen und sozialen Kompetenz,
- Bankplanspiel.

Studienmaterial

Die Studierenden erhalten eine speziell für das Bankbetriebswirt-Studium konzipierte Fachbuchreihe, die vom Bankakademie-Verlag herausgegeben wird.

Die Fachbücher werden regelmäßig überarbeitet und aktualisiert. Die Gliederungen der Fachbücher können über das Extranet von Dozenten, Studierenden und Fachexperten direkt eingesehen werden. Im Extranet sind außerdem verschiedene Diskussionsforen eingerichtet, die die Kommunikation und den Informa-

Entwicklung der methodischen Kompetenz

Anmerkungen zum persönlichen Standort
- Standortbestimmung
- Elemente der Ich-Stabilität
- Begriff der Motivation
- Dimensionen der persönliche Leistungsfähigkeit

Optimierung der methodischen Kompetenz
- Self-Management
- Time-Management
- Phänomen „Stress"
- Work-Management

Bank-Controlling: Ertragsmanagement und Risikopolitik

Aufgaben, Instrumente und Organisation des Controlling
- Ziele und Aufgaben des Bank-Controlling
- Controlling als Managementprozess
- Einbindung in die Organisation Kreditinstituten
- Srategisches und operatives Controlling
- Zentrale Probleme Bank-Controlling

Ergebnisermittlung und -steuerung im Finanz- und Betriebsbereich
- Anforderungen Kalkulations- und Steuerungssysteme
- Ergebnisermittlung und -steuerung
- Kombinierte Steuerung von Finanz- und Betriebsbereich

Ertragsmanagement auf Gesamt- und Teilbankebene mit Hilfe des strategischen und operativen Controllings
- Aufbaus und Aussagekraft von Rentabilitätsanalysen
- Bestimmung und gezielte Nutzung von Ertragspotenzialen
- Plankoordination, Ergebniskontrollen und Abweichungsanalysen
- Qualitäts- und Kostenmanagement – aktuelle Herausforderungen

Risk Management in Kreditinstituten
- Risikobegriff, Risikoposition und Risikopolitik
- Phasenschema des Risk-Management
- Risiken und Risioträger in Kreditinstituten: Liquiditäts-, Ausfall-, Länder-, Zinsänderungs- und Wechselkursrisiko

Ausgewähle Geschäftsfelder

Privatkundengeschäft der Kreditinstitute
- Entwicklungslinien auf der Anbieter- und der Nachfolgerseite
- Marktforschung im Privatkundenbereich
- Bankmarketing als Managementprozess
- Marktsegmentierung
- Marketingmix im Privatkundengeschäft: Preis-, Leistungs-, Vertriebs- sowie Informations- und Kommunikationspolitik

Firmenkundengeschäft der Kreditinstitute
- Finanzmanagement der Firmenkunden
- Kreditgeschäft mit Firmenkunden
- Unternehmensbewertung
- Alternative Finazierungsinstrumente, Spezialfinanzierungen und Beratungsdienstleistungen
- Provisionsgeschäfte
- Firmenkundenmarketing

Potfolio-Management
- Portfolio-Theorie
- Kapitalmarkteffizienz
- Grundüberlegungen zur Asset Allocation
- Strategische und taktische Asset Allocation
- Performance-Analyse
- Portfolio-Insurance

Entwicklung der persönlichen und sozialen Kompetenz

Organisations- und Personalentwicklung
- Traditionelles und zeitgemäßes Bankmanagement
- Lean Banking
- Philosophie und Systematik der Organisationsentwicklung
- Ebenenübergreifende Ansätze der Organisationsentwicklung
- Voraussetzungen und Erfolge der Organisationsentwicklung
- Personalentwicklung als Unternehmensstrategie
- Planung und Maßnahmen der Personalentwicklung

Optimierung sozialer und kommunikativer Kompetenzen
- Kommunikation und Interaktion
- Gespräche und Besprechungen
- Teamorientiertes Handeln

Bankplanspiel

Strategische und operative Steuerung einer Universalbank
- Zielbestimmung der Gesamtbank und der wesentlichen bankbetrieblichen Aktivitätsbereiche
- Strategische Geschäftsfeldplanung und operative Umsetzung im Kundengeschgäft und im Eigenhandel
- Reaktion bei einem sich ändernden volkswirtschaftlichen und bankbetrieblichen Umfeld
- Einsatz moderner Instrumente des Bank-Controllings
- Umsetzung der aus Abweichungsanalysen gewonnenen Erkenntnisse
- Ergebnispräsentation und Diskussion

Abbildung 2 Studieninhalte Bankbetriebswirt

tionsaustausch der Studierenden und Dozenten untereinander und miteinander erleichtern.

Zulassung

Zum Bankbetriebswirt-Studium können Absolventen des Bankfachwirt-Studiums der Bankakademie zugelassen werden, die mindestens befriedigende Studienleistungen (67 Punkte) erreicht haben. Maßgebend ist die Note, die sich aus der Zwischenprüfung (Gewichtung ⅓) und der IHK-Bankfachwirt-Prüfung (Gewichtung ⅔) errechnet. Über Ausnahmen entscheidet die Bankakademie.

Auf Antrag können auch Bewerber mit vergleichbarer Qualifikation zugelassen werden. Die Auswahl und die Entscheidung über die Zulassung trifft die Bankakademie.

Studienorganisation

Das Studium erstreckt sich über zwei Semester (ein Jahr) mit insgesamt etwa 220 Stunden. Die jeweilige Lehrveranstaltung umfasst acht akademische Stunden und findet in der Regel samstags (8.30 Uhr bis 16.00 Uhr) statt. Das Bankplanspiel wird an drei aufeinanderfolgenden Tagen, in der Regel donnerstags bis samstags, durchgeführt. Zusätzlich zum Besuch der Lehrveranstaltungen wird ein regelmäßiges Selbststudium der Teilnehmer erwartet. Das Studium wird in Form von Lehrgesprächen, Diskussionen und Gruppenarbeiten durchgeführt.

Prüfung

Die Studierenden schließen das Bankbetriebswirt-Studium mit der Prüfung zum/zur Bankbetriebswirt/in (Bankakademie) ab. Die Abschlussprüfung gliedert sich in einen schriftlichen und in einen mündlichen Teil. Einzelheiten regelt die Prüfungsordnung. Über das Ergebnis der Prüfung wird ein Zeugnis ausgestellt.

Bankakademie-Diplom

Nach erfolgreichem Abschluss der Prüfungen erhalten die Absolventen ein Diplom der Bankakademie.

Management-Studium

Studienziel

Das Ziel des Studienganges Management-Studium der Bankakademie ist der Erwerb der Schlüsselqualifikation „Unternehmer im Unternehmen". Konzepte und Techniken modernen Managements kennen und anwenden zu können, eröffnet den Teilnehmern einerseits die Perspektive zur Übernahme verantwortungsvoller Führungsaufgaben. Andererseits dient Managementwissen der Orientierung, es ermöglicht ein besseres Verständnis für Entscheidungen der gesamten Bank und fördert das vernetzte Denken in alternativen Problemlösungen. Anhand von umfangreichen Fallstudien sowie Projekt- und Studienarbeiten werden praxisorientierte Themen aktiv trainiert. Zu Beginn der Veranstaltungen wird ein thematischer Input gegeben, im Anschluss sind die Teilnehmer gefordert, eigenständig Problemlösungen zu finden. Gleichzeitig sollen zukünftige Entwicklungen an den Märkten erkannt und eingeordnet werden können. Das Management-Studium richtet sich an Bankbetriebswirte (Bankakademie) und Personen mit vergleichbarer Qualifikation. Zielgruppe sind sowohl Führungsnachwuchskräfte als auch Teamleiter, Projektleiter und Mitarbeiter in Projektteams der Kreditinstitute.

Studieninhalte

Methoden und Techniken des Projektmanagements

- Grundlagen
- Projektorganisation
- Projektstart
- Projektplanung
- Projektkontrolle und -steuerung
- EDV-Unterstützung im Projektmanagement
- Fallstudien

Psychosoziale Prozesse der Projektarbeit

- Teamführung
- Umgang mit Konfliktsituationen

Rahmenbedingungen des Managements:

Internationalisierung
- Globalisierung der Wirtschaft
- Globale Ökonomie
- Europäische Wirtschafts- und Währungsunion

International Finance
- Einführung des Euro für Unternehmen
- IAS/US-GAAP
- Principal Agent-Problematik
- Unternehmensweites Risikomanagement
- Wertorientierte Unternehmensführung
- Fallstudien

Strategisches Management
- Konzepte des Strategischen Managements
- Methoden/Instrumente des Strategischen Managements
- Strategieentwicklung und -verankerung
- Internationale Strategien und Kooperationen
- Fallstudien

Bankstrategie und Bankpolitik
- Strukturwandel und Strategisches Bankmanagement
- Erfolgsbedingungen Strategischer Managementkonzepte
- Integrierte Modelle der Bankstrategie und Bankpolitik
- Management von Strategischen Veränderungsprozessen
- Fallstudien

Unternehmensethik
- Gewinn und Ethik

- Ethik in globalisierten Märkten
- Bankenethik
- Personalethik
- Ethikmanagement

Management von Veränderungsprozessen

Organisatorischer Wandel
- Organisation von Struktur und Prozess
- Stabilität und Flexibilität
- Organisation und Unternehmenskultur
- Change Management
- Vision der lernenden Organisation
- Fallstudien

Wissensmanagement
- Strategischer Erfolgsfaktor Wissen
- Organisationsvermögen Wissen
- Wissensmanagementprozess
- Ansätze der Wissensbewertung
- IT-Unterstützung des Wissensmanagement
- Fallstudien

Personalmanagement
- Strategisches Personalmanagement
- Personalplanung
- Personalgewinnung- und Auswahl
- Personalentwicklung
- Anreizsysteme
- Empowerment
- Fallstudien

Führung
- Grundlagen der Führung
- Führungsmodelle
- Moderne Führung

- Zielvereinbarungen
- Coaching
- Transformationale Führung
- Führen durch Gespräche
- Management Development
- Fallstudien

Qualitätsmanagement
- Wettbewerbsfaktor
- Kundenzufriedenheit und Kundenbindung
- Prozess des Qualitätsmanagement
- Werkzeuge und Methoden des Qualitätsmanagement
- Qualitätsmanagement-Systeme
- Total-Quality-Management
- EFQM-Modell
- Qualitätsaudits
- Fallstudien

Integrative Strategie- und Unternehmensentwicklung
- Strategische Zielbildung
- Strategische Ausrichtung des Wissensmanagements
- Wechselwirkungen zwischen Strategie, Struktur und Kultur

Studienmaterial
Die Studierenden erhalten ein speziell für das Management-Studium konzipiertes Studienmaterial, das vom Bankakademie-Verlag herausgegeben wird.

Studium Online
Neben den speziellen Studienmaterialien und den Präsenzveranstaltungen vor Ort bietet die Bankakademie in ihrem Extranet weiterführende Informationen und Studienhilfen an. Hier finden sich zum Beispiel bundesweite Diskussionsforen mit Teilnehmern und Dozenten, weitere Studienmaterialien und Fallstudien, Vorträge, aktuelle Termine und Informationen unter anderem zur Studienarbeit sowie aktuelle Entwicklungen der Studieninhalte. Hinzu kommen „Links" zu weiteren interessanten Web-Sites, die für das Studium und die Erstellung der Studienarbeit hilfreich sein können.

Management Information Club (MIC)
Mit der Aufnahme des Management-Studiums verbunden ist die Möglichkeit der Nutzung des Management Information Clubs. Dieser bietet den Studenten einen Zugang über das Extranet zur Bibliothek der Hochschule für Bankwirtschaft und ermöglicht die Literaturrecherche und -bestellung für das Studium und insbesondere für die Studienarbeit.

Zulassung
Zum Management-Studium können Absolventen des Bankbetriebswirt-Studiums der Bankakademie zugelassen werden, die mindestens befriedigende Studienleistungen (67 Punkte) erreicht haben. Über Ausnahmen entscheidet die Bankakademie.

Auf Antrag können auch Bewerber mit vergleichbarer Qualifikation zugelassen werden. Hierzu zählen unter anderem Hochschulabsolventen (Universität/Fachhochschule) mit mindestens befriedigenden Leistungen in der Diplomprüfung und einer Berufspraxis in der Kreditwirtschaft und/oder branchenverwandten Unternehmen von mindestens 1½ Jahren. Die Auswahl und die Entscheidung über die Zulassung trifft die Bankakademie.

Studienorganisation
Das Studium erstreckt sich über zwei Semester (ein Jahr) mit insgesamt circa. 220 Stunden. Die jeweilige Lehrveranstaltung umfasst circa neun akademische Stunden und findet in der Regel samstags (8.30 Uhr bis 17.00 Uhr) statt. Zusätzlich wird ein regelmäßiges Selbststudium der Teilnehmer erwartet.

Das Studium wird in Form von Lehrgesprächen, Diskussionen, Gruppen- und Projektarbeiten, Präsentationen, Rollenspielen usw. durchgeführt.

Fortlaufend werden neben den fachlichen Inhalten

- die methodische und soziale Kompetenz trainiert, beobachtet und zum Beispiel durch Feedbackgespräche analysiert sowie
- die Möglichkeiten neuer Medien in den Veranstaltungen dargestellt (Internet, Software, Informationsrecherche).

Prüfungen
Die Studierenden schließen das Management-Studium mit der Prüfung zum/zur **diplomierten Bankbetriebswirt/in (Bankakademie)** ab. Die Abschlussprü-

fung gliedert sich in eine Einzel- und in eine Gruppenleistung. Einzelheiten regelt die Prüfungsordnung. Über das Ergebnis der Prüfung wird ein Zeugnis ausgestellt.

Mit dem Abschluss zum/zur diplomierten Bankbetriebswirt/in wird dem/der Absolventen/in die Vermittlung theoretischer Kenntnisse im Rahmen der fachlichen Eignung nach § 33 Abs. 2 KWG bestätigt.

Bankakademie-Diplom
Nach erfolgreichem Abschluss der Prüfungen erhalten die Absolventen ein Diplom der Bankakademie.

Kompendium BankPraxis

Das Kompendium BankPraxis ist ein neues Produkt der Bankakademie, das aufgrund seiner modularen Grundstruktur vielfältigen Ansprüchen gerecht wird.

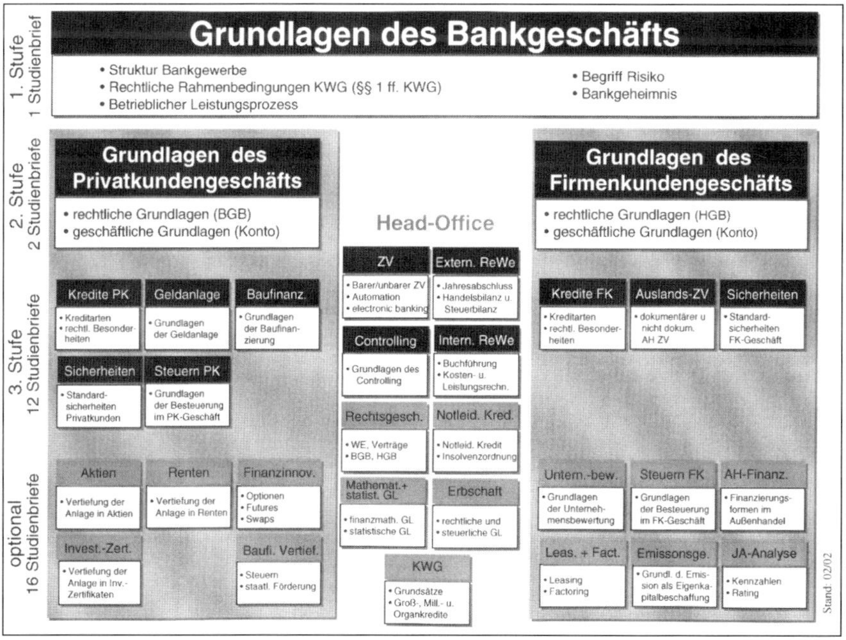

Abbildung 3: Studieninhalte – Kompendium BankPraxis

Es wurde in Studienbriefform speziell für das Selbststudium entwickelt und besteht aus 15 Grundlagen- und 16 Vertiefungsmodulen, die inhaltlich institutsunabhängig das gesamte Spektrum des Bankgeschäfts aktuell und praxisnah abdecken.

Aus den insgesamt 31 Modulen hat die Bankakademie zwei grundsätzlich unterschiedliche Produkte zusammengestellt:

- zum einen das 18-monatige *Fernstudium Kompendium BankPraxis*, das aus den 15 Grundlagenmodulen besteht und privaten Abnehmern zur Verfügung gestellt wird und
- zum anderen das *Kompendium BankPraxis*, das alle 31 Module beinhaltet und institutionellen Abnehmern zur beliebigen Kombinationsmöglichkeit zur Verfügung steht.

Die 15 Grundlagenmodule können ausbildungsbegleitend und ergänzend zum Berufsschulunterricht eingesetzt werden. Andererseits können alle 31 Module des Kompendiums BankPraxis zu speziellen Inhouse-Weiterbildungsmaßnahmen kombiniert werden. Da die 16 Vertiefungsmodule über das Ausbildungsniveau des Bankkaufmanns zum Teil weit hinausgehen, sind diese auch für erfahrene Bankpraktiker interessant.

Den Teilnehmern des Fernstudiums stehen im Extranet von Fachexperten betreute Diskussionsforen zur Verfügung.

Ausbildung der Ausbilder

Ziele des Seminars

Das als Kombination aus Selbststudium und Präsenzveranstaltungen konzipierte Seminar richtet sich an engagierte Mitarbeiter, die ihre Kompetenz im Rahmen der Ausbildertätigkeit verbessern und sich zielgerichtet auf die Ausbilder-Eignungsprüfung vor der Industrie- und Handelskammer vorbereiten möchten.

Die Qualifizierungsziele der neugeordneten Berufsausbildungen und die daraus resultierenden Veränderungen in den Anforderungsprofilen der mit der Ausbildung beauftragten Mitarbeiter werden dabei ebenso berücksichtigt wie die stärkere Orientierung auf die Förderung der Handlungskompetenz.

Die Teilnehmer des Seminars sollen durch den Erwerb der berufs- und arbeitspädagogischen Qualifikation

- befähigt werden, Lernprozesse zu initiieren, zu begleiten und zu beurteilen;
- unterstützt werden, Auszubildende zum selbständigen Planen, Durchführen und Kontrollieren von Ausbildungstätigkeiten anzuleiten.

Inhalte

Die Inhalte des Seminars richten sich nach dem Rahmenstoffplan für die Ausbildung der Ausbilder des Deutschen Industrie- und Handelstages.

Das Seminar wird in sieben Bausteine (= Handlungsfelder) aufgeteilt, die jeweils einen typischen Aufgabenschwerpunkt im Tätigkeitsspektrum der Ausbilder repräsentieren. Sie bilden eine in sich geschlossene Einheit und müssen nicht unbedingt im Kontext vor- und nachgelagerter Bausteine erarbeitet werden. Im Einzelnen sind dieses:

- Allgemeine Grundlagen der Berufsausbildung
- Planung der Berufsausbildung (Ausbildungsplan und Beurteilungssysteme)
- Auswahl von Bewerbern und Einstellen von Auszubildenden
- Ausbilden am Arbeitsplatz (Methoden zur Stärkung der Handlungskompetenz und Führung von Beurteilungsgesprächen)
- Förderung des Lernens (Lern- und Arbeitstechniken unter Berücksichtigung einer alters- und entwicklungsgerechten Ausbildung)
- Anleiten von Gruppen (aktives Lernen in der Gruppe fördern)
- Beendigung der Ausbildung

Studienmaterial

Die Teilnehmer erhalten ein auf Basis des Rahmenstoffplans für die Ausbildung der Ausbilder entwickeltes Studienmaterial, das sowohl Grundlage für das Selbststudium als auch die Präsenzveranstaltungen ist.

Seminarorganisation

Das Seminar wird in einer Kombination aus Selbststudium und Präsenzveranstaltungen durchgeführt. Das Selbststudium im Umfang von drei Tagen ist dabei als Vorbereitung auf die Präsenzveranstaltungen vorgesehen, die sich über sieben Tage – in der Regel jeweils von Donnerstag bis Freitag der nächsten Woche – erstrecken.

Für geprüfte Bankfachwirte wird seit Herbst 2002 ein zweitägiges Intensivseminar zur Vorbereitung auf den praktischen Teil der Ausbildereignungsprüfung angeboten, da ihnen vom DIHK die schriftliche Prüfung erlassen wird.

Ausbilder-Eignungsprüfung der IHK

Die Ausbilder-Eignungsprüfung unterliegt nach dem Berufsbildungsgesetz der Hoheit der Industrie- und Handelskammern. Es gelten die dort erlassenen Prüfungsordnungen.

Zum Ausbilder-Seminar werden üblicherweise Mitarbeiterinnen und Mitarbeiter zugelassen, die

- die Abschlussprüfung in einer dem Ausbildungsberuf entsprechenden Fachrichtung bestanden haben und mindestens ein Jahr Berufspraxis nachweisen oder
- eine Abschlussprüfung an einer deutschen Hochschule, einer öffentlichen oder staatlich anerkannten deutschen Ingenieurschule oder Höheren Wirtschaftsfachschule in einer dem Ausbildungsberuf entsprechenden Fachrichtung bestanden haben und mindestens ein Jahr in ihrem Beruf tätig sind oder
- eine mindestens sechsjährige entsprechende Berufspraxis und die erforderliche Zustimmung der IHK für die Zulassung zur Ausbilder-Eignungsprüfung haben.

Aus- und Weiterbildung von Immobiliensachverständigen

Qualität in Deutschland

Als erste deutsche Ausbildungsinstitution bietet die Bankakademie seit 1997 eine berufsbegleitende Ausbildung für Immobiliensachverständige an, die das gesamte Leistungsspektrum der Sachverständigen für Beleihungswertermittlung umfasst.

Berufsbegleitende Ausbildung

Die in Zusammenarbeit mit dem Verband Deutscher Hypothekenbanken e. V. (VDH), Bonn entwickelte Ausbildung der Bankakademie gliedert sich in zwei aufeinander aufbauende Kurse:

- Grundlagenwissen des Sachverständigenwesens (Qualifizierungsmaßnahme)
- Hypothekarische Beleihungswertermittlung (Studiengang)

Qualifizierungsmaßnahme: Grundlagenwissen des Sachverständigenwesens

Zielgruppe

Mitarbeiter von Banken und aus anderen Bereichen der Immobilienwirtschaft, die als Immobiliensachverständige tätig sind oder sein werden.

Lernziele

Vermittlung des gesamten fachlichen Basiswissens des Immobilien-Sachverständigenwesens.

Inhalte

- Grundlagen der Wertermittlung (Begriffe, Definitionen, Zusammenhänge)
- Verkehrswert(-ermittlung) (WertV und andere Verfahren)
- Mathematik und Statistik
- Sondereinflüsse auf die Immobilien und ihre Auswirkungen auf die Wertermittlung
- Der Immobilienmarkt und seine Einflüsse
- Sachverständigenwesen in Deutschland und Europa

Studiengang

Hypothekarische Beleihungswertermittlung

Zielgruppe

Mitarbeiter von Banken und aus anderen Bereichen der Immobilienwirtschaft, die als Immobiliensachverständige tätig sind oder sein werden.

Lernziele

Vermittlung der hypothekenbankspezifischen Grundlagen und Besonderheiten der Beleihungswertermittlung sowie der Grundzüge der bestehenden Rechtsgrundlagen.

Inhalte

- Hypothekenbanken
- Absicherung von Darlehen durch Grundpfandrechte
- Beleihungswert(-ermittlung)
- Europäische Immobilienmärkte und Bewertungsverfahren
- Volks- und betriebswirtschaftliche Grundlagen für den Immobiliensachverständigen
- Projektentwicklung

Studiendauer
Verteilt über die gesamte Schulungszeit (Qualifizierungsmaßnahme: sechs Monate/ Studiengang: sechs Monate) erhält der Teilnehmer insgesamt zwölf Studienbriefe (jeweils circa 150 Seiten).

Studienbriefe
Die Studienbriefe werden flexibel und nach individueller Zeiteinteilung von den Teilnehmern durchgearbeitet.

Vertiefungstag/-wochenende
Nach Erhalt der Studienbriefe folgt in einem fünf- bis achtwöchigen Abstand ein Vertiefungstag oder ein Vertiefungswochenende (Freitag bis Samstag), an dem ein Dozent der Bankakademie auf die Inhalte des Studienbriefes eingeht bzw. offene Fragen mit den Teilnehmern klärt. Die Diskussion zwischen den Teilnehmern und dem Dozenten steht dabei im Vordergrund.

Zertifizierungsprüfung
Im Anschluss an diese beiden Kurse kann die Zertifizierungsprüfung bei der HypZert auf der Grundlage der DIN EN 45013 abgelegt werden. Die Anmeldung ist vom Prüfungsbewerber bei der HypZert selbst vorzunehmen.

Dieses ist ein Auszug aus den Angeboten und Aktivitäten der Bankakademie. Bei Bedarf können Sie folgende Möglichkeiten nutzen, um sich weitergehend zu informieren:
im Internet: www.bankakademie.de
per E-Mail: info@bankakademie.de

oder per Postanfrage an:
Bankakademie e. V.
Sonnemannstraße 9-11
60314 Frankfurt am Main

Telefonisch erreichen Sie das Team der Bankakademie
montags bis freitags von 9 bis 16 Uhr unter 0 69/15 40 08-0

Dort erhalten Sie auch weitergehende Informationen zu unseren internationalen Aktivitäten sowie zur Hochschule für Bankwirtschaft (HfB). Um sich einen Eindruck über unser Online-Profil zu verschaffen, nutzen Sie die Web-Adresse: www.efiport.de.

1.2 Bankakademie Training

Bankakademie Training
Seminare und Projekte

Bankakademie Training
Seminare und Projekte
Sonnemannstraße 9-11
60314 Frankfurt am Main

0 69 / 15 40 08 - 1 06

info@bankakademie.de
www.training.bankakademie.de

Die Bankakademie als größtes privates Weiterbildungsinstitut für die Finanzdienstleistungsbranche hat der Nachfrage nach hochwertigen Qualifizierungsmaßnahmen Rechnung getragen. Das Bildungsangebot umfasst neben berufsbegleitenden Studiengängen nicht nur offene sowie Inhouse-Seminare, sondern auch maßgeschneiderte Bildungskonzepte. Folgende Dienstleistungen werden modular angeboten und können nach individuellen Bildungsbedürfnissen zusammengestellt werden:

- Bedarfsanalyse und Beratung
- Materialentwicklung
- Infrastruktur
- Studienbriefe
- E-Learning
- Präsenzveranstaltungen wie Workshops und Seminare
- Tutorielle Betreuung
- Prüfungen
- Zertifizierungen
- Coaching und schließlich
- Bildungscontrolling/Evaluation

Von der reinen Seminardurchführung über die Konzeption von Kurz- und Vollzeitstudiengängen bis zur Produktion von Web-based-Trainings stellt die Bankakademie hier die gesamte Palette möglicher Qualifizierungsprogramme und Lernarchitekturen zur Verfügung. Selbstverständlich bietet Bankakademie Training ihren Kunden auch an, die komplette Vorbereitung, Organisation, Durchführung und Nachbereitung einer Qualifizierungsmaßnahme zu übernehmen.

Mit diesem maßgeschneiderten Angebot sowie dem umfangreichen Seminarprogramm wendet sich Bankakademie Training jedoch nicht nur an Banken, sondern an die gesamte Finanzdienstleistungswirtschaft, deren Mitarbeiter in der Lage sein müssen, den ständig wachsenden Ansprüchen ihrer Kunden gerecht zu werden.

Zu folgenden Themen werden Studiengänge neu aufgelegt:

- Vermögensnachfolge: Certified Estate Planner
- Firmenkunden-Kreditgeschäft: Qualifizierung in zwei Stufen zum Credit Analyst Level I (Bankakademie) und zum DVFA-Credit-Analyst, Level II, Certified Credit Analyst®
- Privatkunden-Kreditgeschäft: Qualifizierung zum Credit-Analyst Private and Business Customers (KMUs)
- Privatkunden-Wertpapiergeschäft; Anlageberatung
- Trainings: Vertriebs-, Verhaltens- und Führungstrainings

Folgender beispielhafter Auszug aus unserem Seminarprogramm zu unseren Zertifikatskursen:

Börsenhändlerprüfung

Seit September 2002 bietet die Bankakademie als anerkannter Bildungs- und Beratungspartner verbunden mit der Praxiskompetenz von confero consulting im Bereich Wertpapier einen Vorbereitungslehrgang zur Börsenhändlerprüfung an. An acht Wochentagen findet eine intensive und umfangreiche Vorbereitung auf die Prüfungen statt. Vertieft werden die vermittelten Inhalte an einem zusätzlichen zweitägigen Übungskurs, in dem die wesentlichen Themen anhand von praktischen Beispielen und Übungsaufgaben erläutert werden. Alle Dozenten verfügen über langjährige praktische Erfahrung in leitenden Positionen im Wertpapierbereich, sind Mitglieder der Prüfungskommission der Börse oder Mitarbeiter der Aufsichtsbehörden. Vorbereitungslehrgang und Übung werden zum Preis von 2.700 Euro bzw. 670 Euro angeboten.

Investment Funds I + II Certificate

Die Bankakademie führt ein zweistufiges Bildungsprogramm in Kooperation mit dem BVI durch, welches speziell für die Mitarbeiter in Kapitalanlagegesellschaften konzipiert wurde, um einen nationalen Standard in der Weiterbildung des Investmentgeschäfts zu setzen.

In insgesamt acht Modulen erlangen die Teilnehmer fundierte Kenntnisse in den einzelnen Tätigkeitsfeldern einer Kapitalanlagegesellschaft und damit einen detaillierten Gesamtüberblick über die Tätigkeiten einer Kapitalanlagegesellschaft. Die Bildungsmaßnahme ist von der „European Financial Services Education Group" (EFISEG) anerkannt und wird durch folgende Zertifikate dokumentiert:

„Investment Funds I Certificate"
„Investment Funds II Certificate"

EFISEG ist der erste europäische Dienstleister für die Weiterbildung von Bankmitarbeitern. Ziel von EFISEG ist die Verbesserung der europäischen Bankweiterbildung, indem europaweit gültige Standards für Inhalte und Prüfungen aufgestellt werden. Abschlüsse der EFISEG sollen im gesamten Euroland gleichermaßen anerkannt werden.

Securities Operations I + II Certificate

Die Bankakademie führt ein zweistufiges Bildungsprogramm durch, welches speziell für die Mitarbeiter in der Wertpapierabwicklung konzipiert wurde, um einen nationalen Standard in der Weiterbildung der Wertpapierabwicklung zu setzen.

In zwei aufeinander aufbauenden Programmen mit insgesamt zehn Modulen erhalten die Teilnehmer einen fundierten Gesamtüberblick über die typischen Prozesse, die durch unterschiedliche Wertpapiertransaktionen ausgelöst werden. Programm 1 richtet sich an neue Mitarbeiter in der Wertpapierabwicklung, Programm 2 richtet sich an Mitarbeiter mit Praxiserfahrung.

Die Bildungsmaßnahme ist von der „European Financial Services Education Group" (EFISEG) anerkannt und wird durch folgende Zertifikate dokumentiert:

„Securities Operations I Certificate"
„Securities Operations II Certificate"

Zertifizierter Personalentwickler

Es reicht heute nicht mehr aus, dass der richtige Mann am richtigen Platz sitzt. Personalbetreuer müssen bei der Personalauswahl strategische Perspektiven beachten und das gesamte Umfeld der zu besetzenden Stelle berücksichtigen. Die fachlichen Kenntnisse sind Voraussetzung, aber keine hinreichende Bedingung dafür, dass durch die Besetzung Veränderungsprozesse und Innovationen eingeleitet werden.

Der „Zertifizierte Personalentwickler" ist ein praxisbezogenes, umsetzungsorientiertes berufsbegleitendes Studium mit Zertifikat der Bankakademie. Im Zeitraum von zwölf Monaten werden im Fernstudium die theoretischen Grundlagen erarbeitet und in acht zweitägigen Seminaren handlungsorientiert angewandt und trainiert. Transferaufgaben, eine Präsentation und eine achtwöchige Projektarbeit führen zu einer abschließenden mündlichen Prüfung.

Inhalt des Studienganges sind folgende Themenbereiche:

- Konzept der Integrativen Personalentwicklung
- Personalrisikomanagement, Entwicklung des Individuums (personale PE),
- Teamentwicklung und -steuerung
- Entwicklung der Organisation (OE und PE)
- Führungskultur und PE
- Organisation der PE

und ein Workshop zur konkreten Umsetzung

1.3 Hochschule für Bankwirtschaft (HfB)

Hochschule
für Bankwirtschaft / HfB

Hochschule für Bankwirtschaft
Sonnemannstraße 9-11
60314 Frankfurt am Main

0 69 / 15 40 08-735
Fax 0 69 / 15 40 08-7 28

www.hfb.de
info@hfb.de

Die Hochschule für Bankwirtschaft, private Fachhochschule der Bankakademie e.V., ist das Kompetenzzentrum für Banking & Finance. Seit mehr als zehn Jahren bietet sie in der Finanzmetropole Frankfurt auf die Bedürfnisse der Finanzwirtschaft ausgerichtete akademische Studiengänge sowie Weiterbildungsangebote an. Seitdem hat sie sich als die Hochschule für den Fach- und Führungsnachwuchs der Finanzwirtschaft etabliert.

Das Konzept – Karrierebeginn ab 1. Semester

Das Konzept der Hochschule für Bankwirtschaft (HfB) unterscheidet sich wesentlich von dem anderer Hochschulen. Im Folgenden werden die Besonderheiten kurz skizziert:

- **Praxisintegration:** HfB-Studenten absolvieren parallel zum Studium eine Berufsausbildung. Falls sie nach abgeschlossener Berufsausbildung studieren, arbeiten sie Teilzeit. So können sie das Erlernte gleich in der Praxis anwenden. Umgekehrt sind sie aufgefordert, ihre Berufserfahrungen mit in die Hochschulseminare einzubringen. Auch Professoren und Lehrbeauftragte verfügen über Berufserfahrung außerhalb der Hochschule, in der Regel in der Finanzwirtschaft. So entsteht ein kontinuierlicher Theorie-Praxis-Dialog, der den Studierenden ermöglicht, das Gelernte sowie die eigenen Berufserfahrungen kritisch zu hinterfragen.

- **Intelligente Zeitkonzepte** ermöglichen es, Studium und Berufstätigkeit miteinander zu vereinbaren, auch wenn der Arbeits- oder Ausbildungsplatz außerhalb des Rhein-Main-Gebiets liegt. So hält die Hochschule das Drei-Tage-Modell vor, bei dem die Studierenden drei Tage in der Woche studieren und drei Tage arbeiten. Außerdem bietet sie das Blockmodell an, bei dem sich vier- oder fünfwöchige Perioden an der HfB mit ebenso langen im Unternehmen abwechseln.
- **Internationalität:** Fremdsprachenunterricht und ein Auslandsaufenthalt sind fester Bestandteil des Studienplanes. Außerdem unterrichtet immer ein amerikanischer Gastprofessor an der Hochschule für Bankwirtschaft, so dass kontinuierlich ein Teil der Seminare in englischer Sprache stattfindet. Für das Auslandssemester steht den Studenten das Kooperationsnetzwerk der HfB zur Verfügung; ihm gehören derzeit 23 Hochschulen in USA, Kanada, Europa und Australien an. Ein Auslandspraktikum rundet die Zeit im Gastland ab.

  Die HfB verleiht international anerkannte Bachelor- und Master-Abschlüsse und unterstützt ihre Absolventen so, eine Karriere im internationalen Umfeld zu starten. Selbstverständlich sind die Abschlüsse auch in Deutschland staatlich anerkannt. Darüber hinaus sind sie von der FIBAA akkreditiert.
- **Entwicklung sozialer Kompetenzen:** Neben der Vermittlung fachlicher Kenntnisse ist die Entwicklung persönlicher Fertigkeiten, wie Gesprächsführung oder Präsentations- und Moderationstechniken, fester Bestandteil des Studienplans. Hierfür engagiert die HfB professionelle Trainer.
- **Studien- und Betreuungsqualität:** Kleine Gruppen, erreichbare und kompetente Dozenten sowie eine hervorragende Infrastruktur ermöglichen angenehmes und effizientes Studieren. So sind zum Beispiel Computerräume und Bibliothek an sieben Tagen in der Woche rund um die Uhr geöffnet.

Akademische Studiengänge an der Hochschule für Bankwirtschaft

Die HfB bietet zwei grundständige Bachelor-Studiengänge an, die inklusive Auslandssemester jeweils sieben Semester dauern. Mit dem Master of Arts (Banking & Finance), einem Postgraduierten-Studium, rundet sie ihr Angebot ab.

Bachelor of Business Administration

Der **Bachelor of Business Administration** (staatlich anerkannt und FIBAA-akkreditiert), ein Studium der Betriebswirtschaft, bietet den Absolventen einen soliden Karriereeinstieg in alle Bereiche der Finanzwirtschaft. Daher steht das Fach Bankbetriebslehre vom ersten bis zum siebten Semester auf dem Stundenplan.

Im **ausbildungsintegrierten** Studienmodell absolvieren die Studenten eine Ausbildung zum Bankkaufmann/zur Bankkauffrau. Die IHK-Prüfung erfolgt im vierten Semester, die Studierenden besuchen die Berufsschule nicht, sie werden in zusätzlichen Modulen an der HfB auf die IHK-Prüfung vorbereitet. Für das **berufsintegrierte** Modell müssen Studienplatzbewerber eine abgeschlossene kaufmännische Ausbildung vorweisen. Alle Studierenden absolvieren im fünften Semester ihren Auslandsaufenthalt (Studium und Praktikum). Fremdsprachentrainings stehen darüber hinaus auf dem Stundenplan – dabei ist Englisch Pflicht, eine zweite Sprache kann zwischen Französisch, Italienisch, Spanisch und Russisch gewählt werden.

Curriculum: Bankbetriebslehre, Allgemeine Betriebswirtschaftslehre, Unternehmenskultur und Personalführung, Volkswirtschaftslehre, Recht, Quantitative Methoden, Wirtschaftsinformatik, Marketing, Fremdsprachen

Zulassungsvoraussetzungen:

Ausbildungsintegriertes Studium:

- Abitur oder Fachhochschulreife
- entsprechender Ausbildungsplatz bei einem Kreditinstitut
- erfolgreiche Teilnahme am Auswahlverfahren der Hochschule für Bankwirtschaft

Berufsintegriertes Studium:

- Abitur oder Fachhochschulreife
- abgeschlossene kaufmännische Ausbildung und entsprechender Teilzeitarbeitsplatz mit finanzbezogenem Schwerpunkt
- erfolgreiche Teilnahme am Auswahlverfahren der Hochschule für Bankwirtschaft

Bachelor of Computer Science in Banking & Finance

Mit dem **Bachelor of Computer Science in Banking & Finance** (staatlich anerkannt und FIBAA-akkreditiert) reagiert die HfB auf den Bedarf an qualifizierten Mitarbeitern, die über IT- und Finanz-Know-how verfügen und Schnittstellen zwischen diesen Bereichen zukunftsweisend gestalten können.

Zunächst konzentrierte sich der IT-Einsatz in Banken auf die Aspekte „Abwicklung“ und „Datenhaltung“, wobei Effizienz- bzw. Produktivitätssteigerung und Kostensenkung im Vordergrund standen. Moderne Informations- und Kommunikationssysteme ermöglichen jedoch neue Anwendungsmöglichkeiten für die IT. Sie ist damit immer mehr in der Lage, sämtliche bankbetrieblichen Leistungsprozesse durchgehend zu unterstützen und zieht vor allem die Vertriebsbereiche mit ein.

Die Banken richten sich strategisch neu aus und die IT wird dabei einen höheren Stellenwert einnehmen. Vertrieb und Produktion werden entkoppelt und der bankbetriebliche Vertrieb unterliegt einer zunehmenden Elektronifizierung. Alle bankbetrieblichen Bereiche wachsen durch den Einsatz von Informations- und Kommunikationstechnologie zusammen und es ist mit einer wesentlich stärkeren IT-Durchdringung der bankbetrieblichen Prozesse zu rechnen.

Mit dieser Entwicklung wandeln sich die Anforderungen an Bankmitarbeiter. Während sich heute in vielen Bereichen der klassische Bankmitarbeiter mit bankbetrieblichem Know-how und der IT-Spezialist mit dem entsprechenden IT-Know-how gegenüber stehen, werden in Zukunft immer mehr Mitarbeiter benötigt, deren Fähigkeitsprofil beide Seiten umfasst, also eine geeignete Kombination aus Banker und Informatiker. Die Notwendigkeit zur Kombination beider Profile hat vor allem den Grund, dass sich Banker und Informatiker erfahrungsgemäß in unterschiedlichen Denkwelten befinden und sich somit das erforderliche Zusammenspiel nicht immer einfach oder effektiv gestaltet. Kommunikationsprobleme sind nicht selten der Fall, was zur Verlängerung von Entwicklungszeiten und häufig sogar zu Fehlentwicklungen führt. Benötigt werden also Mitarbeiter, die sich in beiden Welten auskennen. Mit dem Bachelor of Computer Science in Banking & Finance wird die Hochschule ab Wintersemester 2002/03 Menschen mit einem derartigen Profil ausbilden. Die notwendigen betriebswirtschaftlichen und bankbetrieblichen Fähigkeiten und Kenntnisse werden kombiniert mit einem fundierten IT-Know-how vermittelt.

Auch diesen Studiengang bietet die HfB **ausbildungs- und berufsintegriert** an. Im ausbildungsintegrierten Modell absolvieren die Studierenden eine Ausbildung zum Fachinformatiker/zur Fachinformatikerin Schwerpunkt Anwendungsentwicklung. Die IHK-Prüfung erfolgt im vierten Semester, die Studierenden besuchen die Berufsschule nicht, sie werden in zusätzlichen Modulen an der HfB auf die IHK-Prüfung vorbereitet. Im berufsintegrierten Modell müssen die Studierenden eine kaufmännische oder eine IT-Ausbildung mitbringen. Alle Studierenden absolvieren im fünften Semester ihren Auslandsaufenthalt (Studium und Praktikum).

Curriculum: Bankbetriebslehre, Bankinformatik, Allgemeine Betriebswirtschaftslehre, Unternehmenskultur und Personalführung, Volkswirtschaftslehre, Recht, Quantitative Methoden, Wirtschaftsinformatik, Marketing, Wirtschaftsenglisch

Zulassungsvoraussetzungen:

Ausbildungsintegriertes Studium:

- Abitur oder Fachhochschulreife
- entsprechender Ausbildungsplatz bei einem Kreditinstitut
- erfolgreiche Teilnahme am Auswahlverfahren der Hochschule für Bankwirtschaft

Berufsintegriertes Studium:

- Abitur oder Fachhochschulreife
- abgeschlossene Ausbildung in einem kaufmännischen oder IT-Beruf und entsprechender Teilzeitarbeitsplatz mit finanzbezogenem/IT-Schwerpunkt
- erfolgreiche Teilnahme am Auswahlverfahren der Hochschule für Bankwirtschaft

Für beide Bachelor-Programme gilt, dass wenn Sie sich für eine Studium an der HfB interessieren und noch keinen entsprechenden Ausbildungs- oder Teilzeitarbeitsplatz haben, wir Sie ausdrücklich ermuntern, sich trotzdem bei der HfB um einen Studienplatz zu bewerben. Auf der Homepage der HfB (www.hfb.de) finden Sie eine Aufstellung der Unternehmen, die HfB-Studierende ausbilden und beschäftigen.

Beide Bachelor-Programme beginnen jeweils zum Wintersemester. Bewerbungsschluss ist der 31. Januar des Jahres, in dem das Studium aufgenommen werden soll.

Master of Arts (Banking & Finance)

Mit dem Master of Arts (Banking & Finance) rundet die HfB ihr Angebot ab. Das zweisemestrige Postgraduierten-Studium ist staatlich anerkannt und von der FIBAA akkreditiert. Es bietet die Vertiefungen Investment Banking und Bankmanagement. Daneben stehen zehn Kernfächer, bei denen allgemeines Banking und banknahe Wirtschaftswissenschaften im Vordergrund stehen, auf dem Studienplan. Der Studiengang richtet sich an Berufstätige in der Finanzwirtschaft mit Hochschulabschluss, die mehrere Praxisjahre in Banken oder banknahen Bereichen nachweisen können bzw. in Unternehmen tätig sind, die die Finanzwirtschaft im weitesten Sinne beraten – etwa in Anwaltskanzleien, Steuerberatungsgesellschaften oder Unternehmensberatungen. Der Master of Arts (Banking & Finance) ist sowohl für Wirtschaftswissenschaftler, die ihr Wissen vertiefen oder auf den aktuellen Stand bringen wollen, als auch für Quereinsteiger in der Finanzwirtschaft, die über einen natur-, sozial oder geisteswissenschaftlichen Abschluss verfügen und nun zusätzliches Wissen erwerben wollen, gedacht.

Curriculum:

Kernfächer (für Studierende beider Vertiefungen):
Financial Evaluation, International Accounting, Risikomanagement, Mergers & Acquisitions, Entscheidungsunterstützungssysteme, Wirtschafts- und Unternehmensethik, Bankstrategie, Gesamtbanksteuerung, Economic Research, International Corporate Finance

Vertiefung Bankmanagement:
Business Engineering, Führungsmanagement, Operational Risk, IT Management, System Dynamics, Vertriebsmanagement

Vertiefung Investment Banking:
Arbitragetheorie, Marktorientierte Bewertung, Strukturierte Produkte, Treasury, Equity Management, Kreditprodukte

Die Absolventen erwerben einen international anerkannten Hochschulabschluss, der zur Promotion berechtigt. Das Studium kann parallel zu einer Teilzeittätigkeit absolviert werden (nicht obligatorisch). Das Master-Programm beginnt jeweils zum Sommersemester. Bewerbungsschluss ist der 31. Dezember des Vorjahres.

Institut für Weiterbildung der Hochschule für Bankwirtschaft

Lebenslanges Lernen ist für viele Menschen längst kein abstrakter Begriff mehr, sondern fester Bestandteil im persönlichen Lebensentwurf. Über aktuelle Erkenntnisse auf dem Laufenden sein, innovative Methoden beherrschen, neue Produkte bewerten und sinnvoll einsetzen, persönliche Kompetenzen ausbilden – all dies sind Voraussetzungen, um an der Informations- und Wissensgesellschaft im europäischen und globalen Kontext erfolgreich teilzuhaben und sie aktiv zu gestalten. Das gilt für alle Wissensgebiete und Branchen und im Besonderen für Banking & Finance und die Menschen, die in dieser Branche tätig sind.

Internationalisierung, Technologisierung und Spezialisierung sind die Trends, die nach neuen Qualifikationen verlangen: Fachkenntnisse verbunden mit sozialer Kompetenz, Medienkompetenz und vor allem die Fähigkeit und Bereitschaft, sich immer wieder aktuelles Wissen anzueignen. Vor diesem Hintergrund hat die Hochschule für Bankwirtschaft im Jahr 2000 das Institut für Weiterbildung gegründet. Mit ihm trägt sie der zunehmenden Modularisierung der beruflichen Weiterbildung Rechnung, die vormals getrennte Phasen des Lernens und Arbeitens zusammenfallen lässt.

Banken-Sommer-Akademie

Die Banken-Sommer-Akademie ist seit zehn Jahren das in Deutschland etablierte Gegenstück zu den Banking Summer Schools in den USA oder der Schweiz. Das zweiwöchige Kompaktseminar ermöglicht Fach- und Führungskräften neue Entwicklungen in Banking & Finance zielgerichtet und umfassend kennen zu lernen. Vorhandene Kenntnisse aus der Studienzeit und der Weiterbildung können aufgefrischt und vervollständigt werden. Das hohe fachliche Niveau der Veranstaltungen wird durch renommierte Referenten aus Wissenschaft und Praxis mit langjähriger

Seminarerfahrung gesichert. Didaktisch stehen Interaktion, Schwerpunktbildung und Praxisbezug im Vordergrund. Die auf 23 begrenzte Teilnehmerzahl erlaubt intensives Arbeiten und Diskutieren. Wer die Banken-Sommer-Akademie absolviert, vertieft seine Kompetenz, den raschen Wandel des nationalen und internationalen Bankgeschäfts zu analysieren sowie zunehmend komplexe Problemstellungen mit Hilfe von wissenschaftlichen Erkenntnissen und Methoden praxisorientiert zu lösen.

Ein interessantes Rahmenprogramm, bei dem Exkursionen zu Unternehmen in der Region des Veranstaltungsortes (ab 2003: Rhein-Main-Gebiet) sowie Diskussionen und Gespräche mit Vorstands- bzw. Geschäftsführungsmitgliedern im Mittelpunkt stehen, rundet die Banken-Sommer-Akademie ab.

Chartered Financial Analyst (CFA)®

Das Chartered Financial Analyst®-Programm ist eine akkreditierte berufliche Zusatzqualifikation im Finanz- und Kreditbereich, die auch im europäischen Raum immer mehr an Akzeptanz gewinnt. Es eignet sich für Menschen, die in der Finanzanalyse tätig sind. Träger des Programms ist die Association for Investment Management and Research (AIMR) in den USA, über deren Homepage www.aimr.org weitere Information abgerufen werden können. Zum Erwerb des CFA® müssen im jährlichen Abstand die drei Prüfungen der verschiedenen Level bestanden werden.

Das Konzept basiert auf eigenverantwortlichem Selbststudium, daher ist eine parallele Teilnahme an einer Study Group empfehlenswert. Das Institut für Weiterbildung der Hochschule für Bankwirtschaft bietet entsprechende Vorbereitungskurse – nach dem Vorbild der amerikanischen „Prep Courses“ – und „Study Services“ an. Dabei kooperiert sie eng mit der German Association of Investment Professionals e. V. (GAIP), der deutschen Sektion der AIMR.

Financial Planner

Die Ansprüche der Privatkundschaft an Banken und andere Finanzdienstleister werden immer höher und erfordern Spitzenqualifikationen der Berater. Die vermögende Privatkundschaft erwartet ein differenziertes Vertriebs- und Beratungs-

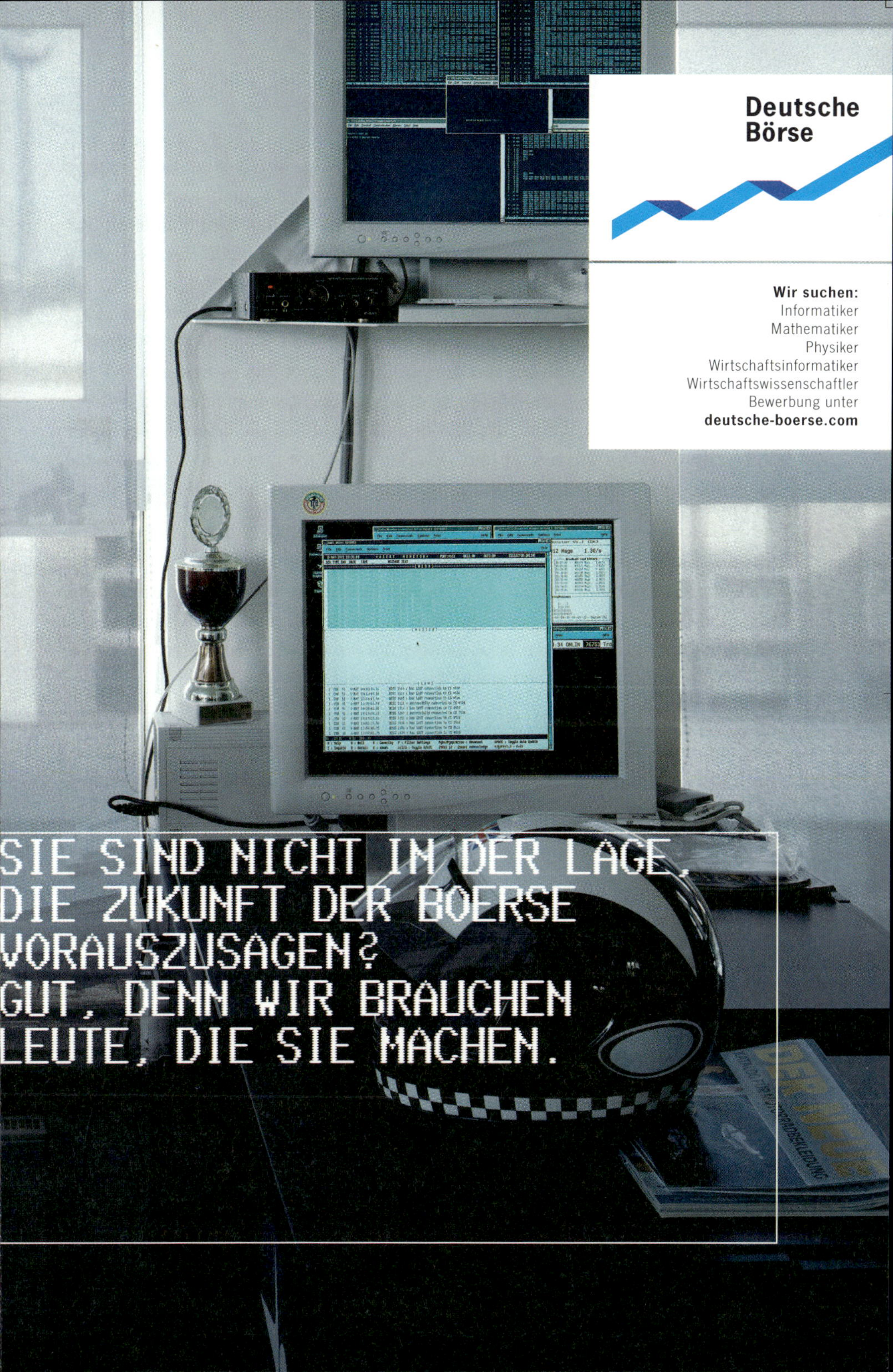
Deutsche
Börse
Wir suchen:
Informatiker
Mathematiker
Physiker
Wirtschaftsinformatiker
Wirtschaftswissenschaftler
Bewerbung unter
deutsche-boerse.com
SIE SIND NICHT IN DER LAGE,
DIE ZUKUNFT DER BOERSE
VORAUSZUSAGEN?
GUT, DENN WIR BRAUCHEN
LEUTE, DIE SIE MACHEN.

konzept. Sie legt Wert auf eine umfassende, mittel- bis langfristige Begleitung in der Planung aller finanziellen Aspekte der Lebensphasen; und sie erwartet statt eines auf den reinen Vertrieb bestimmter Finanzprodukte ausgerichteten Verkaufsgesprächs eine vertrauensvolle Beratung, eine individuelle Finanzplanung, eine umfassende, international anerkannte Qualifikation des Beraters sowie dessen ausgewiesene Kompetenz. Der Certified Financial Planner® ist das „High End"-Gütesiegel. Es erbringt gegenüber Publikum und Kunden den Nachweis, dass sein Gegenüber Analysen und Empfehlungen gibt, die primär dem Kundeninteresse an Sicherung und Mehrung des Vermögens entsprechen, dass dieser hierfür in umfassender Weise ausgebildet und geprüft ist, die erforderliche mehrjährige Berufserfahrung besitzt und sich den ethischen Grundsätzen verpflichtet hat, die dieser Lizenz entsprechen.

Der Financial Planner (HfB) ist modular aufgebaut und umfasst Selbstlernelemente, Präsenzblöcke, Gruppenarbeiten und eine Projektarbeit. Er entspricht dem Praxiserfordernis und orientiert sich an den Leitlinien interdisziplinärer Ausbildung. Das Studienkonzept berücksichtigt die hohen beruflichen Anforderungen der Teilnehmer und integriert neue Lerntechnologien wie Diskussionsforen oder das Downloaden von Studienmaterialien aus dem Extranet.

Der Financial Planner (HfB) ist ein durch den DEVFP – Deutscher Verband Financial Planner e. V. – akkreditiertes Studienprogramm, das auf die Lizenzierung zum Certified Financial Planner® vorbereitet. Für das Studium Financial Planner hat die Staatliche Zentralstelle für Fernunterricht die Zulassung erteilt: (Zulassungs-Nummer: 6644).

1.4 ebs-Finanzakademie

ebs-FINANZAKADEMIE an der EUROPEAN BUSINESS SCHOOL Schloß Reichartshausen

ebs-Finanzakademie
an der European Business School
Kranenstraße 17
63375 Oestrich-Winkel

0 67 23 / 88 88 0
Fax: 88 88 11

www.ebs-finanzakademie.de
info@ebs-finanzakademie.de

Die **ebs** FINANZAKADEMIE ist eine 1992 gegründete Weiterbildungsgesellschaft an der EUROPEAN BUSINESS SCHOOL (**ebs**) Schloß Reichartshausen, einer staatlich anerkannten wissenschaftlichen Hochschule mit Sitz in Oestrich-Winkel im Rheingau. Ziel der **ebs** FINANZAKADEMIE ist die Weiterbildung von Führungsnachwuchs- und Fachkräften der Finanzdienstleistungsbranche auf universitärem, interdisziplinärem, internationalem und praxisnahem Niveau.

Ganzheitliche Beratung als Karriere-Sprungbrett

Die Karriere-Chance

Gute Beratung ist rar, schlechte Beratung kommt teuer, keine Beratung greift häufig zu kurz: Vor diesem Problem stehen gehobene Privatkunden, wenn es um ihre finanzielle Zukunft geht. Sie suchen mehr denn je kompetente und umfassende Beratung, die ihnen Orientierung und Sicherheit bietet und sich an ihren langfristigen Zielen, Bedürfnissen und Einstellungen ausrichtet.

Vielfach werden diese Kunden von unterschiedlichen Beratern betreut, die alle unabhängig voneinander ihr Spezialthema vertreten; die Koordination der einzelnen Empfehlungen bleibt den Kunden selber überlassen. Schnelllebige Finanzmärkte, komplexe Rahmenbedingungen, geringe Kenntnisse sowie akuter Zeitmangel erschweren den Kunden ohne Vernetzung der Einzelempfehlungen, die richtigen Entscheidungen in ihren Vermögensangelegenheiten zu treffen.

Diese Beratungsdefizite schaffen Marktchancen für einen neuen Typus von Finanzdienstleistern. Viele Berater sind deshalb bestrebt, ihre Qualifikation nachhaltig zu verbessern, um diese Koordinationsrolle für das Kundenvermögen besser wahrzunehmen. Der Finanzökonom sieht seine Aufgabe darin, die Vermögens- und Finanzsituation des Privatkunden ganzheitlich zu bewerten, und nicht nur Einzelteile zu optimieren.

Eine wissenschaftliche Arbeit an der **ebs** FINANZAKADEMIE ergab, dass vermögende Kunden die Absicherung ihres Ruhestandes und die Minimierung der Risiken bei Krankheit, Berufsunfähigkeit und Tod als oberste Ziele ansehen. Erst danach folgen Renditesteigerung und Sicherung des bestehenden Vermögens. Der ganzheitliche Beratungsansatz, der diese Kundenziele berücksichtigt, ist das Ausbildungsziel der **ebs** FINANZAKADEMIE: **Financial Planning**.

Losgelöst vom reinen Produktverkauf zielt Financial Planning auf die Planung und Umsetzung langfristiger Strategien im Sinne des Kundenvermögens, denn <u>Bedürfnisorientierung</u>, <u>Individualität</u> und <u>Betreuung</u> bringen eine <u>langfristige</u> <u>Kundenbindung</u> und letztendlich mehr Ertrag als die beratungslose Produktvermittlung. Die Absolventen des Kontaktstudiums Finanzökonomie verstehen sich daher als „Finanzärzte“ ihrer Kunden:

- Sie analysieren die gesamte Kundensituation.
- Sie entwickeln individuelle Empfehlungen auf Basis der Kombination verschiedener Anlagemedien und der persönlichen Kundenziele unter Berücksichtigung des beruflichen und familiären Kundenumfeldes.
- Sie begleiten die Umsetzung der Maßnahmen und führen kontinuierliche Kontrollen und Aktualisierungen durch.

Als Messlatte für qualitativ höchste Beratung im Private Banking und als neuer Beratungs- und Betreuungsansatz für qualifizierte Finanzdienstleister ist Financial Planning inzwischen ein wichtiger Faktor für die Kundenakquisition. Erfolgreiche

Abbildung 1: Berufsbild Finanzökonom

Absolventen der **ebs** FINANZAKADEMIE erhalten den Titel „Finanzökonom (**ebs**)". Darüber hinaus werden alle wichtigen Lizenzierungsvoraussetzungen für das Gütesiegel „Certified Financial Planner" erfüllt.

Insgesamt zeigen die Erfahrungen der letzten Jahre, dass sich der Abschluss Finanzökonom (**ebs**) als Marktstandard etabliert hat und große Karrierechancen eröffnet.

Anerkennung durch das Certified Financial Planner Board of Standards

Das *Kontaktstudium Finanzökonomie* war der erste Studiengang in Kontinentaleuropa und der erste in Deutschland, der alle akademischen Anforderungen des Certified Financial Planner Board of Standards, Denver/USA (CFP Board) erfüllt hat. Im Oktober 1997 wurde das *Kontaktstudium Finanzökonomie* akkreditiert. Das CFP Board setzt weltweit Standards für die Aus- und Weiterbildung sowie für die Berufsausübung im Bereich des Financial Planning.

Das Curriculum des Studienganges *Finanzökonomie* ist der Referenz-Standard für die Ausbildung zum Certified Financial Planner in Deutschland. Das *Kontaktstudium Finanzökonomie* ist maßgeblich mit dem CFP in Deutschland verbunden und die erste Adresse auf dem Weg zum Gütesiegel CFP.

Seit der Einführung im Jahre 1972 haben sich 70.000 Finanzdienstleister weltweit zu den hohen Aus- und Weiterbildungsstandards sowie ethischen Beratungsgrundregeln des CFP Board freiwillig verpflichtet. Die ersten 110 deutschen Finanzplaner wurden am 5. Dezember 1997 zum CFP lizenziert. Heute tragen über 700 Finanzdienstleister in Deutschland das Gütesiegel CFP.

Für Teilnehmer des *Kontaktstudiums Finanzökonomie* erfolgt eine Lizenzierung zum Certified Financial Planner (CFP) unter folgenden Bedingungen:

- erfolgreicher Abschluss des *Kontaktstudiums Finanzökonomie,*
- Bestehen einer 180-minütigen Zentralprüfung beim DEVFP Deutscher Verband Financial Planners e. V.,
- Nachweis von mindestens dreijähriger Praxiserfahrung in der Finanzdienstleistungsbranche und von mindestens einem Jahr im Bereich Financial Planning,
- Verpflichtung zur Einhaltung ethischer Grundregeln.

Die CFP-Lizenz ist auf jeweils zwei Jahre befristet und wird bei Nachweis der Belegung von mindestens 30 Stunden Fortbildung in diesen zwei Jahren verlängert.

Der DEVFP Deutscher Verband Financial Planners e. V. verantwortet seit 1998 das Curriculum zur Ausbildung und überwacht Ausbildungsträger wie die **ebs** FINANZAKADEMIE. Der Verband fungiert als nationale Lizenzierungsorganisation im internationalen Netzwerk aller CFP-Organisationen, dem International CFP Council, und führt ein öffentlich zugängliches Register aller in Deutschland lizenzierten CFP.

Nähere Informationen über den Werdegang zum Certified Financial Planner sind beim DEVFP Deutscher Verband Financial Planners e. V. erhältlich:

DEVFP Deutscher Verband Financial Planners e. V.
Telefon: (0 69) 90 55 08 66
Eschersheimer Landstraße 18
Telefax: (0 69) 90 55 08 70
D- 60322 Frankfurt am Main
E-Mail: info@devfp.de
Internet: www.devfp.de

Ehemaligen-Netzwerk: *finanzebs*

Direkt nach dem erfolgreichem Abschluss des ersten Jahrgangs des *Kontaktstudiums Finanzökonomie* wurde von den Absolventen die *finanz**ebs*** ins Leben gerufen. Dieser Verein der Ehemaligen und Förderer des *Kontaktstudiums Finanzökonomie* an der EUROPEAN BUSINESS SCHOOL e. V. (*finanz**ebs***) symbolisiert bis heute einen **Netzwerkgedanken**, der die Absolventen in der guten Tradition anderer Studien- und Weiterbildungsstudiengänge an der Hochschule über das Studium hinaus verbinden möchte.

Heute arbeiten ehemalige Absolventen des *Kontaktstudiums Finanzökonomie* in vielen Bereichen der Finanzdienstleistungs- und Financial Planning-Branche. Das Absolventen-Netzwerk ist äußerst effizient: Es hat viele Karriereschritte begünstigt und den informellen Informationsaustausch gefördert.

Um ihre Ziele zu erreichen, führt die gemeinnützige Ehemaligenvereinigung folgende Aktivitäten durch:

- jährliche Veranstaltung des finanzebs-Forums mit relevanten Themen rund um das Financial Planning,
- Organisation fachbezogener Arbeitskreise und regionaler Kontaktgruppen für die Mitglieder,
- vierteljährliche Herausgabe des „NewsFax“ als Informationsmedium,
- Erstellung eines „Who is Who der Mitglieder“,
- Aufbau von Kontakten zu anderen Fort- und Weiterbildungsinstitutionen sowie Verbänden der Finanzwirtschaft im In- und Ausland,

- jährliche Veranstaltung zum Ehemaligentreffen zur Festigung und zum Ausbau des Netzwerkes.

Die *finanzebs* erreichen Sie im Internet unter www.finanzebs.de oder 0700-finanzebs.

Bildungsphilosophie der ebs FINANZ-AKADEMIE

Die **ebs** FINANZAKADEMIE bietet praxisbezogene, interdisziplinäre und effiziente Weiterbildung mit internationaler Ausrichtung auf Universitätsniveau.

Curriculare Grundsätze

Das *Kontaktstudium Finanzökonomie* basiert auf klaren curricularen Grundsätzen, die den Erfolg des Weiterbildungsangebots für jeden Teilnehmer garantieren sollen. In diesen Grundsätzen unterscheidet sich das Bildungsangebot grundsätzlich von anderen Angeboten am Markt. Diese Grundsätze lauten:

- **Praxisbezug**
  durch anwendungsorientierte Lehrinhalte und Praktiker als Dozenten
- **Interdisziplinarität**
  durch die Vernetzung von wirtschafts- und sozialwissenschaftlichen, steuerlichen und rechtlichen Lehrinhalten
- **Lerneffizienz**
  durch Studieren in einer Kleingruppe, komprimierte Wissensvermittlung, erwachsenengerechte Methodik und regelmäßige Leistungskontrollen
- **Internationalität**
  durch Mitwirkung ausländischer Experten und Analyse internationaler Problemstellungen
- **Universitätsniveau**
  durch wissenschaftliche Lehrinhalte und Hochschullehrer als Dozenten

Konzeption

Ein Weiterbildungsangebot im Financial Planning für Betreuer vermögender Privatkunden muss neben der Vermittlung von Faktenwissen auch kommunikative Aspekte berücksichtigen. Darüber hinaus sollte es das Ziel sein, den Kenntnisstand der Teilnehmer durch ein umfangreiches Diskussions- und Fallstudienangebot praxisorientiert weiterzuentwickeln, denn viele Themenkomplexe lassen sich erfahrungsgemäß nicht autodidaktisch im Fernstudium über Studienbriefe erlernen. Im Ergebnis hat die **ebs** FINANZAKADEMIE deshalb die Darstellung der Themenschwerpunkte aus theoretischer und praxisbezogener Sichtweise als Präsenzunterricht konzipiert.

85 Dozenten – durchgängig anerkannte Experten in ihrem Fachgebiet und „Center of Competence" in ihrem Themenbereich – stehen für ein Höchstmaß an Aktualität in der Wissensvermittlung. Sie garantieren einen effizienten Dialog mit den Studienteilnehmern. Nur so lässt sich das komplexe und sensible Themengebiet über das reine Faktenwissen hinaus vermitteln. Zusätzlich erfolgt die Auswahl auf Basis der didaktischen und kommunikativen Fähigkeiten des Dozenten zur Förderung eines fruchtbaren Dialogs. Zur Qualitätssicherung nehmen die Teilnehmer eine kontinuierliche Beurteilung der Dozenten vor.

Methodisch wird im Rahmen des Präsenzstudiums die Wissensvermittlung durch einen hohen Anteil an Fallstudien und Übungen zur Vertiefung angereichert. Die Teilnehmer sollen in die Lage versetzt werden, das erlernte Wissen direkt im Berufsalltag umsetzen zu können. Deshalb ist die Teilnehmerzahl je Kurs auf maximal 45 Personen begrenzt.

Forschung

Die **ebs** FINANZAKADEMIE gilt bei führenden Marktteilnehmern als Innovationsführer, da die in laufenden Forschungsprojekten an der EUROPEAN BUSINESS SCHOOL Schloss Reichartshausen gewonnenen neuesten Erkenntnisse im Bereich Financial Planning umgehend in das Weiterbildungsangebot einfließen. Leitidee ist das integrierte Zusammenwirken von Wissenschaft und Praxis: Ergebnisse der Forschung werden einerseits über die Beratung an die Retail Banking- und Private Banking-Praxis weitervermittelt, die Rückkopplung wiederum verhilft der Finanzökonomie zu neuen Erkenntnissen.

Im Vordergrund steht hier die umsetzungs- und praxisorientierte Auslegung. Themen sind unter anderem: Financial Planning im Private Banking, Private Real Estate Management im Private Banking, Investmentfondsanlagen im Financial Planning, Haftung im Financial Planning, Grundsätze ordnungsgemäßer Finanzberatung, Private Risk Management oder Family Office-Konzepte.

Die Ergebnisse dieser Forschungsvorhaben – in der Regel im Rahmen von Dissertation erarbeitet – werden in der Buchreihe „Financial Planning“ unter der Herausgeberschaft von Professor Dr. Karl-Werner Schulte und Dr. Rolf Tilmes im Uhlenbruch Verlag, Bad Soden, veröffentlicht.

Die **ebs** FINANZAKADEMIE unterhält zusätzlich eine umfangreiche Fachbibliothek zum Themenbereich Finanzökonomie und Financial Planning.

Weiterbildungsangebot der ebs FINANZADEMIE

Kontaktstudium Finanzökonomie

Aufgrund der hohen Nachfrage und des großen Interesses an der stark praxisorientierten Ausbildung starten seit dem Jahr 2000 zwei Studiengänge pro Jahr – jeweils beginnend im März und November. Im November 2002 startet der nunmehr zwölfte Jahrgang mit 45 Teilnehmern. Erfolgreichen Teilnehmern wird der Titel **Finanzökonom (ebs)** verliehen.

Des weiteren führt die **ebs** FINANZAKADEMIE zwei weitere Kontaktstudiumsjahrgänge in Kooperation mit der ADG Akademie Deutscher Genossenschaften e. V. für den Genossenschaftssektor und dem DSGV Deutscher Sparkassen- und Giroverband für den Sparkassensektor durch. Die organisatorische Verantwortung haben die beiden Kooperationspartner übernommen; die wissenschaftliche Leitung liegt bei der **ebs** FINANZAKADEMIE. Die Programme enden bei erfolgreichem Abschluss mit dem Titel **Finanzökonom (ebs/ADG)** bzw. **Finanzökonom (ebs/S).**

Das Gesamtprogramm vermittelt fundierte Kenntnisse über ein breites Spektrum von Vermögensanlagen, Immobilien und Versicherungsprodukten sowie deren steuerliche und rechtliche Implikationen. Hierauf aufbauend befähigen die Expertise in der Vernetzung einzelner Produkte, die Analyse- und Problemlösungskompetenz sowie Kommunikationsfähigkeit den Finanzökonom (**ebs**) zur Erstellung eines umfassenden Finanzplanes im Rahmen der Beratung und Betreuung gehobener Privatkunden.

Ziel ist die Ausbildung von Generalisten mit vertieften Spezialkenntnissen in zentralen Bereichen des Financial Planning für die Tätigkeit als Berater oder als Sachverständiger für Kapitalanlagen und private Finanzplanung. Durch praktische Übungen und eine studienbegleitende Projektarbeit erhalten die Teilnehmer das Rüstzeug für die Strukturierung und Optimierung verschiedener Anlageformen unter Berücksichtigung der individuellen Kundensituation.

Das *Kontaktstudium Finanzökonomie* bietet deshalb ein qualitativ hochwertiges Branchenweiterbildungsprogramm durch

- die Vertiefung vorhandener Kenntnisse über Vermögensanlagen, Immobilien und Versicherungsprodukte,
- die Vermittlung des Konzepts „Financial Planning" und der bedürfnisorientierten Kundenbetreuung,
- die Erhöhung der Problemlösungs- und Kommunikationskompetenz bei der Akquisition und Betreuung vermögender Privatkunden,
- die Etablierung eines qualitativ hochwertigen Weiterbildungsprogramms für den Finanzdienstleistungsmarkt mit erstklassigem Renomee,
- die Internationale Anerkennung durch die Vorbereitung auf die Lizenzierung zum CFP.

Adressaten

Das *Kontaktstudium Finanzökonomie* ist für **Fach- und Führungsnachwuchskräfte** aus Banken und Sparkassen, Finanzdienstleistungsgesellschaften, Versicherungsunternehmen, Fondsgesellschaften und Immobilienfirmen sowie beratenden Berufen konzipiert.

Es richtet sich insbesondere an folgende **Berufsgruppen**: Privatkundenbetreuer, Vermögensberater, Finanzdienstleister, Versicherungsmakler, Immobilienberater, Vermögensverwalter, Anlageberater, Versicherungsberater, Financial Consultants, Rechtsanwälte.

Zulassungsvoraussetzungen

Das Kontaktstudium steht folgenden Bewerbern offen:

1. Personen mit abgeschlossenem Studium an einer Universität oder Fachhochschule in verschiedenen Studiengängen (Betriebswirtschaftslehre, Volkswirtschaftslehre, Rechtswissenschaft etc.),
2. Personen, die die für die Teilnahme erforderliche Eignung im Beruf oder auf andere Weise erworben haben,

insbesondere:

Absolventen einer Berufsakademie (BA), einer Verwaltungs- und Wirtschaftsakademie (VWA), der Bankakademie, der Akademie Deutscher Genossenschaften und der Sparkassenakademie sowie staatlich geprüfte Betriebswirte der Fachrichtung Wohnungswirtschaft und Realkredit, Bankfachwirte, Sparkassenfachwirte, Versicherungsfachwirte, Fachwirte für Finanzdienstleistungen, Verwaltungsfachwirte sowie Fachwirte in der Grundstücks- und Wohnungswirtschaft.

Diese Bewerber sollen über die allgemeine Hochschulreife, die fachgebundene Hochschulreife oder die Fachhochschulreife verfügen.

Vergleichbare ausländische Studienabschlüsse oder Berufsqualifikationen werden anerkannt. Über die Zulassung entscheidet der Wissenschaftliche Leiter des *Kontaktstudiums Finanzökonomie.*

Studienablauf

Basisprüfung

Das Präsenzstudium beginnt mit einer für alle Teilnehmer verbindlichen Eingangsprüfung. Für die individuelle Vorbereitung stellt die **ebs** FINANZAKADEMIE eine Musterklausur mit Literaturangaben kostenlos zur Verfügung.

Vorbereitung auf die Basisprüfung

Zusätzlich bietet die **ebs** FINANZAKADEMIE zur Vorbereitung auf die Basisprüfung zwei aufeinander abgestimmte, einzeln buchbare Vorbereitungsmodule gegen Entgelt an. Diese Module sind als praxisorientiertes, berufsbegleitendes Selbststudium konzipiert. Jedes Vorbereitungsmodul umfasst etwa 200 Stunden Bearbeitungszeit sowie ein drei- bzw. zweitägiges Tutorial zur Beantwortung von Fragen und zur Prüfungsvorbereitung anhand von Musterklausuren. Die Texte sind pädagogisch-didaktisch aufbereitet und können später als Kompendium genutzt werden.

Das erste Vorbereitungsmodul umfasst die Prüfungsteilbereiche Bank- und Börsenprodukte, volkswirtschaftliche und rechtliche Grundlagen sowie Finanzmathematik und Statistik; das zweite Vorbereitungsmodul beinhaltet die Bereiche Versicherungen und Immobilien.

Präsenzstudium

Das Präsenzstudium ist in zwei Semester aufgeteilt und besteht aus vier Studienbausteinen. Es umfasst 610 Stunden. Hinzu kommen Zeiten für Abendveranstaltungen und das Erbringen der Prüfungsleistungen.

Jedes Semester besteht aus einer Blockphase von zehn Tagen und sieben bis zehn Wochenendphasen. Letztere finden jeweils von Freitagmorgen bis Samstagnachmittag statt. Insgesamt umfasst das Programm inklusive aller Prüfungstage 53 Tage.

Im Rahmen praktischer Übungen und einer studienbegleitenden Projektarbeit erhalten die Teilnehmer das Rüstzeug für die Strukturierung und Optimierung verschiedener Anlageformen unter Berücksichtigung der individuellen Kundensituation.

Die genauen Studientermine, die Höhe der Studiengebühren und die Zahlungsbedingungen sowie unsere Geschäftsbedingungen und unseren Dozentenspiegel finden Sie im Internet unter www.ebs-finanzakademie.de.

Studieninhalte im Präsenzstudium

1. Interdisziplinäre Grundlagen

1.1 Betriebswirtschaftslehre

1.1.1 Investitions- und Finanzierungstheorie
1.1.2 Bilanzierung, Jahresabschlussanalyse und Unternehmensbewertung
1.1.3 Portfolio-Theorie

1.2 Volkswirtschaftslehre

1.2.1 Aufgaben der Wirtschaftspolitik
1.2.2 Geldpolitik
1.2.3 Finanzpolitik
1.2.4 Arbeitsmarkt- und Lohnpolitik
1.2.5 Zahlungsbilanz und Wechselkurse
1.2.6 Währungspolitik
1.2.7 Wachstumsmärkte
1.2.8 Europäische Währungsunion

1.3 Finanzmathematik und Statistik
1.3.1 Zinseszinsrechnung bei Einmalanlagen
1.3.2 Rentenrechnung bei Ein- und Auszahlungsplänen
1.3.3 Tilgungsrechnung bei Fremdfinanzierung
1.3.4 Effektivzinsberechnung
1.3.5 Häufigkeitsverteilungen und Indexzahlen
1.3.6 Mittelwerte und Standardabweichungen

1.4 Steuerliche und rechtliche Grundlagen
1.4.1 Steuerrecht
1.4.2 Gesellschaftsrechtliche Grundlagen
1.4.3 Erbrecht/Schenkungsrecht
1.4.4 Haftungsrecht/Anlegerschutzrecht
1.4.5 Ad hoc Publizitäts- und Insiderrecht
1.4.6 Termingeschäftsfähigkeit

1.5 Ethik

2. Privates Finanzmanagement

2.1 Kreditmanagement
2.1.1 Kreditkonzepte
2.1.2 Fremdfinanzierungsquote und laufender Kapitaldienst
2.1.3 Finanzierung unter Leverage- und Steuergesichtspunkten
2.1.4 Zins- und Tilgungskonzepte
2.1.5 Finanzierungsanlässe
2.1.6 Kreditsicherheiten

2.2 Portfoliomanagement
2.2.1 Individuelles Vermögensmanagement mit Direktanlagen in Wertpapieren
2.2.2 Standardisiertes Vermögensmanagement mit Investmentfonds
2.2.3 Währungsmanagement
2.2.4 Research
2.2.5 Spezielle Sachwertanlagen
2.2.6 Vermögensgestaltung mit Hilfe von Wohnsitzverlagerung und Niedrigsteuerländern

2.3 Vorsorgemanagement
2.3.1 Risiko-Analyse
2.3.2 Risiko-Deckungskonzepte
2.3.3 Rechtliche und steuerliche Besonderheiten
2.3.4 Tarife und Berechnungsmethodik
2.3.5 Grundlagen der Altersversorgung
2.3.6 Betriebliche Altersversorgung
2.3.7 Private Altersversorgung
2.3.8 Grundlagen der Aktuarwissenschaft

2.4 Immobilienmanagement
2.4.1 Wirtschaftlichkeitsrechnung
2.4.2 Immobilienbewertung
2.4.3 Immobilienvermittlung
2.4.4 Individuelle Kapitalanlage in Immobilien
2.4.5 Kollektive Kapitalanlage in Immobilien

2.5 Beteiligungsmanagement
2.5.1 Arten und Charakteristika
2.5.2 Schiffs-, Mobilienleasing- und Medienbeteiligungen
2.5.3 Direkte unternehmerische Beteiligungen
2.5.4 Venture Capital Investments

3. Financial Planning

3.1 Beratungsziele und Restriktionen
3.1.1 Definition des Financial Planning
3.1.2 Abgrenzung des Financial Planning gegenüber anderen Finanzdienstleistungen
3.1.3 Subjektive und objektive Beratungsziele aus Sicht der Kunden und der Anbieter
3.1.4 Quantitative und qualitative Restriktionen

3.2 Nachfragerverhalten und Anbieterstruktur
3.2.1 Nachfragersegmente und Beratungsziele
3.2.2 Anbieterstruktur und Beratungsschwerpunkte

3.3 Phasenkonzept des Financial Planning

3.3.1 Geschäftsanbahnung und Gestaltung der Informationsschrift
3.3.2 Umfang, Art und Form der Datenerfassung
3.3.3 Aufstellung der Ist-Privatbilanz und der persönlichen Gewinn- und Verlustrechnung
3.3.4 Entwicklung einer Soll-Privatbilanz und zukünftiger Liquiditätsströme in unterschiedlichen Szenarien
3.3.5 Ableitung von Handlungsempfehlungen zur Vermögensoptimierung unter Beachtung der steuerlichen und familiären Kundensituation
3.3.6 Umsetzungsbetreuung und Plan-Aktualisierungen

3.4 Grundsätze ordnungsmäßiger Finanzberatung

3.5 Grundzüge des Sachverständigenwesens

3.6 Sonderformen des Financial Planning

3.4.1 Financial Planning im Mengengeschäft
3.4.2 Financial Planning für Unternehmer
3.4.3 Financial Planning und Portfoliotheorie

3.7 Altersversorgung als Spezialthema im Financial Planning

3.7.1 Altersversorgungsbedarf im gehobenen Privatkundensegment
3.7.2 Financial Planning als strategischer Ansatz
3.7.3 Kundennutzen für die Sicherung der Altersversorgung

3.8 Erbschaftsplanung als Spezialthema im Financial Planning

3.8.1 Erb- und Schenkungsrecht
3.8.2 Erbschafts- und Schenkungssteuer
3.8.3 Nachlassanalyse und Erbschaftsplanung
3.8.4 Testamentsvollstreckung
3.8.5 Stiftungen und Trust-Lösungen

3.9 Financial Planning und EDV

3.9.1 Klassifizierung von EDV-Anwendungen
3.9.2 EDV-Anwendungen als Differenzierungsinstrument
3.9.3 Entscheidungskriterien bei der Auswahl von Softwarewerkzeugen
3.9.4 Neue Medien

4. Finanzmarketing

4.1 Grundlagen
4.1.1 Marketing für Beratungsdienstleistungen und Finanzprodukte
4.1.2 Integrierte Vertriebsstrategien

4.2 Finanzmarketing-Prozess im Financial Planning
4.2.1 Marktforschung für Finanzdienstleistungen
4.2.2 Erstellung zielgruppenorientierter Leistungsprogramme
4.2.3 Akquisition und Betreuung im gehobenen Privatkundengeschäft
4.2.4 Verkaufsvereinbarungen
4.2.5 Qualitätsmanagement bei der Leistungserstellung

4.3 Training zum Kommunikationsverhalten

Intensivstudium Estate Planning

Planung und Management des Vermögensüberganges auf die nächste Generation ist Thema des Intensivstudiums Estate Planning, das die **ebs** FINANZAKADEMIE seit September 2001 in Frankfurt, Hamburg und Berlin anbietet. Die **ebs** FINANZAKADEMIE sieht Estate Planning als Teilaspekt des Financial Planning an, der immer stärkere Bedeutung erlangt: Allein in Deutschland wird nach Prognosen des Bundesamtes für Statistik und der Deutschen Bundesbank bis zum Jahre 2010 ein Vermögenstransfer im Zuge von Erbschaften in Höhe von 2,2 Billionen Euro stattfinden. Durch immer weniger Kinder pro Familie (Erben) und steigenden Reichtum pro Familie entfallen auf die einzelnen Erben immer größere Vermögen. Diese Entwicklung wird sich in Zukunft noch verstärken. Estate Planning und das Thema Vermögensübergang werden in der Öffentlichkeit, bei Vermögensinhabern und Beratern an Bedeutung gewinnen. Die Ansprüche an qualifizierte Beratung wachsen kontinuierlich; gleichzeitig steigt die Komplexität der Fragestellung durch den konstanten Wandel der erbschafts-, steuer- und gesellschaftsrechtlichen Rahmenbedingungen. Das interdisziplinäre Curriculum des dreimonatigen, berufsbegleitenden Intensivstudiums Estate Planning ist auf der Basis umfassender Marktuntersuchungen, wissenschaftlicher Studien und im internationalen Erfahrungsaustausch entwickelt worden. Die erfolgreichen Absolventen erhalten den Titel **Estate Planner (ebs).**

Vermittelt werden fundierte Kenntnisse über die Planung der Vermögensnachfolge, des Vermögenstransfers und der Vermögensgestaltung im privaten und unternehmerischen Bereich im In- und Ausland sowie deren erb-, steuer- und gesellschaftsrechtliche Implikationen. Hierauf aufbauend befähigen die Expertise in der vernetzten Betrachtung der Vermögensübergangsproblematik, die Analyse- und Problemlösungskompetenz sowie Kommunikationsfähigkeiten den Estate Planner zum Management des Vermögensübergangsprozesses im Rahmen der Beratung und Betreuung gehobener Privatkunden.

Ziel ist die Ausbildung von Beratern mit vertieften Spezialkenntnissen in zentralen Bereichen des Estate Planning für die Tätigkeit als Koordinator an der Schnittstelle zwischen dem Vermögensinhaber als Erblasser und den Erben einerseits und potenziellen weiteren Beratern der Kunden andererseits im Sinne eines ganzheitlichen Vermögensübergangs-Managements. Der Estate Planner (ebs) beachtet die Standesregeln der Steuer- und Rechtsberatung.

Zulassungsvoraussetzungen

Das Intensivstudium Estate Planning ist primär für Personen konzipiert, die bereits Erfahrungen im Bereich des Financial Planning und der Vermögensnachfolgeberatung haben. Das Intensivstudium berücksichtigt Vorkenntnisse im Estate Planning und ist deshalb insbesondere für folgende Personenkreise aufgrund ihrer besonderen Vorbildung geeignet:

- Absolventen des Kontaktstudiums Finanzökonomie der **ebs** FINANZAKADEMIE,
- Absolventen des Studienganges Financial Planner der Hochschule für Bankwirtschaft,
- Certified Financial Planner, die nach erfolgreichem Abschluss eines Angleichungsmoduls an der **ebs** FINANZAKADEMIE lizenziert wurden,
- Absolventen des GeNe-Aufbauseminars (drei Tage) mit mindestens einem Jahr Praxiserfahrung im Bereich der Estate Planning,
- Nutzer von Erbschaftplanungsprogrammen (zum Beispiel GeNe oder I^2)
- sowie Personen mit vergleichbaren, im Einzelfall nachzuweisenden Kenntnissen und mindestens einem Jahr Praxiserfahrung im Bereich der Estate Planning.

Als Bewerber zum Intensivstudium Estate Planning werden zugelassen:

1. Personen mit abgeschlossenem Studium an einer Universität oder Fachhochschule in verschiedenen Studiengängen (Betriebswirtschaftslehre, Volkswirtschaftslehre, Rechtswissenschaft etc.).

2. Personen, die die erforderliche Eignung im Beruf oder auf andere Weise erworben haben, insbesondere: Absolventen einer Berufsakademie (BA), einer Verwaltungs- und Wirtschaftsakademie (VWA), der Bankakademie, der Akademie Deutscher Genossenschaften und der Sparkassenakademie, Fachwirte für Finanzdienstleistungen sowie Personen, die Weiterbildungsmaßnahmen im Bereich Vermögensnachfolge absolviert haben.

Alle Bewerber sollen über die allgemeine Hochschulreife, die fachgebundene Hochschulreife oder die Fachhochschulreife verfügen. Über die Zulassung zum Intensivstudium entscheidet die wissenschaftliche Leitung.

kontakte-Reihe

Der Philosophie des „lebenslangen Lernens" entsprechend bietet die **ebs** FINANZAKADEMIE mit der Reihe ***kontakte*** seit 1998 ein neues Medium für die branchenspezifische Aus- und Weiterbildung an. Sie besteht aus drei Säulen:

Die **ebs** FINANZAKADEMIE veranstaltet seit 1998 einmal im Jahr den zweitätigen Fachkongress ***Financial Planning Praxis.*** Dieser Kongress hat das Ziel, eine qualifizierte Diskussion über Financial Planning innerhalb der Branche anzuregen und – gemäß dem Titel der Veranstaltung – Kontakte untereinander zu ermöglichen. Die Veranstaltung hat sich als Branchentreffpunkt etabliert, bei dem bis zu 250 Financial Planner und andere Finanzdienstleister zusammenkommen. Im Jahre 2002 findet die Veranstaltung am 25. und 26. September im Kongress-Zentrum Opel-Live in Rüsselsheim statt.

Finanz Kontakte sind Abendveranstaltungen mit ausgewählten Referenten. Diese Vortragsreihe findet zwei- bis viermal im Jahr in den Räumlichkeiten der EUROPEAN BUSINESS SCHOOL Schloß Reichartshausen statt, verfolgt das Ziel, den Dialog zwischen Wissenschaft und Praxis zu fördern und bietet Themen mit aktuellem Bezug. Im Anschluss an die jeweilige Veranstaltung haben die Teilnehmer Gelegenheit, bei Rheingauer Wein und einem kleinen Imbiss die Themen mit den Referenten in persönlichen Gesprächen zu vertiefen.

Letztes Glied der Kette von Veranstaltungen, die zur Zeit zur Reihe ***kontakte*** zählen, sind die sogenannten ***Financial Planning Colloquien***. Hierbei handelt es sich um eintägige Intensivschulungen für einen kleineren Teilnehmerkreis zu Themen rund um das Financial Planning.

Firmenindividuelles Schulungsangebot

Die **ebs** FINANZAKADEMIE bietet neben offenen Weiterbildungsprogrammen auch geschneiderte **Firmenprogramme** an. Das Themenspektrum umfasst den gesamten Leistungsbereich des Retail Banking und Private Banking (Bank und Börse, Immobilien, Versicherungen, Recht, Steuern, Erbschaftsplanung, Financial Planning etc.). Diese Firmenprogramme werden in enger Abstimmung mit dem Auftraggeber individuell zusammengestellt.

Die Dauer eines Seminars sollte mindestens vier bis fünf Tage betragen, die Gruppengröße zehn Personen nicht unterschreiten. Aufbauend auf Themenvorschlägen der Auftraggeber ist unter anderem eine individuelle Bedarfsanalyse der Lehrinhalte ebenso selbstverständlich wie eine nachträgliche Beurteilung der von uns ausgewählten Dozenten.

So sind inzwischen Bildungsprogramme in Kooperation mit namhaften Unternehmern der Branche entstanden, etwa mit

- der ABN AMRO Bank (Deutschland) AG,
- der Dresdner Bank AG,
- der Gerling Firmen- und Privat-Service AG,
- der HypoVereinsbank AG,
- der ZSH Finanzdienstleistungen GmbH.

Vielfach in Zusammenhang mit firmenspezifischen Weiterbildungsprogrammen – aber nicht ausschließlich – führt die **ebs** FINANZAKADEMIE Beratungs- und Coaching-Projekte im Finanzdienstleistungsbereich durch. In Abgrenzung zur klassischen Unternehmensberatung steht hier die enge Verzahnung von Projektinhalt und Mitarbeiterentwicklung sowie die kundenindividuelle Forschung im Vordergrund.

Leistungsversprechen der ebs FINANZADEMIE

- Die **ebs-Hochschule** erfeut sich eines sehr guten Rufes und ist im Ranking der deutschen Universitäten immer auf den ersten drei Plätzen zu finden.
- Das Kontaktstudium Finanzökonomie ist der **erste Studiengang** in Deutschland, der alle akademischen Anforderungen des Certified Financial Planner Board of Standards (Denver/USA) erfüllte und **als die Referenz zur Ausbildung zum CFP** gilt; kurz: Es ist das **ORIGINAL!**
- Der elfte Jahrgang des *Kontaktstudiums Finanzökonomie* startete Ende März 2002, damit verfügt die **ebs** FINANZAKADEMIE über reichlich Erfahrung.
- Sie bedient sich nur **Dozenten der „ersten Reihe“.**

- Sie legt auch im Zeitalter der fortschreitenden Telekommunikation großen Wert auf **Präsenzunterricht: 85 hochkarätige Dozenten aus Wissenschaft und Praxis** schulen Sie an circa **53 Tagen** pro Studienjahrgang in verschiedenen Themengebieten. Das öffnet Ihnen den persönlichen Kontakt zu Größen der Branche, die bei Ihnen Vorlesungen halten.
- Die **ebs** FINANZAKADEMIE gilt bei führenden Marktteilnehmern als **Innovationsführer,** da die in laufenden Forschungsprojekten an der EUROPEAN BUSINESS SCHOOL Schloß Reichartshausen gewonnenen neuesten Erkenntnisse umgehend in das Kontaktstudium einfließen.
- Prof. Schulte und Dr. Tilmes sind Herausgeber der **Reihe „Financial Planning"** im Uhlenbruch Verlag, der ersten Schriftenreihe in Deutschland, die sich auf wissenschaftlichem Niveau mit dem Thema Financial Planning befasst.
- Die Absolventen haben die Möglichkeit, Mitglied bei *finanzebs* zu werden und damit in ein bundesweites Netzwerk eingebunden zu werden, was man bei der Karriereplanung und zwecks informellem Austausch nicht unterschätzen sollte.

Leitung und Organisation

- **Wissenschaftlicher Leiter**
  Prof. Dr. Karl-Werner Schulte, HonCFP, HonRICS
  Inhaber des Lehrstuhls für Allgemeine Betriebswirtschaftslehre, insbesondere Immobilienökonomie Stiftungslehrstuhl), an der EUROPEAN BUSINESS SCHOOL

  Geschäftsführender Gesellschafter der **ebs** FINANZAKADEMIE GmbH

- **Wissenschaftlicher Berater**
  Dr. Rolf Tilmes, M. M., CFP
  Vorstand InsuranceCity AG,
  Frankfurt am Main

- **Programmdirektorin**
  Jutta Tilmes,
  Finanzökonom (**ebs**)
  Estate Planner (**ebs**)

- **Director of Research**
  Dipl-Kfm. Peter Schaubach,

„Der fliegt aber hoch."
„Stimmt. Deutlich über Forecast."

Finanzökonom (**ebs**)
Estate Planner **(ebs)**

- **Wissenschaftliche Assistenten**
  Dipl.-Kfm. Marcus Wilhelm,
  Finanzökonom (**ebs**),
  Estate Planner (**ebs**)
  Dipl.-Kfm. Ralph Jakob,
  Diplôme ESC Toulouse

- **Administration**
  Iris Bleul, Office Manager dib
  Pia Lenz
  Eva Fenzel, Marketingfachkauffrau (IHK)

Der Sitz der EUROPEAN BUSINESS SCHOOL ist mit dem Auto von Wiesbaden und Mainz in 15 Minuten und von Frankfurt am Main in 40 Minuten zu erreichen. Nahverkehrszüge aus Koblenz und Wiesbaden halten 300 Meter entfernt im Bahnhof Hattenheim.

- **Büroanschrift**
  ebs FINANZAKADEMIE GmbH
  Kranenstraße 17
  D-65375 Oestrich-Winkel
  Telefon: (0 67 23) 88 88 0
  Telefax: (0 67 23) 88 88 11
  E-Mail: info@ebs-finanz-
  akademie.de
  Internet: www.ebs-finanzakademie.de

1.5 Berufsbildungswerk der Deutschen Versicherungswirtschaft e. V.

BWV **Berufsbildungswerk der Deutschen Versicherungswirtschaft (BWV) e.V.**

✉ **Berufsbildungswerk der Deutschen Versicherungswirtschaft (BWV) e. V.**

☎ **0 89/92 20 01 30**

Fax: 0 89/92 20 01 44

www.bwv-online.de
www.versicherungsakademie.de

info@bwv-online.de

Das Berufsbildungswerk der Deutschen Versicherungswirtschaft (BWV) e.V. ist ein Berufsverband der Deutschen Versicherungswirtschaft mit Sitz in München. Er

- fördert die **Berufsbildung** im **Versicherungswesen** und verwandter Gebiete im Rahmen der Bildungspolitik des Gesamtverbandes der Deutschen Versicherungswirtschaft (GDV) und des Arbeitgeberverbandes der Versicherungsunternehmen in Deutschland (agv)
- berät und informiert alle mit der **Aus- und Weiterbildung in der Versicherungswirtschaft** befassten Personen und Institutionen und strebt Dialog und Zusammenarbeit an – dies gilt auch für Personen und Institutionen außerhalb der Versicherungswirtschaft, die mit Bildungsfragen befasst sind.
- bietet **sozialpolitische Seminare** und umfangreiche versicherungsfachliche Lehr-, Lern- und Informationsmedien. Konzeption und Durchführung von überregionalen Bildungsangeboten – Seminaren, Tagungen, Workshops und vieles mehr – bietet die deutsche Versicherungsakademie (DVA) GmbH, München, ein Tochterunternehmen des BWV, an.
- bietet über die **Deutsche Versicherungsakademie (DVA)** das onlinegestützte Fernstudium zum/zur Versicherungsfachwirt/in (IHK) sowie das **Studium zum Versicherungsbetriebswirt/-betriebswirt/in (DVA)** an.

- arbeitet mit an der **Entwicklung von Berufsbildern** und verleiht die Qualifikationsbezeichnungen **Versicherungsfachmann/-fachfrau (BWV)**
- entwickelt und publiziert **Lehr-, Lern- und Informationsmedien,** um die Bildungsmaßnahmen nach einheitlichen Kriterien durchführen zu können, insbesondere Schrittmacherfunktion im Bereich von **Internetlernen** und dem Einsatz zeitgemäßer Medien ist eine Hauptaufgabe.

Der Weg nach oben führt über die berufliche Bildung. Zu Recht werden deshalb hohe Anforderungen gestellt. Die Deutsche Versicherungswirtschaft kann sechs Pluspunkt in die Waagschale werfen:

- **Praxisorientierung:** Ob realitätsferner Theoretiker oder unstrukturiert arbeitender Praktiker – beide sind in der Versicherungswirtschaft fehl am Platz. Deshalb setzt das BWV auf ein Bildungssystem, in dem theoretische Kenntnisse und praktische Erfahrungen im richtigen Verhältnis zueinander stehen.
- **Dezentralität:** Die Versicherungswirtschaft verfügt wie kaum ein anderer Wirtschaftszweig über ein engmaschiges Netz von Ausbildungsbetrieben und Weiterbildungsinstitutionen. Sie können sich dort, wo Sie zuhause sind und wo Ihre Kunden wohnen, ausbilden lassen und weiterbilden.
- **Systematik:** Eine seriöse berufliche Qualifizierung fußt auf einer soliden Ausbildung. Auf dieser Basis müssen Wissen und Kompetenzen ständig vertieft und verbessert werden. Dafür bietet das BWV ein lückenloses System aufeinander aufbauender Bildungsgänge mit zeitgemäßen Lerninhalten und anerkannten Abschlüssen an.
- **Bundeseinheitlichkeit:** Versicherungskaufleute soll keiner danach fragen müssen, ob sie ihre Ausbildung in Kiel, Köln, Erfurt, Stuttgart oder anderswo in Deutschland gemacht haben. Ein gleichermaßen hohes Ausbildungsniveau gewährleistet, dass ein Ortswechsel die beruflichen Chancen nicht beeinträchtigt.
- **Berufsbegleitend:** Damit Sie sich flexibel weiterbilden können, ohne Ihren Arbeitsplatz aufgeben zu müssen, bietet das BWV brancheninterne Bildungsmaßnahmen berufsbegleitend an.
- **Innovativ:** Die Anforderungen an die Mitarbeiterinnen und Mitarbeiter verändern sich entsprechend der gesellschaftspolitischen, technologischen und ökonomischen Veränderungen. Damit ist die Versicherungswirtschaft bemüht, Fortschritt

und Wandel so zügig wie möglich in die Aus- und Weiterbildung einfließen zu lassen. Sie verfügt über einen neu geordneten Ausbildungsberuf und ein neu geordnetes Studium zum Geprüften Versicherungsfachwirt/zur Geprüften Versicherungsfachwirtin (IHK), das als Präsenz- oder Fernstudium angeboten wird.

Das Bildungssystem

Bildungsangebote für lebenslanges Lernen

Die Versicherungswirtschaft bietet ein vierteiliges, konsistentes System der Aus- und Weiterbildung für die Mitarbeiterinnen und Mitarbeiter der Branche. Es wird ergänzt durch ein breit gefächertes Seminar- und Kursangebot, das individuelle Interessen vertieft.

Hoher Qualität ist das BWV verpflichtet – für ein attraktives, zukunftssicheres Angebot. Innovative Konzepte, bundeseinheitliche Standards, klar definierte Schnittstellen und marktgerechte Inhalte sind Eckpfeiler der Qualifikationen.

Die Ausbildung zum Versicherungsfachmann/fachfrau (BWV) ist die brancheninterne Ausbildung für den Außendienst. Qualifizierte Kundenberatung und -betreuung erkennt man am Ausweis – 150.000 zertifizierte Versicherungsvermittler sprechen eine deutliche Sprache.

Jungen Mitarbeitern der Versicherungswirtschaft bietet das BWV den Ausbildungsberuf „Versicherungskaufmann/Versicherungskauffrau“: Als kaufmännischer Beruf grundlegend neu geordnet, basiert er auf den aktuellen Anforderungen des Marktes. Und: die Vergütung für die Azubis der Branche kann sich im Vergleich gut sehen lassen.

Seiteneinsteiger mit Praxiserfahrung im Versicherungsunternehmen können sich als Versicherungskaufleute berufsbegleitend ausbilden und prüfen lassen.

Karrierechancen nach der Ausbildung eröffnet das Studium zum Geprüften Versicherungsfachwirt/zur Geprüften Versicherungsfachwirtin. Wegweisend – auch für andere Branchen – konzipiert, bietet die Auswahl kombinierbarer Module eine flexible Basis mit fachlichem Know-how und Methodenkompetenz.

Frei wählbare Qualifikationsbausteine unterstützen die individuelle Berufsplanung ebenso wie unternehmensspezifische Personalentwicklungskonzepte.

Neben der als Präsenzveranstaltung konzipierten Weiterbildung kann diese Qualifikation auch als onlinegestütztes Fernstudium bei der DVA belegt werden.

Das Studium schließt mit anerkanntem IHK-Zeugnis ab. Jährlich knapp 1500 neu eingeschriebene Studenten bestätigen den ausgezeichneten Ruf und die Verwertbarkeit der Qualifikation in der Assekuranz.

Ein Studium an der Deutschen Versicherungs-Akademie (DVA) bietet die praxisorientierte Alternative zur traditionellen Hochschulausbildung. Aufbauend auf den Geprüften Versicherungsfachwirt erwerben die Studierenden wissenschaftliche Kompetenz im Praxisumfeld und erreichen den Abschluss „Versicherungsbetriebswirt/Versicherungsbetriebswirtin (DVA)". Vier Semester bei anerkannten Dozenten aus Hochschulen und Versicherungspraxis qualifizieren berufsbegleitend für Managementfunktionen.

Versicherungsfachmann/Versicherungsfachfrau (BWV)

Diese Ausbildung findet berufsbegleitend in einem Versicherungsunternehmen statt. Sie dauert mindestens 12 Monate und umfasst theoretische und praktische Anteile. Die Absolventen erwerben bei erfolgreicher Abschlussprüfung eine Urkunde und den Qualifikationsausweis „Versicherungsfachmann (BWV)" bzw. „Versicherungsfachfrau (BWV)".

Eine systematische Einarbeitung erfolgt mit 60 Tagen Verkaufspraxis unter Anleitung im ausbildenden Versicherungsunternehmen. Kunden und Branche wissen die Qualität dieser Vermittlerqualifizierung hoch zu schätzen.

Und: Nach erfolgreicher Abschlussprüfung stehen weitere Qualifikationsmöglichkeiten, zum Beispiel zum Geprüften Versicherungsfachwirt, in der Versicherungswirtschaft offen.

Überbetrieblicher Unterricht für die Ausbildung zum/zur Versicherungskaufmann/Versicherungskauffrau

Für Schulabgänger, die sich für eine Ausbildung zum Versicherungskaufmann/Versicherungskauffrau entschieden haben, führen wir in unseren regionalen Berufsbildungswerken überbetrieblichen Unterricht durch. Bei Fragen zur Ausbildung stehen hier auch Ansprechpartner zur Verfügung, die mit Rat und Hilfe zur Seite stehen.

Weitere kleinere Ergänzungen bzw. Korrekturen schicke ich Ihnen per Fax. Sollten Sie Schwierigkeiten inhaltlicher oder beim Lesen haben, stehe ich Ihnen heute und die nächsten Tage jeder Zeit zur Verfügung.

Studium zum Geprüften Versicherungsfachwirt/ Studium zur Geprüften Versicherungsfachwirtin

Sie sind Versicherungsfachmann/-fachfrau (BWV), Versicherungskaufmann/-kauffrau oder haben mehrjährige Berufserfahrung in der Versicherungswirtschaft gesammelt. Sie wollen Ihre Karrierechancen verbessern und qualifiziert dazulernen.

Das BWV bietet Ihnen seine Fachwirtstudiengänge an. Neben betriebs- und volkswirtschaftlichen Grundlagen erhalten Sie hier auch erste Einblicke in juristische Zusammenhänge sowie einen Überblick über die Versicherungsbetriebslehre. Das Fach „Management und Kommunikation“ bereitet Sie auf Kompetenzen in den Bereichen Kommunikation, Projektmanagement und Präsentation vor – ein wichtiger, leicht unterschätzbarer Baustein für Ihre weitere berufliche Entwicklung.

Für welche beiden der bis zu 12 Auswahlmöglichkeiten aus dem Pflichtwahlbereich Ihres Studiums Sie sich entscheiden, hängt von Ihren Neigungen, beruflichen Perspektiven und der individuellen Personalentwicklung Ihres Unternehmens ab. Gefragt sind sie alle.

Und: Die schriftliche Prüfung zur Ausbildereignungsprüfung ist mit erfolgreicher Versicherungsfachwirtprüfung auch schon geschafft. Die IHK rechnet Ihnen diesen Teil bei gewünschter Ausbildereignungsprüfung voll an.

Und: Sie können lebenslang weitere Module des Versicherungsfachwirtestudiums absolvieren. Jedes einzeln, gern auch gebündelt, aber jede einzelne Prüfung mit IHK-Zertifikat und Eintrag im Zeugnis.

Über die Möglichkeiten im Rahmen von Präsenz- oder Fernstudium beraten Sie die Verbindungsstellen des BWV. Dort erhalten Sie auch weitere Informationen über Organisation und Ablauf der Weiterbildung.

Studium zum Versicherungsbetriebswirt (DVA)/ zur Versicherungsbetriebswirtin (DVA)

Für engagierte Versicherungsfachwirte bietet das BWV die Alternative zum Hochschulstudium an: Ein Studium an der Deutschen Versicherungs-Akademie zum Versicherungsbetriebswirt (DVA)/zur Versicherungsbetriebswirtin (DVA).
Voraussetzung: Sie haben Ihr Versicherungsfachwirtestudium erfolgreich abgeschlossen.

Vorlesungen in wirtschaftswissenschaftlichen Basisfächern kombiniert mit versicherungsspezifischen Inhalten ermöglichen es Ihnen, in vier Semestern den Abschluss zu erreichen. Sie können derzeit an acht Studienorten in Deutschland berufsbegleitend studieren: Ihre Dozenten sind Professoren und Lehrbeauftragte angesehener Universitäten. Sie lernen wissenschaftliche Theorie und Praxis für Fach- und Führungsaufgaben zu verknüpfen. Eine Abschlussarbeit über ein versicherungsbezogenes Thema rundet Ihr Studium ab.

Ein breites Angebot vor Ort

Der folgende Überblick gibt Ihnen eine erste Orientierung, an welchen Orten in Ihrer Nähe die einzelnen Qualifikationen absolviert werden können.

Die regionalen Adressen und Ansprechparner finden Sie im Internet unter www.bwv-online.de.

Darüberhinaus bieten die Verbindungsstellen ein breites Seminar- und Kursangebot für jedermann und zu vielen Themen rund um Versicherungswirtschaft und berufliche Bildung.

Berufsbildungswerk der Deutschen Versicherungswirtschaft (BWV) e.V.
Arabellastraße 29
81925 München
Telefon 0 89/92 20 01 30
Telefax 0 89/92 20 01 44
E-Mail: info@bwv-online.de
Internet: www.bwv-online.de

Bildungsangebote des BWV auf einen Blick

Die Tabelle zeigt das jeweilige örtliche Bildungsangebot. Eine geeignete Aus- oder Weiterbildungsmöglichkeit ist sicher ganz in Ihrer Nähe.

- ▲ (sehr hell) = Prüfungen zum Versicherungsfachmann/-fachfrau (BWV)
- ▲ (hellgrau) = Überbetriebliche Ausbildung
- ▲ = Vorbereitungskurs zur Abschlussprüfung
- ▲ (dunkelgrau) = Vorbereitungslehrgang Versicherungskaufmann/Versicherungskauffrau (berufsbegleitend)
- ● (grau) = Studium zum Versicherungsfachwirt/zur Versicherungsfachwirtin
- ● = Studium zum Versicherungsbetriebswirt/zur Versicherungsbetriebswirtin (DVA)
- ○ = Kurse und Seminare
- △ = Vorträge

Standorte		Ausbildung			Weiterbildung			
Aachen			▲	▲ (dunkelgrau)	● (grau)			
Augsburg	▲ (sehr hell)	▲ (hellgrau)			● (grau)		○	△
Aurich		▲ (hellgrau)	▲	▲ (dunkelgrau)	● (grau)			△
Berlin	▲ (sehr hell)	▲ (hellgrau)	▲	▲ (dunkelgrau)	● (grau)	●	○	
Bielefeld	▲ (sehr hell)	▲ (hellgrau)	▲		● (grau)			△
Bonn		▲ (hellgrau)	▲		● (grau)			
Braunschweig	▲ (sehr hell)	▲ (hellgrau)			● (grau)		○	△
Bremen	▲ (sehr hell)	▲ (hellgrau)	▲		● (grau)		○	△
Coburg		▲ (hellgrau)	▲	▲ (dunkelgrau)	● (grau)		○	△
Cottbus					● (grau)			
Detmold			▲		● (grau)		○	
Dortmund	▲ (sehr hell)	▲ (hellgrau)	▲	▲ (dunkelgrau)	● (grau)		●	○
Dresden	▲ (sehr hell)		▲	▲ (dunkelgrau)	● (grau)			
Düsseldorf	▲ (sehr hell)	▲ (hellgrau)	▲		● (grau)		○	△
Erfurt	▲ (sehr hell)	▲ (hellgrau)	▲		● (grau)			△
Essen		▲ (hellgrau)	▲		● (grau)			
Flensburg		▲ (hellgrau)	▲					△
Frankfurt/Main	▲ (sehr hell)	▲ (hellgrau)	▲	▲ (dunkelgrau)	● (grau)	●	○	△
Freiburg		▲ (hellgrau)	▲				○	△
Fulda		▲ (hellgrau)						△

Standorte	Ausbildung			Weiterbildung			
Gießen	▲	▲					△
Göttingen	▲			●			△
Hamburg	▲	▲	▲	●	●		
Hannover	▲	▲	▲	●		○	△
Itzehoe		▲		●			
Karlsruhe	▲			●			△
Kassel		▲		●		○	△
Kempten						○	△
Kiel		▲		●		○	△
Koblenz		▲		●		○	△
Köln	▲	▲	▲	●	●		
Leipzig	▲	▲	▲	●		○	△
Lübeck	▲	▲		●			△
Magdeburg	▲	▲	▲	●			
Mannheim	▲	▲		●		○	△
Mönchengladbach	▲	▲	▲				△
München	▲	▲		●	●	○	△
Münster		▲	▲	●		○	△
Nürnberg	▲	▲	▲	●	●	○	△
Oldenburg	▲	▲		●		○	△
Osnabrück	▲	▲		●		○	△
Passau							△
Regensburg				●		○	
Reutlingen						○	
Rostock	▲	▲	▲	●		○	△
Saarbrücken		▲		●		○	△
Siegen				●			△
Stuttgart	▲	▲		●	●	○	△
Trier	▲	▲	▲	●			△
Ulm		▲		●		○	△
Wiesbaden	▲			●		○	
Würzburg	▲			●			△
Wuppertal		▲		●		○	△

1.6 Deutsche Versicherungsakademie GmbH

Deutsche Versicherungsakademie (DVA) GmbH

✉ **Deutsche Versicherungsakademie (DVA) GmbH**
Stuntzstraße 16
81677 München

☎ **0 89/45 55 47-0**
Fax: 0 89/45 55 47-10

info@versicherungsakademie.de
www.versicherungsakademie.de

Anfordern bei Frau Schäfer, umfangreiche Infos inkl. Fallstudien auf der Homepage

Die Deutsche Versicherungsakademie (DVA) GmbH ist die neu gegründete Dienstleistungsgesellschaft der Deutschen Versicherungswirtschaft. Als Ausgründung des Berufsbildungswerks der Deutschen Versicherungswirtschaft (BWV) wurde sie gemeinsam mit dem Arbeitgeberverband der Versicherungsunternehmen in Deutschland (agv) und dem Gesamtverband der Deutschen Versicherungswirtschaft (GDV) als unternehmensübergreifender aber branchenspezifischer Bildungsanbieter ins Leben gerufen. In ihr werden die überbetrieblichen Weiterbildungsangebote für die Versicherungswirtschaft gebündelt. Sie berät und informiert alle mit der Aus- und Weiterbildung in der Versicherungswirtschaft befassten Personen und Institutionen und fördert die unternehmensübergreifende Zusammenarbeit – mit dem Ziel, das Bildungsnetzwerk für die Versicherungswirtschaft weiter auszubauen. Neben einem umfangreichen versicherungsspezifischen und allgemein betriebswirtschaftlich ausgerichteten Angebot an Seminaren, Tagungen, Workshops und Fachqualifikationen zählen auch die branchenintern höchste berufsbegleitende Qualifikation, das Studium zum/zur Versicherungsbetriebswirt/-in (DVA), und seit dem 1. Februar 2002 auch das online-gestützte Fernstudium zum/zur Geprüften Versicherungsfachwirt/-in (IHK) zum Leistungsspektrum der DVA. Um die Wertschöpfungen, die sich aus innovativen Kommunikationsmitteln ergeben, auch für den Bildungsbereich in der Versicherungswirtschaft verwertbar zu machen, betreibt die DVA mit dem lernpark-versicherungswirtschaft.de ein branchenspezifisches Bildungsportal im Internet für die überbetriebliche Aus- und Weiterbildung.

Die DVA gliedert sich in vier Bildungsbereiche, die die Betreuung und die konsequente Weiterentwicklung ihres jeweiligen Spezialbereiches verfolgen. Daneben bietet die DVA mit der lernpark-versicherungswirtschaft.de ein umfassendes Gesamtsystem für E-Learning in der Versicherungswirtschaft.

Deutsche Versicherungsakademie (DVA) GmbH

Für die unterschiedlichen Zielgruppen in der Versicherungswirtschaft entwickelt und vertreibt die DVA eigene Bildungsinhalte, Tagungen, Seminare und Kongresse. Das Selbstverständnis der DVA als Dienstleister zeigt sich in der intensiven Beratung ihrer Tätigkeit durch Expertenteams, die aus Fachleuten aus den Versicherungsunternehmen bestehen. Die DVA setzt die von diesen Experten vorgegebenen Leitlinien und Anforderungen an die Bildungsinhalte, Lernprozesse und die angebotenen Medien im branchenbezogenen Bildungsmarkt um.

So wird ein an den aktuellen Bedarfen der Versicherungsunternehmen ausgerichtetes Bildungsprogramm gewährleistet, das den Lernenden ein Höchstmaß an beruflich relevantem Wissen vermittelt.

Die DVA legt bei Inhalten, Methoden, Prozessen und Lehrenden hohe Qualitätsstandards zugrunde. Dies dient der Sicherstellung eines hohen Niveaus aller von der DVA angebotenen Bildungs- und Informationsangebote, von dem Unternehmen und Lernende gleichermaßen profitieren.

Bildungsbereiche Versicherungswirtschafts- und Finanzdienstleistungen

Eine der Hauptaufgaben dieser Bildungsbereiche ist die Durchführung des **Studiums zum/zur Versicherungsbetriebswirt/-in (DVA).** Dieses Studium stellt eine anerkannte Alternative zum Vollzeitstudium an einer Universität oder Fachhochschule für alle Mitarbeiter/innen in der Versicherungsbranche dar, die studieren und trotzdem ihren Beruf nicht aufgeben wollen. Sein hohes Ansehen zeigt sich nicht nur daran, dass zahlreiche Manager in den Führungsebenen der Versicherungsgesellschaften Versicherungsbetriebswirte (DVA) sind, sondern auch an den

Abbildung 1: Deutsche Versicherungsakademie (DVA GmbH)

Förderungen und Preisen, die für die erfolgreichsten Absolventen aus den Reihen der Versicherungswirtschaft seit Jahren gestiftet werden. So wird regelmäßig der/die beste Absolvent/in eines Studienzuges mit dem mit einem Geldbetrag dotierten Karl-Haus-Preis ausgezeichnet. Des Weiteren erhält der/die förderungswürdigste Absolvent/in zweier Jahrgänge die Möglichkeit, im Rahmen der Hans-Jürgen-Schwepcke-Stiftung an der internationalen Young Leaders Conference der Atlantikbrücke teilzunehmen.

Das Studium Versicherungsbetriebswirt (DVA) baut auf der Weiterbildung zum Geprüften Versicherungsfachwirt (IHK)/zur Geprüften Versicherungsfachwirtin (IHK) auf und setzt eine mehrjährige Berufspraxis voraus. Ziel ist, während der viersemestrigen Studiendauer die fachwissenschaftliche Denk- und Arbeitsweise der einschlägigen Wissensgebiete kennen zu lernen, betriebs- und volkswirtschaftliche Zusammenhänge und rechtliche Hintergründe zu durchdringen und dieses Wissen für den beruflichen Alltag nutzbar zu machen. Neben der Fachkompetenz werden im Studium gezielt auch Sozial- und Methodenkompetenz gestärkt.

Das Studium wird an acht Studienorten in Deutschland angeboten (Berlin, Dortmund, Frankfurt, Hamburg, Köln, München, Nürnberg, Stuttgart). Die Studienleiter, Dozentinnen und Dozenten der Deutschen Versicherungsakademie (DVA) sind überwiegend Professoren von Universitäten, Fachhochschulen und anderen Bildungseinrichtungen, ferner Richter und Führungsverantwortliche von Versicherungsunternehmen.

Die Zugangsvoraussetzung zum Studium zum/zur Versicherungsbetriebswirt/in (DVA) ist der erfolgreiche Abschluss der Weiterbildung **zum/zur geprüften Versicherungsfachwirt/in (IHK)** bzw. eine vergleichbare Vorbildung/Qualifikation.

Seit dem 1. Februar 2002 bietet die Deutsche Versicherungsakademie (DVA) das neue, online-gestützte Fernstudium zur/m Geprüften Versicherungsfachwirt/in (IHK) an. Zielgruppe sind insbesondere Berufspendler, Außendienstmitarbeiter, Mitarbeiter aus infrastrukturschwachen Regionen, Erziehungsurlauber sowie Mitarbeiter, die überwiegend zu Hause lernen möchten. Das neue Fernstudium als moderne Alternative zum bewährten Präsenzstudium ist gekennzeichnet durch ein Verbundsystem aus Printmedien, Präsenzveranstaltungen und internetbasierter Betreuung. Das Studium teilt sich in ein erstes und in ein zweites Studienjahr. Betriebswirtschafts-, Volkswirtschafts- und Versicherungsbetriebslehre sowie Allgemeines Recht und Versicherungsrecht bilden im ersten Studienjahr die Grundlagen. Neu ist dabei die Aufgliederung in insgesamt 13 fächerübergreifende Themenkreise, um vernetztes Denken und Handeln bei den Studenten zu fördern. Im zweiten Studienjahr können die Teilnehmer sich spezialisieren und Schwerpunktfächer aus den Bereichen Personal, Marketing oder Vertrieb sowie aus unterschiedlichen Versicherungssparten wählen.

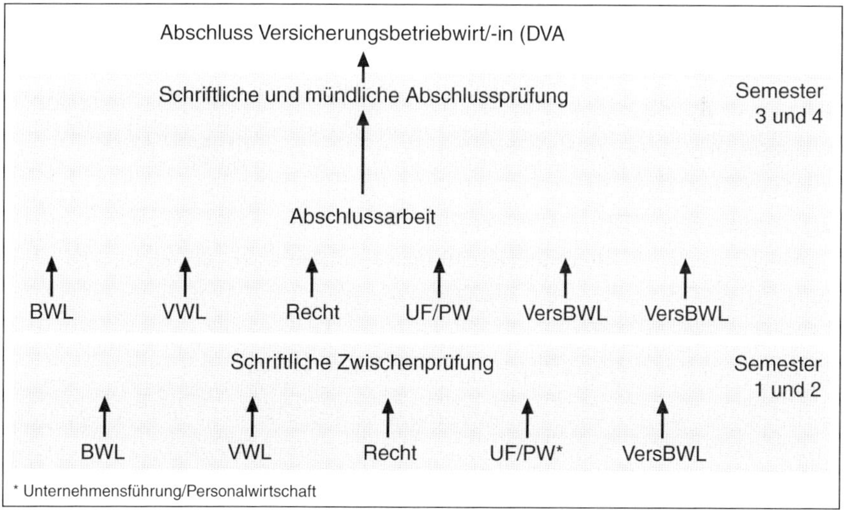

Abbildung 2: Aufbau des Studiums zum/zur Versicherungsbetriebswirt/-in (DVA)

Abbildung 3: Struktur des Versicherungsfachwirtstudiums

Rund ein Viertel der insgesamt 550 Unterrichtsstunden finden als Präsenzveranstaltungen statt. Die Studenten werden während der Selbststudienzeiten durch ausgebildete und fachkompetente E-Tutoren, die alle zwei Tage in einem Internet-Forum für Rückfragen zur Verfügung stehen, professionell unterstützt. Das Internet-Forum bietet den Studenten außerdem die Möglichkeit, miteinander zu diskutieren, Erfahrungen auszutauschen oder Beiträge zu kommentieren.

Damit das Studium für jeden Teilnehmer zum Erfolg wird, zeigt ein Lernleitfaden den Studenten auf, in welcher Zeitspanne sie den jeweiligen Lernstoff erarbeiten müssen. Um das erlernte Wissen zu überprüfen, werden regelmäßig Lernerfolgskontrollen zur Verfügung gestellt, Hausaufgaben bearbeitet und korrigiert und eine interne Abschlussprüfung auf Niveau der IHK-Prüfung durchgeführt. So weiß der Student immer genau, wo er steht und kann – bevor es ernst wird -- eventuelle Wissenslücken noch rechtzeitig stopfen. Der nächste Studienzug startet im Februar 2003.

Zusätzlich besteht die Möglichkeit, als bereits Geprüfter/Geprüfte Versicherungsfachwirt/in (IHK) weitere Module aus dem produktorientierten Bereich des Versicherungsfachwirtstudiums zu absolvieren und durch ein IHK-Zertifikat und einen Eintrag ins bereits vorhandene Zeugnis bestätigen zu lassen. Des weiteren wird bei Nachweis der erfolgreichen Versicherungsfachwirtprüfung der schriftliche Teil der Ausbildereignungsprüfung von der IHK als bestanden anerkannt.

Eine weitere Aufgabe der Bildungsbereiche „Versicherungswirtschaft und Finanzdienstleistungen" ist die Betreuung und Weiterentwicklung eines hochwertigen Angebots an branchenspezifischen Seminaren, Workshops und Lehrgängen. Zum bestehenden Programm zählt das seit Jahren erfolgreiche „Versicherungswirtschaftliche Intensivseminar", durch das die Theorie der Versicherung anwendungsorientiert vermittelt wird. Teamverhalten, Entscheiden in vernetzten Systemen und damit die verschiedenen Funktionen des Managements in einem Versicherungsunternehmen lernen die Teilnehmer im „Unternehmensplanspiel Versicherungen" kennen. Das „Versicherungswirtschaftliche Intensivseminar" wird vom Institut für Versicherungswissenschaften der Universität Leipzig durchgeführt, das „Unternehmensplanspiel Versicherungen" findet unter der Leitung der Firma riva in enger Zusammenarbeit mit dem Institut für Betriebswirtschaftliche Risikoforschung und Versicherungswirtschaft der Ludwig-Maximilians-Universität in München statt.

Neu entwickelt wurde beispielsweise in enger Zusammenarbeit mit Experten aus der Branche ein umfangreiches Curriculum Versicherungsenglisch. Dieses enthält Module vom reaktivierenden „General Language Course“ über „Negotiations and Meeting Skills“ bis hin zur „Summer School“ in London.

Versicherungsgrundwissen für Seiteneinsteiger vermittelt hingegen der gleichnamige Kurs und sorgt für ein grundlegendes Verständnis für die Zusammenhänge in der Branche.

Besonders wichtig bei der Gestaltung des Seminar- und Qualifizierungsangebotes ist, dass eine starke Orientierung am Bedarf der Versicherungswirtschaft erfolgt und auf deren Notwendigkeiten und Wünsche eingegangen wird. Ziel ist es, die Mitarbeiter so zu qualifizieren, dass sie selbst und auch die entsendenden Unternehmen davon profitieren. Vor diesem Hintergrund erfolgt eine kontinuierliche Qualitätsüberprüfung und Erweiterung des Angebots.

Bildungsbereiche Management und Unternehmensfunktionen

Die Bildungsbereiche Management und Unternehmensfunktionen haben es sich zur Aufgabe gemacht, Führungs- und Führungsnachwuchskräften in der Versicherungswirtschaft ein breites Spektrum an Weiterbildungsmöglichkeiten zu bieten und sie hinsichtlich der Anforderungen an ein erfolgreiches und modernes Management im Versicherungsunternehmen zu unterstützen und fortzubilden. Das Angebot dieser Bildungsbereiche basiert auf einem umfassenden und fundierten Konzept von Seminaren, Tagungen und Workshops, das durch die DVA zielorientiert, marktnah und bedarfsgerecht weiterentwickelt wird.

Zu den Angeboten im Bereich Management zählen Seminare, in denen beispielsweise die Führung von Mitarbeitern oder die Bewältigung von Konfliktsituationen und -gesprächen behandelt werden. Ziel des Bereiches Unternehmensfunktionen ist es, den Führungskräften sämtlicher Funktionsgebiete eines Versicherungsunternehmens Möglichkeiten zur Verbesserung ihrer Qualifikation anzubieten. Derzeit existieren Seminare zu den Funktionen Marketing, Erstausbildung, Rechnungswesen, Außendienst- bzw. Verkaufsförderung, Personalwesen und Trainerweiterbildung. Zusätzlich werden Workshops für Ausbilder organisiert und Möglichkeiten für einen Erfahrungstausch angeboten.

Die seit Jahren auch über die Grenzen der Branche hinaus bekannten Fachtagungen, die mit hochkarätigen Referenten aus der Versicherungswirtschaft, der Lehre und der Politik stattfinden, runden das Angebot des Bildungsbereiches Unternehmensfunktionen ab und bieten Anknüpfungspunkte für einen weiteren Ausbau.

lernpark-versicherungswirtschaft.de – das DVA E-Learning-System

E-Learning bietet gerade in der Versicherungswirtschaft eine hervorragende Ergänzung oder Alternative zu bestehenden Aus- und Weiterbildungskonzepten. Die Vorteile von E-Learning für Lerner liegen auf der Hand:

- Lernende können orts- und zeitunabhängig auf Lerninhalte zugreifen.
- Die Lernprozesse sind individuell auf die jeweiligen Bedürfnisse zugeschnitten.
- Schulungen und Lerninhalte können jederzeit abgerufen und wiederholt werden.
- Bei Fernstudien ermöglichen die E-Learning-Instrumente die Kommunikation mit Tutoren oder anderen Lernern. Der Aufbau von Netzwerken und der Wissens- und Erfahrungsaustausch zwischen den Nutzern werden so sichergestellt.
- Bei Präsenzschulungen ist eine optimale Vor- und Nachbereitung möglich.

Um diese Vorteile für die Versicherungswirtschaft zugänglich zu machen, betreibt die Deutsche Versicherungsakademie (DVA) den lernpark-versicherungswirtschaft.de, ein umfassendes Gesamtsystem für E-Learning in der Versicherungswirtschaft. Es beinhaltet eine breite Palette an inhaltlichen, konzeptionellen und technischen Bausteinen, die für E-Learning relevant sind. Diese werden individuell zusammengestellt, also auf die Anforderungen des Lerners oder des jeweiligen Unternehmens zugeschnitten. Qualitätssicherung, ständige Aktualisierung des Angebots und Beratung sind dabei selbstverständlich.

Für Lerner bietet der lernpark-versicherungswirtschaft.de verschiedene Möglichkeiten:

- Angebote suchen, finden und direkt buchen. Die Auswahl erstreckt sich sowohl über Präsenzseminare, Workshops und Tagungen als auch über E-Learning-Angebote wie WBTs, Informationsdienste, virtuelle Seminarräume und lernorientierte Foren. So wird für alle Interessenten beruflicher Bildung das Angebot der gesamten Branche transparent gemacht.

- Die Angebote im lernpark-versicherungswirtschaft.de sind von unabhängigen Testern geprüft und DVA-qualitätsgesichert. Ein Kriterienkatalog ermöglicht die gezielte Auswahl von Bildungsangeboten.
- Online lernen mit Web Based Trainings (WBTs). Diese WBTs können direkt im lernpark-versicherungswirtschaft.de aufgerufen und bearbeitet werden. Hier stehen zum Beispiel alle WBTs für die Ausbildung zum/r Versicherungsfachmann/-frau (BWV) zur Verfügung. Parallel kann die Arbeit mit den WBTs von der DVA durch Tutoren oder Online-Foren unterstützt werden.
- Der lernpark-versicherungswirtschaft.de unterstützt mit seinen E-Learning-Instrumenten die Präsenzangebote und Fernstudien von DVA und Versicherungsunternehmen. So wird beispielsweise das online-gestützte Fernstudium zum/r Geprüften Versicherungsfachwirt/in (IHK) mit Online-Foren begleitet

Bei der Entwicklung der Lernangebote stützt sich die DVA auf Expertenteams, die aus Bildungsverantwortlichen der Unternehmen zusammengesetzt sind. Diese Teams gewährleisten den engen Bezug zur Branche und garantieren die laufende Kontrolle und Optimierung des Angebots.

Kontakt und weitere Informationen:

Deutsche Versicherungsakademie (DVA) GmbH
Stuntzstraße 16
81677 München
Telefon: 0 89 / 45 55 47-0
Telefax: 0 89 / 45 55 47-10
E-Mail: info@versicherungs-
akademie.de
www.versicherungsakademie.de
www.lernpark-versicherungswirtschaft.de

1.7 Deutsche Vereinigung für Finanzanalyse und Asset Management (DVFA)

DVFA

DVFA GmbH
Aus- und Weiterbildung
Einsteinerstraße 5
63303 Dreieich

0 61 03 / 5833-20
Fax: 61 03 / 58 33-34

ausbildung@dvfa.de
www.dvfa.de

DVFA-Mitgliedschaft

In der DVFA, dem Berufsverband der Kapitalmarktexperten in Deutschland, sind heute rund 1.300 persönliche Mitglieder organisiert. Sie agieren in Schlüsselfunktionen bei über 400 führenden Investmenthäusern, Banken sowie Fonds- und Asset-Management-Gesellschaften und bilden das Netzwerk der maßgeblichen Multiplikatoren im Kapitalmarkt.

Als kompetente Interessenvertretung bietet die DVFA ihren Mitgliedern ein Netzwerk mit umfassendem Dienstleistungsangebot an. Sie sichert durch eine internationalen Standards ent-sprechende Qualifizierung, durch die Bereitstellung von Plattformen für eine optimierte Finanzkommunikation sowie durch effektive Selbstregulierung die Wettbewerbsfähigkeit der Berufsangehörigen. Über EFFAS, dem europäischen Dachverband, bietet die DVFA Zugang zu einem paneuropäischen Forum mit über 14.000 Berufsangehörigen in 18 Nationen.
Mit der Fokussierung auf die Kernkompetenzen

- Wissens- und Informationsnetzwerk
- umfassende Interessenvertretung
- Qualitätssicherung und Selbstregulierung

unterstützt sie die Berufsangehörigen maßgeblich dabei, einen hohen Qualitätsstandard bei ihrer täglichen Berufsausübung zu gewährleisten.

Da die Berufsbezeichnungen „Investmentanalyst“, „Portfolio-„ oder „Asset-Manager“ bisher gesetzlich nicht geschützt sind, bedeutet die Mitgliedschaft in der DVFA sowie die zertifizierte, international anerkannte berufsständische Ausbildung der DVFA das differenzierende Qualitätsmerkmal in der Öffentlichkeit.

Ziele der DVFA

- Qualifikation und Erweiterung der Fachkompetenz aller Kapitalmarktexperten
- langfristige Vertrauensbildung beim Anlegerpublikum
- Erhöhung der Transparenz zwischen Emittenten, Investoren und Analysten
- Verbesserung der Informationspolitik der Unternehmen

und damit

- Steigerung der Wettbewerbsfähigkeit der gesamten Finanzindustrie
- Stärkung der wirtschaftlichen Rahmenbedingungen am Standort Deutschland
- Sicherung der Arbeitsgrundlage aller Berufsangehörigen im Kapitalmarktgeschäft

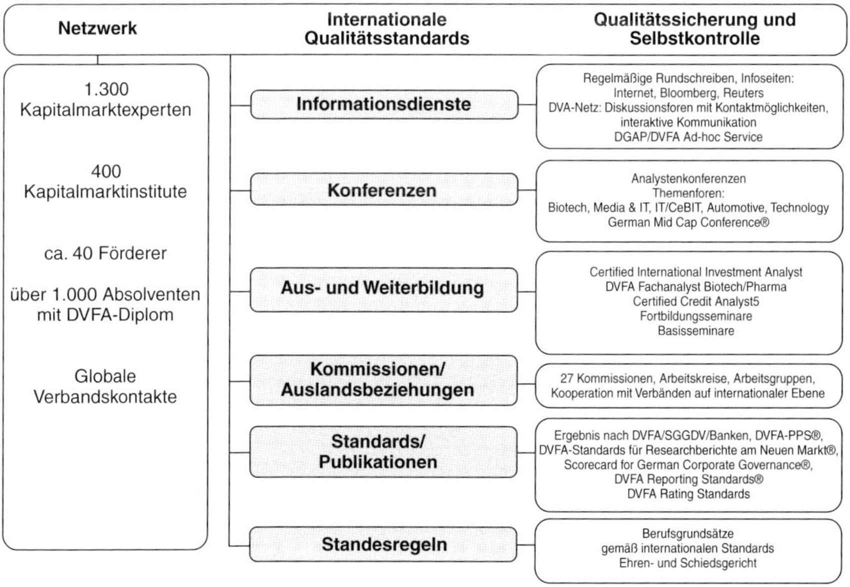

Abbildung 1: DVFA-Serviceangebot

Ausbildungskonzept der DVFA

Unsere Ausbildungsprinzipien

Gemeinsame Erfolgsverpflichtung von Arbeitgeber und Arbeitnehmer
Die Aus- und Weiterbildung bei der DVFA erfolgt grundsätzlich berufsbegleitend vierzehntägig an den Wochenenden jeweils donnerstags, freitags, samstags. Damit wird sichergestellt, dass die Investition in die Qualifikation der Mitarbeiter durch Arbeitgeber und Arbeitnehmer beidseitig getragen wird und sich beide für den Erfolg der Ausbildung verantwortlich zeichnen.

Problemlösungskompetenz
Das Kapitalmarktgeschäft ist eine Dienstleistungsindustrie und geprägt von hohen Volatilitäten und einem Wissen, dessen Halbwertzeit immer kürzer wird. Die Ausbildungen sind daher auf den Erwerb von Problemlösungs- und Methodenkompetenz ausgerichtet, so dass zukünftige Marktentwicklungen antizipiert und weitere wissenschaftliche Entwicklungen auch autodidaktisch angeeignet und verfolgt werden können.

Qualitätsstandards
Die Ausbildungsprogramme werden von unseren wissenschaftlichen Leitern didaktisch kon-zipiert und ständig auf Aktualität und Qualität überprüft. Hierzu erfolgt die Evaluierung der Unterrichtsinhalte sowohl durch die Dozenten als auch durch die Teilnehmer.

Heterogenität der Teilnehmergruppen
Die Teilnehmerstruktur in den Post-Graduierten-Ausbildungen ist aufgrund der Unterschiedlichkeit der Marktteilnehmer breit gefächert. Dies erhöht den gegenseitigen Lerneffekt, die Dis-kussion im Unterricht und fördert ein besseres Verständnis für die anderen Marktteilnehmer, was zu einer deutlich verbesserten Kundennähe führt. Der Unterricht besteht demzufolge nicht nur aus Vorträgen, sondern auch aus interaktiven Elementen wie Diskussion, Fallbei-spielen, Gruppenarbeit, Workshops und Übungen. Zudem wird der Lernerfolg anhand von Übungsklausuren regelmäßig überprüft.

Expertenwissen
Die Programme der DVFA leben vom breiten inhaltlichen Spektrum ihrer Referenten. Für jede Unterrichtseinheit werden Experten des entsprechenden Fachge-

bietes gewonnen. Sowohl renommierte Wissenschaftler mit eindeutiger Anwendungsorientierung als auch erfahrene Führungskräfte aus der Wirtschaft stellen sicher, dass die Post-Graduierten-Programme den berechtigten Ansprüchen der Teilnehmer gerecht werden und der Praxisbezug hergestellt ist.

Dokumentation der Lehrinhalte
Die gesamten Ausbildungsinhalte und relevante Literatur wird den Teilnehmern in didaktisch aufbereiteter und strukturierter Form zur Verfügung gestellt.

Der Reader enthält sämtliche, für den Unterricht notwendigen Literaturstellen und dient der wissenschaftlichen Fundierung und Einordnung der Lehrinhalte. Diese werden von den Do-zenten nach didaktischen Gesichtspunkten zusammengestellt und regelmäßig, nach Er-kenntnissen der Wissenschaft, aktualisiert und den Teilnehmern vor Programmbeginn aus-gehändigt.

Darüber hinaus erhalten die Teilnehmer am jeweiligen Seminartag ausführliche Handouts, die den präsentierten Unterrichtsstoff wiedergeben.

Examen
Die Post-Graduierten-Ausbildungen schließen immer mit einem Examen ab, das mit dem Niveau eines Staatsexamens vergleichbar ist. Pro Acht-Stunden-Unterrichtseinheit werden 50 Minuten Klausurfragen gestellt, pro Minute Bearbeitungszeit kann ein Punkt erzielt werden. Damit wird gewährleistet, dass der Qualifikationsnachweis für eine verantwortungsvolle Tätigkeit im Kapitalmarktgeschäft erbracht wurde.

Zugangsvoraussetzungen

Grundsätzlich wird für die Teilnahme an einer Post-Graduierten-Ausbildung entweder ein akademischer Hochschulabschluss oder eine qualifizierte Berufsausbildung mit mehrjähriger einschlägiger Berufserfahrung im Kapitalmarktgeschäft vorausgesetzt. Die meisten Teilnehmer verfügen über einen wirtschaftswissenschaftlichen, naturwissenschaftlichen oder geisteswissenschaftlichen Universitätsabschluss und sind bereits im Kapitalmarktgeschäft tätig. Es ist aber auch möglich, dass sich Akademiker und Praktiker aus anderen Bereichen diese Qualifikation aneignen wollen, um den Einstieg ins Investment Banking zu erreichen. Die individuelle Empfehlung für die Teilnahme erfolgt durch den jeweiligen wissenschaftlichen Leiter des Programms.

Je nach Vorkenntnissen und persönlichem Qualifikationsprofil werden zur Vorbereitung des Hauptkurses Basisseminare zu den grundlegenden betriebswirtschaftlichen, volkswirtschaftlichen und mathematischen Themengebieten angeboten.

Bildungsprogramme

Certified International Investment Analyst (CIIA®)

Komplexität, Schnelllebigkeit und Wettbewerbsdruck prägen weltweit die Kapitalmärkte. Die in dieser Branche tätigen Berufsangehörigen arbeiten auf internationalem Niveau mit hoher Beratungsverpflichtung. Sie stehen permanent vor der Herausforderung, höchst qualifizierte Analysen zu erstellen bzw. Anlageentscheidungen zu treffen und dabei gleichzeitig das gra-vierende Risiko von Fehleinschätzungen und Verlusten zu tragen. Um sich im internationalen Wettbewerb behaupten zu können, ist eine breite Qualifizierung für das Investment Banking, welche die Universitäten und andere akademische Institutionen nicht bieten, unabdingbar.

Die Qualifikation zum CIIA, ist eine global anerkannte Post-Graduierten-Ausbildung, die sich an alle in der Finanzindustrie und im Investment Banking tätigen Berufsangehörigen wendet und damit die Grundlagenausbildung im Kapitalmarktgeschäft bildet. In einem dreistufigen Aufbau wird das wirtschaftswissenschaftliche, steuerliche und rechtliche Fundament für die Übernahme von verantwortlichen Fach- und Führungspositionen in den unterschiedlichsten Funktionen vermittelt. Neben den international ausgerichteten Unterrichtseinheiten wie Finanzinstrumente, Portfoliotheorie, kapitalmarktorientierte Finanzanalyse und Asset Management haben auch nationale Themengebiete wie deutsches bzw. europäisches Kapitalmarktrecht, Compliance, Wertpapieraufsicht und Berufsethik gelehrt.

Träger des Programms sind die europäischen, asiatischen und südamerikanischen Berufsverbände, darunter die nationalen Vereinigungen aus Belgien, Frankreich, Deutschland, Italien, Russland, Spanien, Schweiz, China, Indien, Japan und Brasilien, die sich in der ACIIA (Association of Certified International Investment Analysts) zusammengeschlossen haben. Das aus dieser Institution hervorgegangene International Examination Committee garantiert die weltweit einheitlichen Ausbildungsinhalte und -abschlüsse.

Zielgruppen

- Aktien- und Rentenanalyse
- Asset Management und Vermögensberatung
- Wertpapierhandel und -verkauf
- Corporate Finance (IPO, Structured Finance, Mergers & Acquisitions, Konsortialgeschäft etc.)
- Investor Relations/Kapitalmarktkommunikation
- Private Equity und Venture Capital
- Wirtschaftsprüfung, Steuerberatung und juristische Beratung in der Unternehmensfinanzierung
- Unternehmensvertreter aus dem Bereich Finanzierung
- Mitarbeiter in Aufsichtsbehörden
- Finanz- und Wirtschaftsjournalisten

Syllabus

Ort	Unterrichtseinheit	Stunden
	National I	
Frankfurt	*1.1 Capital Market Law I (Basics)* Dr. Sethe	8
Frankfurt	*1.2 Market Microstructure* Dr. Reuter	4
Frankfurt	*1.3 Shares and Indices* Reitz	4
Frankfurt	*1.4 Securities Authority (basics)* Benner	4
Frankfurt	*1.5 Ethics* Dr. Callies	4
	Foundation I	
Frankfurt	*2.1 Equity Valuation* Zeidler	8

Ort	Unterrichtseinheit	Stunden
Frankfurt	*2.1 Equity Valuation* Zeidler	8
Frankfurt	*2.2 Financial Statement Analysis* Professor Rehkugler	8
Frankfurt	*2.3 Accounting* Dr. Baukmann/Professor Förschle	8
Frankfurt	*2.4 Economics* Wächter, Ph.D.	8
Frankfurt	*2.5 Corporate Finance I* Professor Bessler	4
Frankfurt	*2.6 Portfolio Management I* Dr. Rathjens, CEFA	4
Frankfurt	*2.7 Corporate Finance II* Herden	4
Frankfurt	*2.8 International Finance* Professor Hommel	4
	Foundation II	
Frankfurt	*3.1 Fixed Income I* Professor Rudolf	8
Frankfurt	*3.2 Fixed Income II* Dr. Moersch, CEFA	8
Frankfurt	*3.3 Fixed Income III* Rauleder	8
Frankfurt	*3.4 Fixed Income IV* Benkner	8
Frankfurt	*3.5 Derivatives I* Professor Schöbel	16
	National II	
Frankfurt	*4.1 Research Reports* Fischbeck, CEFA	4
Frankfurt	*4.2 Market and General Framework for Institutional Asset Management* Bossert	4
Frankfurt	*4.3 DVFA/SG Earnings* Geiger	8

Ort	*Unterrichtseinheit*	*Stunden*
	Foundation III	
Frankfurt	*5.1 Derivatives II* Lingemann	8
Frankfurt	*5.2 Derivatives III* Dr. Haffner	8
Frankfurt	*5.3 Portfolio Management II* Dr. Rohweder	16
Frankfurt	*5.4 Portfolio Management III* Dr. Frantzmann	16
	National III	
Frankfurt	*6.1 Standards of Professional Conduct* Diehl	2
Frankfurt	*6.2 Capital Market Law II (advanced)* Professor Assmann	6
Frankfurt	*6.3 Securities Authority (advanced)* Eufinger	4
Frankfurt	*6.4 Compliance (advanced)* Dr.Eisele	4
	Final Exam	
*Frankfurt**	*7.1 Economics* Schubert	4
*Frankfurt**	*7.2 Corporate Finance* Professor Bessler	4
*Frankfurt**	*7.3 Fixed Income Valuation* Professor Bessler	4
*Frankfurt**	*7.4 Portfolio Management* Dr. Rathjens, CEFA	4
*Frankfurt**	*7.5 Equity Valuation* Tilse	4
*Frankfurt**	*7.6 Derivatives* Professor Schöbel	4
*Frankfurt**	*7.7 Financial Accounting* Vieille	4

* respectively Paris

Der gesamte Stoff bis zum National Exam II wird an 24 Unterrichtstagen, die vierzehntägig jeweils donnerstags, freitags und samstags stattfinden, vermittelt. Die Vorbereitung zum Final Exam erfolgt mit einem Crash-Kurs, dem jedoch eine Kick-off-Veranstaltung und eine Selbstlernphase vorausgeht.

Basisseminare
Speziell für das Ausbildungsprogramm zum Certified International Investment Analyst werden folgende Basisseminare empfohlen:

- Finanzmathematik und -statistik
- Kennzahlenanalyse
- Rechnungslegung
- Rentenanalyse
- Technische Analyse
- Volkswirtschaftslehre

Diplom
Das Examen setzt sich aus drei Teilen zusammen: das Foundation, das National und das Final Exam, das an insgesamt vier Klausurtagen abgehalten wird.

Die Unterrichtsinhalte zum Foundation und National Exam werden durch Präsenzunterricht in deutscher Sprache vermittelt, die Prüfungsfragen können in Deutsch oder Englisch beantwortet werden. Für das Foundation und das National Exam bearbeiten die Teilnehmer eine dreitägige Klausur über die behandelten Stoffgebiete.

Die Vorbereitung zum Final Exam erfolgt mittels Präsenzunterricht und einer Selbstlernphase. Der Kursus wird gemeinsam mit den anderen europäischen Verbänden organisiert und durchgeführt. Kurssprache ist Englisch. Die Prüfung kann in allen dem Verband zugehörigen Landessprachen abgelegt werden. Die Klausur hat einen Umfang von einem Tag.

Der Absolvent erhält das global anerkannte Diplom „Certified International Investment Analyst" und den europäischen Abschluss von EFFAS (European Federation of Financial Analysts' Societies) CEFA (Certified EFFAS Financial Analyst).

Karrierechancen

Karrierechancen

- Wertpapieranalyse
- Asset Management und Vermögensberatung
- Corporate Finance und Structured Finance
- Private Equity/Venture Capital
- Consulting und Wirtschaftsprüfung
- Kapitalmarktkommunikation (Buy Side, Sell Side)

CIIA-Certified International Investment Analyst®

- Weltweit anerkanntes Diplom
- Grundlagenausbildung im Investment Banking und Kapitalmarktgeschäft
- Globale Ausbildungsinhalte unter Berücksichtigung der rechtlichen, sozialen und kulturellen Besonderheiten der lokalen Märkte
- Steigerung der Wettbewerbsfähigkeit auf internationalem Niveau
- Vielfältige Karrierechancen im Kapitalmarktgeschäft

Basisseminare

- Finanzmathematik und -statistik
- Kapitalmarktrecht
- Kennzahlenanalyse
- Rechnungslegung
- Rentenanalyse
- Technische Analyse
- Volkswirtschaftslehre

Certified Credit Analyst®/DVFA-Credit-Analyst

Die Reform der Eigenkapitalunterlegung bei der Vergabe von Krediten (Basel II) hat weitreichende Auswirkungen auf die gesamte Kreditfinanzierung. Zukünftig bestimmt sich die Eigenkapitalunterlegung nach der individuellen Bonitätsbeurteilung des Kreditnehmers. Das individuelle Risikoprofil des kreditnehmenden Unternehmens dokumentiert sich in einem Ratingurteil und bestimmt damit unmittelbar seine Finanzierungskosten. Vor diesem Hintergrund wurde ein Post-Graduierten-Programm entwickelt, das fundierte Kenntnisse über quantitatives und qualitatives Rating, Ratingmethoden, Strukturierung der Fremdfinanzierung und dem Einsatz von Finanzinstrumenten vermittelt. Zur Veranschaulichung werden Fallstudien vorgestellt und bearbeitet.

Zielgruppen

- Corporate Finance und strukturierte Finanzierungen
- Kredit-Risiko-Management und Kreditbeurteilung
- Portfolio Managment mit festverzinslichen Wertpapieren
- Firmenkundenbetreuung
- Handel und Verkauf von Schuldtiteln
- Finanz- und Rechnungswesen
- Asset & Liability Management
- Corporate Treasury Management
- Wirtschaftsprüfung und Steuerberatung

Syllabus

Ort	*Unterrichtseinheit*	*Stunden*
	1. Grundlagen	
Frankfurt	*1.1 Berufsethik* Diehl	4
Frankfurt	*1.2 Einführung ins Rating* Dr. Everling	4
Frankfurt	*1.3 Ratingobjekte* Dr. Templin	8

Ort	*Unterrichtseinheit*	*Stunden*
	2. Rating nach Basel II	
Frankfurt	*2.1 Risikotransfer durch Kreditderivate* Dr. Raschhofer	16
Frankfurt	*2.2 Bankenspezifische Aspekte: Konsequenzen für das Kreditgeschäft* Dr. Heldt	4
Frankfurt	*2.2 Bankenspezifische Aspekte: Kreditrisiko und Eigenkapitalunterlegungen nach Basel II* Dr. Spahr	6
	3. Qualitative Ratinginformationen	
Frankfurt	*3.1 Unternehmensspezifische Informationen* Pape	4
Frankfurt	*3.2 Markt- und technologiespezifische Informationen* Dr. Salomo	8
	4. Quanitative Ratinginformationen	
Frankfurt	*4.1 Planungsrechnungen zur Erfolgs- und Finanzlage* Dr. Krehl	8
Frankfurt	*4.2 Abschlussanalyse nach internationaler Rechnungslegung (US-GAAP und IAS)* Dr. Kessler	16
	5. Ratingmethoden	
Frankfurt	*5.1 Neuronale Netze (mit Fallstudie)* Professor Baetge	8
Frankfurt	*5.2 Quantitative Methoden* Professor Rommelfanger	8
	6. Ratingresearch in Banken und Agenturen	
Frankfurt	*6.1 Modulare Bonitätsbeurteilungsverfahren* Dr. Eigermann	4
Frankfurt	*6.2 Kapitalmarktorientierte Bonitätsbeurteilung* Holschuh	4
Frankfurt	*6.3 Internes Credit Research Buy Side* Walburg	4

Ort	*Unterrichtseinheit*	*Stunden*
Frankfurt	*6.4 Corporate Rating Analyse* Wiehe, CEFA	4
Frankfurt	*6.5 Fallstudie: Internes Rating eines mittelständischen Unternehmens* Harpf	2
Frankfurt	*6.6 Bonitätsbeurteilungen mit wissensbasierten Systemen* Pawlik	4
	7. Evaluierung von Ratingverfahren	
Frankfurt	*7.1 Validierungsverfahren* Dr. Fritz	4
Frankfurt	*7.2 DVFA-Rating Standards* Professor Leker	8

Die Ausbildungsinhalte werden in 16 Unterrichtstagen, die vierzehntägig jeweils donnerstags, freitags und samstags stattfinden, im Präsenzunterricht vermittelt.

Basisseminare

Für dieses Programm werden folgende vorgeschaltete Basisseminare empfohlen:

- Bilanzierung
- Bilanzanalyse
- Derivative und strukturierte Finanzprodukte
- Kapitalmarktrecht

Diplom

Am Ende der Ausbildung wird eine zweitägige Klausur über den gesamten Stoffumfang ge-stellt. Die Absolventen erhalten das Berufsdiplom DVFA-Credit-Analyst bzw. Certified Credit Analyst.

Karrierechancen

Karrierechancen

- Wirtschaftsprüfung und Steuerberatung
- Leitung Finanz- und Rechnungswesen
- Kreditrisikomanagement
- Anspruchsvolle Firmenkundenbetreuung
- Portfoliomanagement festverzinsliche Wertpapiere
- Strukturierte Finanzierungen
- Asset & Liability Management
- Verkauf und Handel von Schuldtiteln

CCrA®-Certified Credit Analyst®
DVFA-Credit-Analyst

- Weltweit einzigartige Postgraduierten-Ausbildung zum Credit-Analysten
- Qualifizierung für Aufgaben in allen Bereichen der Kreditvaluierung und Restruktuierung von Krediten und Kreditportfolios
- Unabdingbares Wissen für professionelles Rating nach Basel II
- Weichenstellung für den zukünftigen Erfolg in der Kreditfinanzierung

Basisseminare

- Bilanzierung
- Bilanzanalyse
- Derivative und strukturierte Finanzprodukte
- Kapitalmarktrecht

Certified Biotech Analyst®/DVFA-Fachanalyst Biotech/Pharma

Die Biotechnologie ist die Schlüsselindustrie des 21. Jahrhunderts. Als Querschnittswissenschaft hält sie Einzug in viele wichtige Lebensbereiche und ermöglicht neue Forschungsansätze, Forschungsmethoden und -ergebnisse, die vor einigen Jahren noch undenkbar waren. Die adäquate Nutzung der mit ihr verbundenen Zukunftschancen zur positiven Lebensgestaltung unterliegt der Gesamtverantwortung aller beteiligten Institutionen. Neben Forschern, Unternehmen und staatlichen Stellen gehören hierzu zweifelsohne auch die Kapitalgeber bzw. Investoren.

Die Biotechnologieindustrie unterscheidet sich signifikant von allen anderen Branchen: Sie zeichnet sich durch deutlich höheren Investitionsbedarf und durch langfristig ausgerichtete Forschungstätigkeit aus. Die Erreichung der Marktfähigkeit hängt mehr als in anderen Branchen nicht unbedingt von der aktuellen Marktlage und dem Management ab, sondern mehr von den eingesetzten Forschungsmethoden und -ergebnissen. Darüber hinaus gibt es viele andere Unwägbarkeiten, die außerhalb des Einflussbereiches der Unternehmen liegen.

Die DVFA und die Deutsche Industrievereinigung Biotechnologie (DIB) haben es sich zum Ziel gesetzt, eine interdisziplinäre Qualifizierung von graduierten Natur- und Wirtschaftswissenschaftlern zu branchenspezifischen Kapitalmarktexperten anzubieten, um eine profundere Evaluierung dieses Wirtschaftszweiges zu ermöglichen.

Als fachwissenschaftlicher Leiter steht Professor Dr. Robert Tampé vom Institut für Bioche-mie der Johann-Wolfgang-Goethe-Universität in Frankfurt am Main zur Verfügung. Zu seinen Forschungsschwerpunkten gehören nicht nur die Biotechnologie und -chemie, sondern auch die Biophysik.

Zielgruppen

Fach- und Führungskräfte im Kapitalmarktgeschäft, die in den Bereichen

- Wertpapieranalyse
- Corporate Finance
- Asset Management
- Unternehmensberatung
- Venture Capital

tätig sind und Biotechnologie-, Pharma- und Life-Science-Unternehmen analysieren und evaluieren.

Fach- und Führungskräfte in der Pharma-, Biotech- und Life-Science-Industrie, die Aufgaben in den Bereichen

- Corporate Development
- Business Development
- Unternehmensfinanzierung
- Kapitalmarktkommunikation
- Strategisches Marketing
- Forschung & Entwicklung

wahrnehmen.

Syllabus

Ort	*Unterrichtseinheit*	*Stunden*
	1. Grundlagen Biotechnologie-Branche	
Frankfurt	*1.1 Struktur und Perspektive der Biotech-Branche* Dr. Klockner	8
	2. Innovatives Investmentbanking	
Frankfurt	*2.1 Betriebswirtschaftliche Kennzahlen* Dr. Kaiser	8
Frankfurt	*2.2 Unternehmensbewertung: Discounted-Cash-Flow-Verfahren und marktorientierte Vergleichsverfahren* Fischbeck, CEFA	8
Frankfurt	*2.3 Going Public und Kapitalmarkt-kommunikation* Fischbeck, CEFA	
Frankfurt	*2.4 Venture Capital: Finanzieruns-strukturen und -praktiken* Dr. Doppler	4
Frankfurt	*2.5 Kapitalmärkte und Börsencharakteristika* Professor Bessler	4
	3. Anwendung und Kommerzialisierung der Biotechnologie	
Frankfurt	*3.1 Arzneimittel: Entwicklung und Zulassungsverfahren* Dr. Becker	8

Ort	*Unterrichtseinheit*	*Stunden*
Frankfurt	*3.2 Die Bedeutung des „Intellectual Property“* Dr. Laudien	8
Frankfurt	*3.3 Stammzellenforschung und Humangenetik* Professor Starzinski-Powitz	4
Frankfurt	*3.4 Pflanzenbiotechnologie* Dr. Gent	4
Frankfurt	*3.5 Tissue Engineering* Professor Minuth	4
Frankfurt	*3.6 In-Vitro-Diagnostica: Entwicklung und Zulassungsverfahren* Dr. Kaars-Wiele / Krauel	4
	4. Fallstudien	
Frankfurt	*4.1 Fallstudien I: Börsengelistete Biotech-Unternehmen* Dr. Bähr, CEFA, CFA	8
Frankfurt	*4.2 Fallstudien II: Börsengänge Biotech-*Unternehmen Dr. Uhlenbrock	8

Die Ausbildungsinhalte werden in elf Unterrichtstagen, die vierzehntägig jeweils donnerstags, freitags und samstags stattfinden, vermittelt.

Basisseminare

- Einführung in betriebswirtschaftliche Grundlagen
- Finanzmathematik und -statistik
- Grundlagen der Biologie und Biochemie
- Kapitalmarktrecht
- Rechnungslegung nach HGB/IAS/US-GAAP
- Volkswirtschaftslehre

Diplom

Nach Seminarende findet eine Klausur über den gesamten Stoff im Umfang von insgesamt 15 Stunden an zwei Tagen statt. Die erfolgreichen Absolventen erhalten das berufsqualifizierende DVFA-Diplom sowie den Titel Certified Biotech Analyst.

Karrierechancen

Karrierechancen

- Wertpapieranalyse
- Asset Management
- Investment Banking
- Venture Capital
- Corporate Finance in der Pharmazeutischen Industrie
- Internationale Verantwortung in Forschung und Entwicklung
- Unternehmensberatung
- Führungsaufgaben in Biotechnologie-Unternehmen

DVFA-Fachanalyst Biotech/Pharma

- Weltweit einzigartige berufsständische Ausbildung im Bereich Biotechnologie
- Interdisziplinäre Qualifizierung für Wissenschaftswissenschaftler und Naturwissenschaftler
- Diplom „DVFA-Fachanalyst Biotech/Pharma“
- Zugang zu einem internationalen Netzwerk
- Renommierte Dozenten aus Wissenschaft und Praxis

Basisseminare

- Einführung in betriebswirtschaftliche Grundlagen
- Finanzmathematik und -statistik
- Grundlagen der Biologie und Biochemie
- Rechnungslegung nach HGB/IAS/US-GAAP
- Volkswirtschaftslehre
- Kapitalmarktrecht

Perspektiven

Der Abschluss eines Berufsexamens eröffnet einem Absolventen durch sein breites Grundlagenwissen vielfältige Karrieremöglichkeiten und eine deutlich höhere Arbeitsplatzsicherheit, insbesondere unter dem Aspekt, dass die Branchendurchlässigkeit im Bankgeschäft deutlich geringer ist als in anderen Industrien. Die Nachfrage nach Dienstleistungen im Kapitalmarktgeschäft unterliegt, wie gerade in der heutigen Zeit deutlich wird, hohen Volatilitäten und Schwankungsbreiten. Mit dem Erwerb eines höchst anspruchsvollen und anerkannten Berufsdiploms dokumentiert ein Mitarbeiter seinem Arbeitgeber gegenüber seine Leistungsfähigkeit und -bereitschaft. Breites Kapitalmarktwissen ist für die Übernahme weiterer beruflicher Verantwortung heutzutage unabdingbar; Kunden gegenüber weisen die Absolventen ihre Fachkompetenz nach, die einen deutlichen Vorteil gegenüber Mitbewerbern im Markt darstellt.

Viele der Absolventen haben ihre Karriere schneller als üblich fortgesetzt oder sogar die Möglichkeit erhalten, internationale Führungsaufgaben wahrzunehmen. Jüngere Teilnehmer schaffen zum Beispiel den Sprung zum Vorstandsassistenten, der ihnen wiederum die Tür zu verschiedensten Laufbahnen im Investment Banking öffnet.

Mit einer interdisziplinären Ausbildung aus Natur- und Wirtschaftswissenschaften wird den Absolventen die Möglichkeit eröffnet, über die Chancen im Kapitalmarktgeschäft hinaus verantwortliche Führungsaufgaben in der Pharma- und Biotechnologiebranche wahrzunehmen.

Basisseminare

Die Basisseminare werden den Teilnehmern der Ausbildungsprogramme empfohlen, deren Vorkenntnisse auf das entsprechende Eingangsniveau angehoben werden müssen, um einen erfolgreichen Abschluss der Programme zu erleichtern.

Darüber hinaus stehen die Basisseminare allen Marktteilnehmern offen, die ihre Kenntnisse in den grundlegenden betriebswirtschaftlichen, volkswirtschaftlichen und mathematischen Wissensgebieten auffrischen oder vertiefen möchten.

Derzeit werden folgende Grundlagenseminare angeboten:

- Bilanzanalyse
- Bilanzierung
- Derivative und strukturierte Finanzprodukte
- Einführung in betriebswirtschaftliche Grundlagen
- Finanzmathematik und -statistik
- Grundlagen der Biologie und Biochemie
- Kapitalmarktrecht
- Kennzahlenanalyse
- Rechnungslegung
- Rentenanalyse
- Technische Analyse
- Volkswirtschaftslehre

Fortbildungsseminare

Die DVFA-Fortbildungsseminare behandeln spezielle Themen des Kapitalmarktes. Sie wenden sich an Finanz- und Kapitalmarktexperten, die ihr Wissen aktualisieren und ausbauen möchten. Oftmals entstehen die angebotenen Themen aus der Arbeit der DVFA-Methodenkommission. Die Teilnehmer haben während der Seminare die Gelegenheit, mit den Referenten ausführlich über praktische Erfahrung und Probleme aus dem Berufsalltag zu diskutieren.

Das aktuelle Angebot umfasst folgende Themenbereiche:

- IAS und Ergebnis nach DVFA/SG
- Moderne Verfahren der Unternehmensbewertung
- Performance Presentation Standards®
- Der strukturierte Business Plan
- Kapitalflussrechnung
- Spezielle Themen der Performanceanalyse

1.8 Vereinigung für Bankberufsbildung (vbb) e.V.

vbb

✉ **Vereinigung für Bankberufsbildung (vbb) e. V.**
Darmstädter Landstraße 125
60598 Frankfurt am Main

☎ **0 69-60 50 10-0**
Fax: 0 69-60 50 10-74

💻 **http://www.vbb.de**
info@vbb.de

„Aus der Praxis für die Praxis" lautet das Motto der Vereinigung für Bankberufsbildung e.V. für ihre Tätigkeit als ein führendes Weiterbildungs- und Trainingsinstitut für Banken und Finanzdienstleister. Gegründet 1971 als eingetragener Verein wird die Vereinigung heute von über 180 Mitgliedern aus dem Kreis der privaten Banken und Auslandsbanken mit zusammen mehr als 50.000 Mitarbeitern getragen. Die Gründungsidee war, einen Zusammenschluss der kleinen und mittleren Banken zu organisieren, der ein vollständiges und zukunftsorientiertes Bildungsangebot auch für diese besondere Gruppe ermöglicht. Die vbb verfolgt ausschließlich und unmittelbar gemeinnützige Ziele auf der Basis ihrer satzungsmäßigen Aufgabe, der Entwicklung und Durchführung von Bildungsmaßnahmen.

Neben den Mitgliedern nutzen weitere 500 Banken und Finanzdienstleister regelmäßig das umfangreiche vbb-Bildungsprogramm. Im engen Dialog mit den Mitgliedern, Kunden und Kooperationspartnern entwickelt das Expertenteam der vbb ein aktuelles Angebotsportfolio, das stets an neue Marktbedürfnisse und Anforderungen angepasst und nachfragegerecht gestaltet wird. Ein umfangreicher Jahreskatalog offeriert über 700 bewährte Seminare, Fachtagungen und Kongresse. Neue Medien werden in die Bildungsangebote in Form von Lernprogrammen und einer internetbasierten Lernplattform integriert. Die zertifizierten Bildungsabschlüsse der vbb genießen im Markt eine hohe Akzeptanz und Anerkennung und unterstützen die berufsbegleitende Karriereplanungen in der Finanzbranche.

Das Angebot der vbb wurde im Jahr 2001 von annähernd 8.500 Teilnehmern genutzt. Es umfasst alljährlich Themen aus den Fachbereichen Privat- und Firmenkundengeschäft, Investment- und Immobilienbanking, Verkaufs- und Führungstraining, betriebswirtschaftliche Bereiche und bereichsübergreifende Qualifizierungen. Die vbb-Veranstaltungen werden bundesweit in geeigneten Tagungsstätten und in den eigenen Seminarräumlichkeiten in Frankfurt am Main durchgeführt.

Im Kundenauftrag setzt die vbb bereits beim Recruiting und Assessment an und realisiert die Bildungsplanung bis hin zu firmeninternen Trainingsmaßnahmen mit praxisorientierten vbb-Referenten und engagierten Kooperationspartnern.

Zertifizierte Bildungsabschlüsse bietet die vbb auf der Basis eines bewährten Baukastensystems an. Das komplette Angebote finden Sie unter www.vbb.de im Internet. Eine Auswahl von vier beispielhaften Zertifikatslehrgängen mit vbb-Abschluss finden Sie im Folgenden.

Die vbb engagiert sich bereits seit 1986 im Bereich E-Learning. Das aktuelle Angebot umfasst:

- komplette elektronische Kurse (CD-ROM oder im Internet)
- Blended Learning
- Entwicklung neuer Lernprogramme
- Evaluation von existierenden Lernprogrammen
- Hilfestellungen bei der Umsetzung von E-Learning in Unternehmen.

Das aktuelle E-learning Programm der vbb bietet ein umfangreiches Kursangebot u.a. zu

Basisthemen:

- „Abwehr von Geldwäsche"
- „Beratungs- und Verhaltensregeln im Wertpapiergeschäft"
- „Datenschutz + Datensicherheit"
- „Abenteuer Bank" – Grundlagen für Azubi's und Trainees

Spezialthemen:

- „Steuergrundlagen"
- „Bilanzanalyse und Bilanzberatung"
- „Investmentanlagen"
- „Anlageberatung und Finanzplanung"

Soft-Skill-Themen:

- „Kunst der Präsentation"
- „Kommunikation im Beruf"
- „Projektmanagement"

Nachschlagewerke:

- „Harvard ManageMentor"
- Bankenkompendium.

Interessierte Kunden werden kompetent und passgenau bei der Auswahl und dem Einsatz von Lernprogrammen beraten. Neu entwickelte Programme erweitern stetig das Portfolio und greifen aktuelle Themen aus der Banken- und Finanzdienstleistungsbranche auf.

Für die internet-gestützte Weiterbildung nutzt die vbb ihre Lernplattform www.vbb-WebTrain.de u.a. zur Bereitstellung von Online-Lernmedien (Web-Based Trainings), in Verbindung mit vbb-Seminaren und als Treffpunkt für virtuelle Arbeitsgruppen.

Um das Potenzial von elektronischem Lernen weiter zu erweitern, forciert die vbb die Verzahnung von Präsenzunterricht und E-Learning: das sogenannte Blended Learning. Die neue Qualifizierung zum Anlageberater Online DAI/vbb nutzt eine Kombination aus Live-Trainings und E-Learning. Diese Weiterbildung führt in Anlehnung an ein klassisches vbb-Ausbildungssystem zur Prüfung mit Zertifikatsabschluss in einer Kombination aus Lernmodulen im Internet, sowie Tutorgeleitete Selbstlernphasen und Workshops.

Für Rückfragen und Informationen wenden Sie sich bitte an vbb, Abteilung E-Learning Tel. (069) 60 50 10-38.

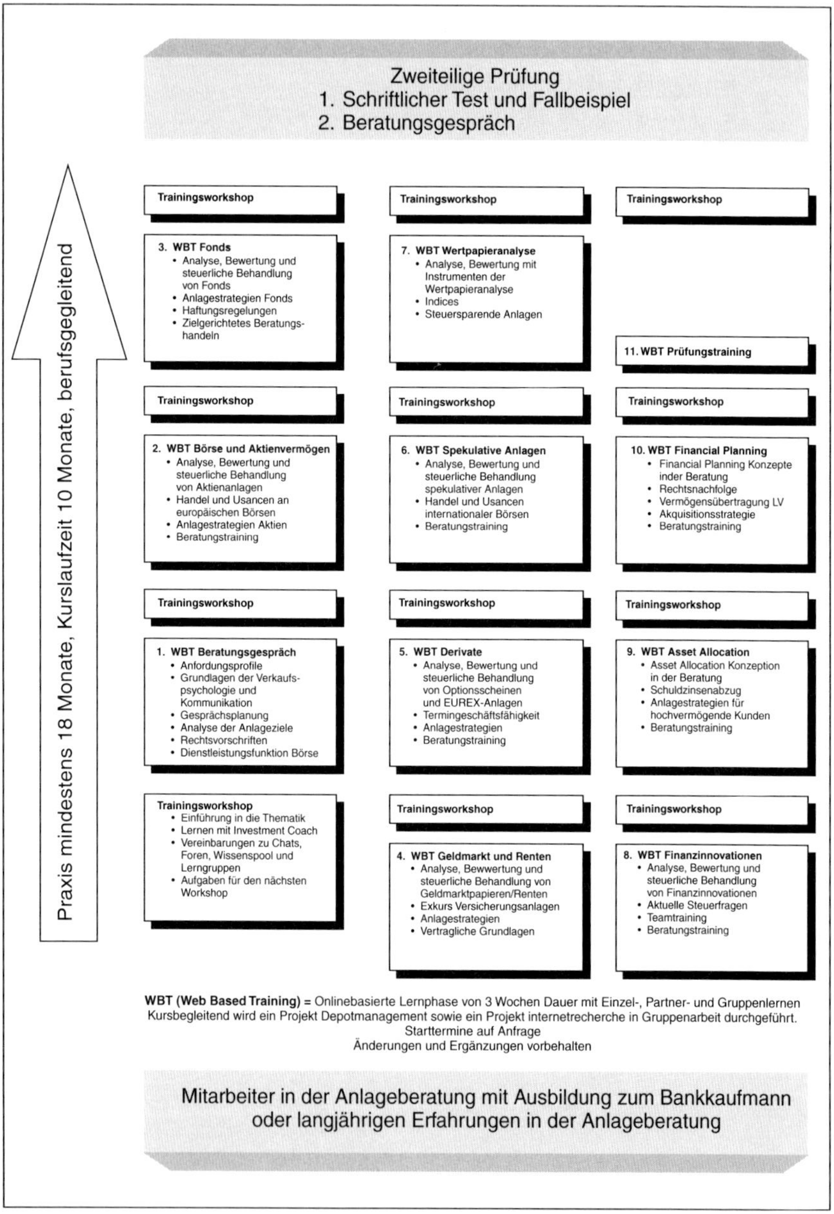

Abbildung 1: Zertifizierter Anlageberater – online vbb/DAI

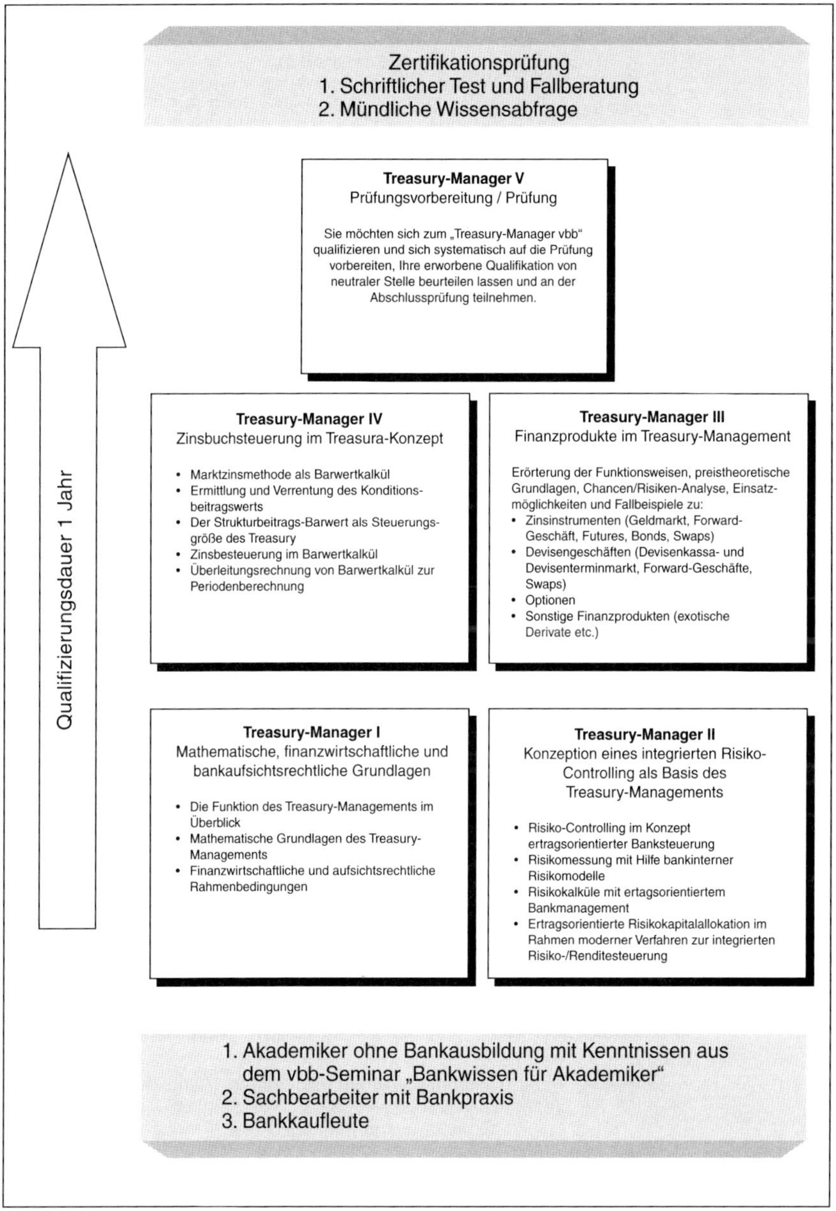

Abbildung 2: Zertifizierter Treasury-Manager vbb

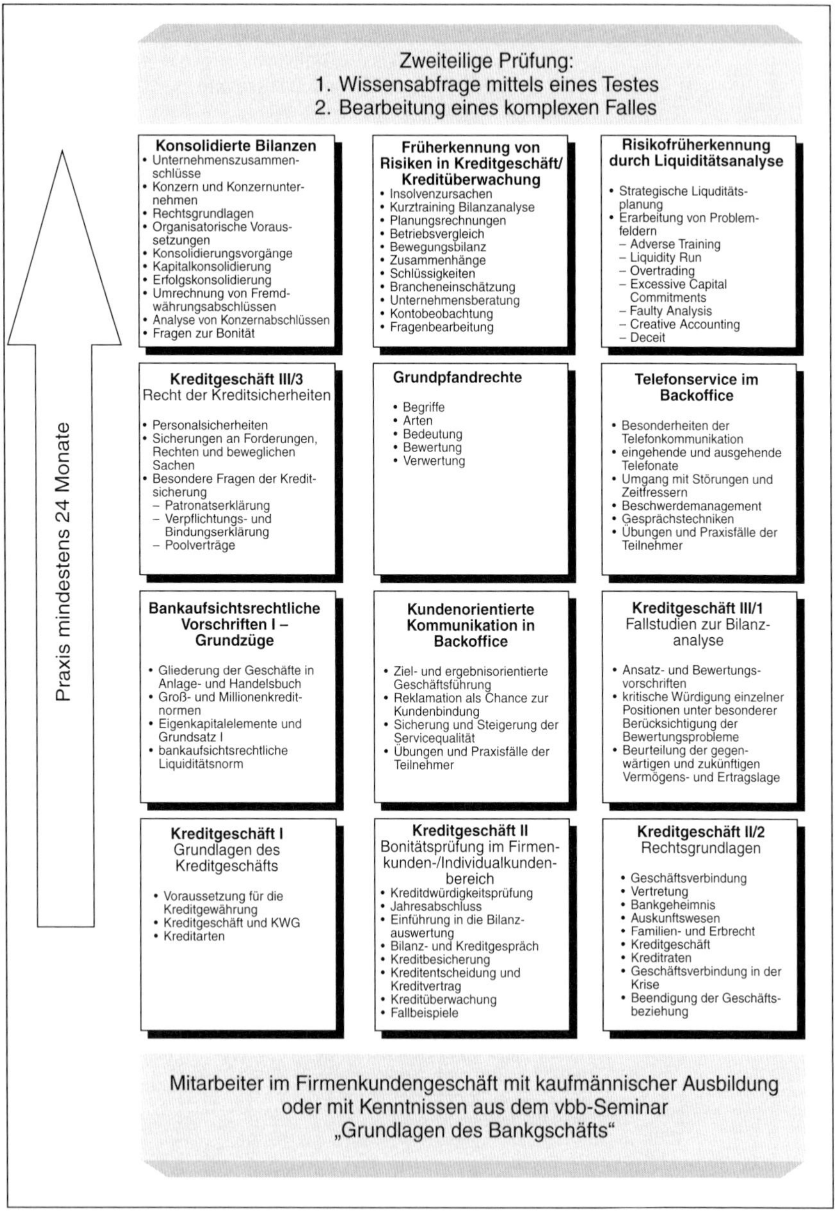

Abbildung 3: Zertifizierter Kreditanalyst vbb

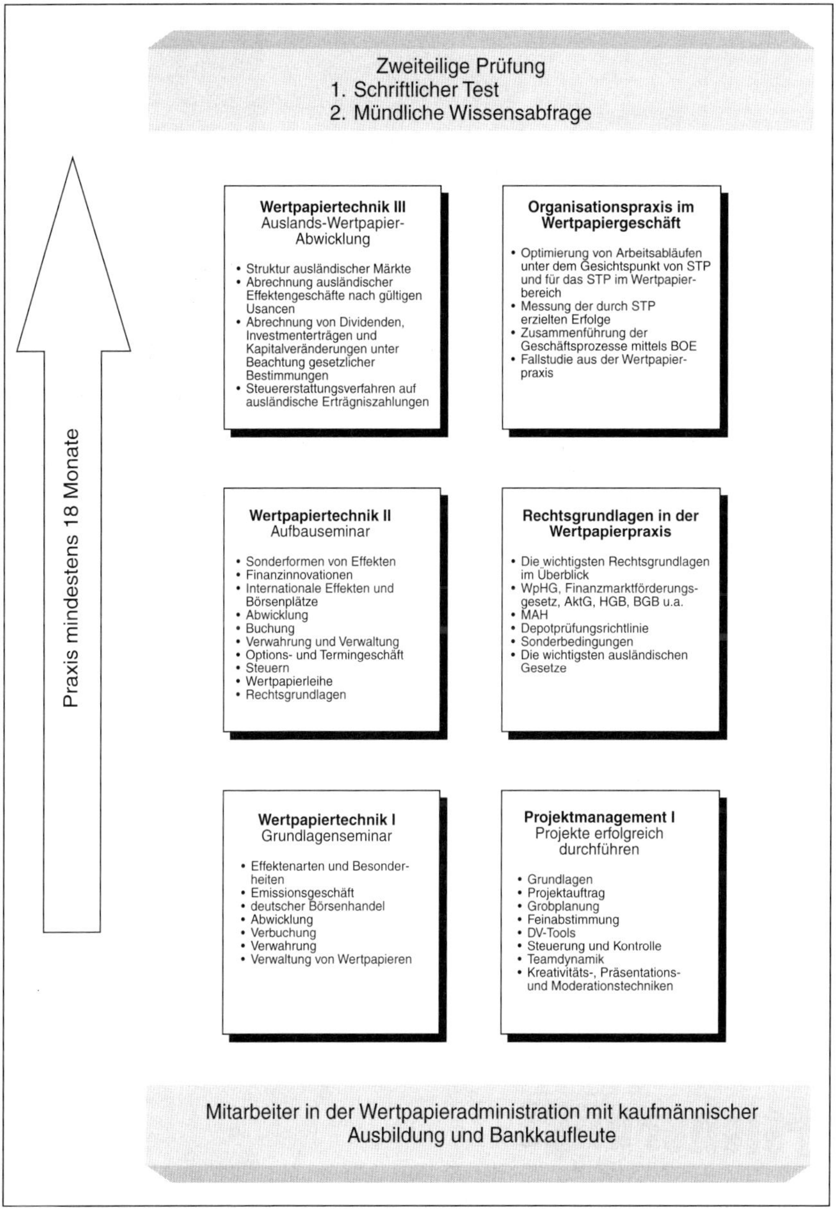

Abbildung 4: Zertifizierter Wertpapierabwickler vbb

2. Karrieren erfolgreicher Profis

2.1 Der Geschäftsstellenleiter

Zweigleisig voran

Bernd Günzler hat es eilig. Deshalb geht er mit großen Schritten voran und legt Tempo vor. Das muss er auch; denn als Geschäftsstellenleiter bei der Nassauischen Sparkasse (Naspa) in Hochheim am Main hat er viel zu tun. Bernd Günzler ist 27 Jahre alt.

Wegen seines jungen Alters ist sein Lebenslauf kurz, aber kompakt. Im Frühjahr 1993 hat der gebürtige Rüsselsheimer sein Abitur gemacht und direkt im Sommer die Ausbildung zum Bankkaufmann bei der Naspa begonnen. Für Abiturienten dauert sie meist nur zwei Jahre, so auch für Bernd Günzler. Schon damals, erinnert er sich, sei ihm klar gewesen, dass die Ausbildung erst der Anfang einer langen Lern- und Erfahrungsphase war. Denn Bernd Günzler ist ehrgeizig. Mit einer glatten Zwei schloss der engagierte Hesse seine Ausbildung ab und bewarb sich direkt um die Teilnahme an einem einjährigen Traineeprogramm zum Privatkundenberater.

Diese Fortbildungsmaßnahme hat ihren eigenen Reiz, denn die Teilnehmer sind an ihren jeweiligen Stationen zusätzliche Mitarbeiter. Das bedeutet, sie verfügen über Freiräume. Allerdings, so Bernd Günzler, benötige man die Zeit auch, um sich rasch in ein Thema zu vertiefen. Damit die passenden Kandidaten ihre Chance bekommen, geschieht die Auswahl über ein Assessment Center. Etwa 50 Prozent der Bewerber entsprechen dem gesuchten Profil.

Nachdem er diese Probe bestanden hatte, dauerte es noch einige Monate, bis das Traineeprogramm startete. „Diese Zeit verbrachte ich in der Geschäftsstelle Hochheim“, schildert Bernd Günzler seinen Alltag. Mit Beginn der Fortbildung, im März 1996, verließ er das Mainstädtchen. Denn sie findet grundsätzlich an mehreren Standorten statt und zwar stets dort, wo man im Rahmen seiner Ausbildung noch nicht gewesen ist. Bernd Günzlers Stationen waren Wiesbaden-Biebrich, Bad Camberg und Kelkheim. „An diesen Stationen bin ich den verschiedensten Kunden begegnet“, erzählt er. „Und ich habe gelernt, genau hin zu sehen und hin zu hören. Denn die Wünsche und Ziele unserer Kunden stehen im Mittelpunkt der Beratung. Diese wollen wir aufgreifen und individuelle Lösungsvorschläge erarbeiten. Ein umfassendes Konzept für den Kunden entwickeln und ihn langfristig in finanziellen Angelegenheiten begleiten – das ist der Anspruch, den wir an unsere Beratung stellen."

Diese praktischen Erfahrungen wurden durch zahlreiche Seminare theoretisch unterfüttert. Sie betrafen Fachthemen wie Investmentfonds, Kreditgeschäft und Geldanlage, Verkauf und Vertrieb sowie Kommunikation. Fast alle Referenten waren Naspa-Fachleute. „Mir hat an diesen Veranstaltungen immer der hohe Praxisbezug gefallen", lobt Bernd Günzler. „Sie boten mir direkt den Zusammenhang zum Arbeitsalltag."

Weil er ein besonders zielstrebiger Mann ist und in sich ein Reservoir ungenutzter Energie entdeckt hatte, nahm der umtriebige Bankkaufmann ein weiteres Bildungsangebot an. Mit dem Bestehen des Assessment Centers hatte ihm die Naspa offeriert, an der Fachhochschule in Mainz-Gonsenheim berufsbegleitend Betriebswirtschaft zu studieren. Einen Monat vor Beginn der Traineefortbildung schrieb sich Bernd Günzler in Mainz ein und war fortan auch Student.

Die beiden ersten Semester seien relativ locker gewesen, schildert er seine Erfahrungen, aber dann sei es richtig zur Sache gegangen. Etwas anderes war kaum zu erwarten, da das Studium mit dem staatlich geprüften Diplom-Betriebswirt abschließt. „Uns ist kein Quäntchen Stoff geschenkt worden, nur weil wir berufstätig waren", betont Günzler. Um dem Vollzeitstudium gleichgestellt zu sein, umfasst es ebenfalls 2000 Stunden; sie werden nur auf mehr Jahre verteilt.

Seit dieser Zeit weiß Bernd Günzler, was es bedeutet, ein Mangelgut zu verwalten. Denn über freie Zeit verfügte er kaum noch. Montags bis freitags war er in der Bank. Dienstags nachmittags von 13.30 bis 20.15 Uhr und samstags von 8.15 bis 13.15 Uhr saß er im Hörsaal. „Anschließend musste ich lernen." An einen Discoabend wagte er gar nicht mehr zu denken, selbst das Hören einer Musik-CD verursachte ihm zeitweise ein schlechtes Gewissen. Besonders hart sei die Phase um das Vordiplom gewesen, als in kurzer Zeit sehr viele Klausuren geschrieben und bestanden werden mussten. „Danach ging es aufwärts." Im Februar 2001 gab er seine Diplomarbeit zum Thema „Aspekte der verschiedenen Tilgungsvarianten bei Immobilienfinanzierungen unter steuerlichen Aspekten" ab und erhielt im Juni seine Urkunde.

„Die Zweigleisigkeit war hart“, resümiert Bernd Günzler, „aber ich bin froh, dass ich es gemacht habe. Später wäre es bestimmt schwieriger gewesen.“ Ihm sei das Lernen trotz des Arbeitsalltags in der Bank ziemlich leicht gefallen. Das hätten ihm die Gespräche mit den Kommilitonen bestätigt. Außerdem war er frei von familiären Verpflichtungen; ein ebenfalls konfliktträchtiges Terrain. Nun könne er frei nach vorn schauen, sich auf das Hier und Heute konzentrieren. Das sei der Lohn des Fleißes.

Auch die Naspa hat sein Engagement anerkannt. Im Oktober 1999 übernahm er die Stellvertretung des Geschäftsstellenleiters und ein Jahr später die volle Verantwortung für die Geschäftsstelle in Hochheim. Sie ist die drittgrößte des Geschäftsbereichs Main-Taunus/Frankfurt. Zu seinem Team zählen insgesamt neun Voll- und Teilzeitkräfte. Besonders dankbar ist Bernd Günzler seinen Vorgesetzten: „Ohne ihre persönliche und fachliche Unterstützung und Förderung stünde ich heute nicht hier.“

Wohin ihn sein Weg noch führen werde, lässt Bernd Günzler offen. Natürlich wolle er vorankommen, doch wie die Position dann heiße, wisse er heute natürlich nicht. „Vielleicht reicht es zum Geschäftsbereichsleiter oder zum Vorstand.“ Auf jeden Fall wolle er immer mit Menschen zusammenarbeiten, nur im Backoffice, das sei nicht sein Fall. In die Zukunft blickt er selbstbewusst und mit Zuversicht. „Zum einen weiß ich, was ich leisten kann, und zum Zweiten weiß ich, dass Leistung anerkannt wird.“ Deshalb laute sein Erfolgsrezept auch: „Einsatz, Einsatz, Einsatz“.

2.2 Die Pressesprecherin

Schritt für Schritt über alle Hürden

Daniela Gramlich ist ein zielstrebiger Mensch, dafür setzt sie Ausdauer und Treffsicherheit ein. Beide Eigenschaften trainiert sie in ihrer knappen Freizeit beim Langstreckenlauf und beim Sportschießen. Von montags bis freitags ist Daniela Gramlich Pressesprecherin der Nassauischen Sparkasse (Naspa) in Wiesbaden.

Ursprünglich wollte sie Pilotin werden. Doch musste sie diesen Wunsch wegen einer Kurzsichtigkeit schon vor dem Abitur 1984 begraben. Stattdessen sah sie sich als Journalistin und schrieb sich an der Mainzer Johannes-Gutenberg-Universität für die Fächer Politikwissenschaft, Publizistik und Soziologie ein. Mit dem Magister Artium (M.A.) schloss sie 1990 das Studium dort ab.

Auch damals lagen Medienberufe bereits voll im Trend, viele Kandidaten bewarben sich um wenige Praktikums- und noch weniger Volontariatsplätze. Allerdings gestaltete sich die Situation in Mainz deutlich optimistischer. Ursache dafür war das Entstehen der privaten Sendeanstalten. Sie nahmen zu Beginn der Neunziger Jahre ihren Sendebetrieb auf. In Mainz-Weisenau hatte unter anderem auch das Studio Rhein-Main von Radio RPR seinen Sitz. Noch als Studentin bewarb sich Daniela Gramlich dort als freie Mitarbeiterin, bekam ihre Chance und sammelte ihre ersten journalistischen Erfahrungen beim Hörfunk. Zuvor hatte sie bereits einige Jahre für mehrere Regionalzeitungen geschrieben.

„Gerade bei den Lokalradios herrschte damals eine Art Aufbruchstimmung", erinnert sich Daniela Gramlich. „Für gute Reportage-Ideen verbunden mit Fleiß und Engagement gab es zwar wenig Geld, aber regelmäßig neue Aufträge und den Freiraum, um sich auszuprobieren." Deshalb arbeitete sie auch weiter frei für RPR, als sie ihre Magister-Urkunde längst in Händen hielt, denn eigentlich sollte die freie Mitarbeit in ein verkürztes Volontariat münden. In der Medienwelt ist dieses eine durchaus gängige Praxis, wenn der Bewerber über ein abgeschlossenes Studium und – was deutlich schwerer wiegt – über große Berufserfahrung verfügt. Was „groß" konkret bedeutet, entscheidet stets der ausbildende Betrieb, egal ob es sich um einen Verlag, eine Agentur oder einen Sender handelt.

Wie oft im Leben kam alles anders – und zwar in Gestalt eines Angebots der Transfracht Deutsche Transportgesellschaft in Frankfurt. „Sie suchten eine Pressesprecherin", berichtet Daniela Gramlich.

Dort habe sie viel gelernt, erzählt die heute 37-Jährige, und das habe sie vor allen Dingen ihrem damaligen Chef zu verdanken. Er habe sie Fehler machen lassen. Als Pressesprecherin stand sie nun auf der anderen Seite des Geschäftes, lieferte Material und Geschichten, gehörte nicht mehr zu den Suchern, sondern zu den Gebern. Sie präsentierte Zahlen, Daten, Fakten, Hintergründe, und zwar im Interesse ihres Hauses. Interne Abstimmungsprozesse kennen lernen und berücksichtigen, heißt nach wie vor die erste Lektion jedes jungen und neuen Pressesprechers.

Gut zwei Jahre arbeitete Daniela Gramlich für die Transfracht, dann verlor sie ihren Arbeitsplatz. Das Tochterunternehmen der Deutschen Bahn AG wurde mit einer internen Abteilung zusammengelegt, die ähnliche Aufgaben wahrnahm. Damit wurde unter anderem der gesamte Bereich Kommunikation überflüssig.

Als Marketingreferentin heuerte sie daraufhin bei der Deutschen Anlagen-Leasing (DAL) in Mainz an und hatte, so ihre Worte, wieder großes Glück – mit der Aufgabe und mit dem Chef. „Er war zwar ein Workaholic, aber er hat mir sehr viel beigebracht.“ Dazu zählt sie in erster Linie den Umgang mit den Dienstleistern, also den Werbe- und PR-Agenturen und das Konzipieren von Werbe-, Marketing- und Sponsoring-Maßnahmen. Besonders spannend sei die Video-Dokumentation mehrerer Bauprojekte in Berlin und Mainz „vom ersten Spatenstich bis zum Einzug der Mitarbeiter“ gewesen. Zwar geben sich Kreative gern trendy und hipp, doch beim Geld hört jede Originalität auf. Dann kommen Kaufmannsgeist und Verhandlungsgeschick zum Tragen.

Zwei Jahre gingen ins Land, und wieder drehte sich das Personalkarussell. Erst verließ der Chef die DAL, einige Monate später Daniela Gramlich. Ein Personalberater hatte sie angesprochen. Im Auftrag der Naspa suchte er eine neue Pressesprecherin. Die Naspa war nicht irgendwer, denn das Geldinstitut ist die viertgrößte Sparkasse in Deutschland. Sie unterhält 172 Geschäftsstellen und beschäftigt 2500 Mitarbeiter. Ihr Geschäftsgebiet erstreckt sich über die Städte Frankfurt und Wiesbaden sowie über vier Landkreise in Hessen und zwei in Rheinland-Pfalz. Daniela Gramlich bewarb sich auf die Position und bekam sie. Am 1. Juli 1997 trat sie die Stelle an. Als Pressesprecherin gehört sie zum Zentralbereich „Vorstandsstab und Kommunikation“.

„Nein“, bekennt sie, „einfach sei der Einstieg nicht gewesen.“ Denn schon nach sechs Wochen musste sie ihre Belastbarkeit samt ihrer Fähigkeit zur Krisenkommunikation unter Beweis stellen. Dafür sorgte ein eigentlich ganz alltäglicher Vorgang. Im August stellte die Naspa gegen einen ihrer bekanntesten Kunden im Rheingau einen Insolvenzantrag. Der Mann zog dramatische Konsequenzen. Diese schlugen weit über den Rheingau hinaus hohe Wellen, und von einem Moment auf den anderen stand die Nassauische Sparkasse über Monate im Blickpunkt der Medien. Mittlerweile haben sich die Wogen geglättet, die Naspa hat das Geschehen in ruhigere Fahrwasser gelenkt, und die Pressesprecherin hat die negativen Schlagzeilen in positive verwandelt. Nachdem im ersten Jahr ihrer Zugehörigkeit zur Naspa dieser Vorfall den Tagesablauf dominierte, kann sich Daniela Gramlich heute dem gesamten Themenspektrum rund um die Naspa und den Finanzdienstleistungsbereich zuwenden – mit viel Spaß und Freude, wie sie sagt.

2.3 Der IT-Spezialist

Im Clan der Querdenker

Auf seiner Visitenkarte stellt sich Götz Winterfeldt als Vice President Global Technology & Services und als Head of the Venture Technology Group vor. Die Titel beeindrucken. Doch der 33 jährige wehrt ab: „Das hört sich bedeutender an, als es ist.“ Bei der Deutschen Bank seien solche Titel einfach üblich. Mit wenigen Sätzen erklärt der promovierte Informatiker, was sich hinter den Begriffen verbirgt. „Ich leite die Venture Technology-Gruppe. Das ist ein Team von neun Personen. Wir analysieren Startups und Unternehmen die vor einem IPO am Neuen Markt stehen aus technologischer Sicht.“

Konkret beschäftigt sich die Gruppe mit Fragen wie: Ist die Technologie eines Unternehmens wirklich innovativ? Welche Veränderungen wird sie auf welchem Markt, in welchem Segment bewirken? Gibt es international bereits andere Unternehmen, die in diesem Bereich arbeiten? „Gemeinsam mit einer Managementbewertung dient unsere Beurteilung als Entscheidungsgrundlage dafür, ob das Unternehmen Risikokapital für seine Investitionen bekommt“, erläutert Götz Winterfeldt die bankinternen Zusammenhänge.

Ähnliche Bewertungen liefert sein Team auch im Bereich Mergers and Acquisitions. Allerdings sind die Unternehmen dann meist in einer anderen Situation. Sie agieren oftmals bereits am Markt und wollen durch Akquisitionen oder Zusammenschlüsse ihre Marktposition festigen. Zudem sind oft schon Mitbewerber am Markt. „Deshalb geht es dann für uns vor allem darum, die Wettbewerbsposition des jeweiligen Unternehmens einzuschätzen und den Wettbewerbsvorteil, der durch ein Zusammengehen entstehen würde“, beschreibt der Kopf der Gruppe den Unterschied. Aus seinen Erläuterungen wird schnell deutlich, Banker, Betriebswirte und Ökonomen sind keine in seiner Mannschaft, sondern Ingenieure, Informatiker und Naturwissenschaftler. „Wir sind hier eher die Querdenker, so eine Art Think Tank, die dem klassischen Bankgeschäft zuarbeiten.“

Bei der Deutschen Bank ist Götz Winterfeldt seit dem Sommer 1999. Er kam direkt von der Universität in Nancy, wo er auch promoviert hat. Doch angefangen hat seine Laufbahn ganz woanders, nämlich in Bielefeld. Dort ist der Lehrersohn aufgewachsen und zur Schule gegangen. Den Weg zum Abitur hat er sich mit

Hilfe der differenzierten Oberstufe – so sagt er selbst – eher moderat gestaltet. Seine Abiturfächer waren Deutsch, Biologie, Geschichte, und Sport. Wie und wohin es dann weitergehen sollte, wusste er nicht genau. „Mich hat viel interessiert und ich habe mich von nichts abschrecken lassen“, beschreibt Götz Winterfeldt seine Einstellung. Auf jeden Fall habe er sich intensiv über die verschiedenen Fächer und ihre Perspektiven informiert. Prompt kehrt er der nordrhein-westfälischen Universitätsstadt den Rücken und zieht 1986 zum Studium nach Karlsruhe.

Verantwortlich für die Attraktivität der badischen Residenzstadt war weniger das milde Klima, sondern die damals bundesweit einmalige Chance, im Fachbereich Elektrotechnik Biomedizinische Systemtechnik zu studieren. „Mich hat die Kombination von Elektrotechnik, Informatik und Medizintechnik gereizt“, erinnert er sich. Obwohl er mit seinen Abiturfächern nicht die idealen Voraussetzungen für das zahlen- und formellastige Studium mitbrachte, zweifelte er nie an seiner Wahl. Dafür war im Wesentlichen der konkrete Bezug zum Alltagsleben verantwortlich. „Am Forschungszentrum Informatik in Karlsruhe haben wir uns mit neuronalen Netzen und intelligenten Systemen beschäftigt. Das war eine sehr praxisnahe Informatik.“ Dort habe er wirklich supergute Erfahrungen gemacht.

Nach zwölf Semestern sei es Zeit für etwas Veränderung gewesen. Angestoßen durch einen Freund bewarb sich Götz Winterfeldt für ein Auslandspraktikum bei Mennen Medical, einer Firma aus dem Weizmann Science Park im israelischen Rehovot. Fünf Monate verbrachte er dort. Wegen seines innovativen Forschungsklimas hat Israel in der Technologieszene einen ausgezeichneten Ruf. Viele US-amerikanische Unternehmen lagern dorthin ihre Forschung aus.

Auf was genau er sich eingelassen hatte, bemerkte er erst vor Ort. Obwohl Israel ein sehr offenes Land sei, das viele Praktikumsplätze anbiete, sei es anfangs so ganz einfach nicht gewesen, sich die Kultur und den Alltag zu erschließen. „Ich wohnte in einem Hostal, also einer Art Herberge, mit sechs Leuten auf dem Zimmer.“ Doch habe es ihm auch Spaß gemacht, sich durchzubeißen. Seine Erwartungen, so Götz Winterfeldt, haben sich sowohl fachlich als auch persönlich mehr als erfüllt. Seine private Bilanz sei uneingeschränkt positiv. Eine Regel wolle er daraus nicht ableiten. Denn über eines müsse man sich im voraus klar sein: „Wer fortgeht, lässt zurück und kommt als ein anderer wieder. Da bleiben auch Freundschaften auf der Strecke, weil sich Wertsetzungen, Prioritäten verschieben.“ Insgesamt empfiehlt er jedem einen Auslandsaufenthalt, gerade wenn er in internationalen Teams arbeiten will. Doch will er daraus keinen absoluten Anspruch ableiten. Noch wichtiger sei, so seine Meinung, sich bewusst für oder gegen einen bestimmten Weg zu entscheiden.

Seiner führte ihn zurück nach Karlsruhe. Das Diplom rückte immer näher, war bis auf eine Klausur geschafft, da wurde es Zeit für den nächsten Auslandsaufenthalt. Diesmal zog es ihn als Erasmus-Student (Austauschprogramm der EU für fortgeschrittene Studenten und Absolventen) nach Nancy, an die l'Ecole National Supérieure d'Electricité et de Mécanique – *ENSEM*. Französisch sprach er nicht, „aber", so der unbefangene Ostwestfale, „das hatte ich immer schon lernen wollen."

Wegen des regen Studentenaustausches zwischen Baden-Württemberg und verschiedenen französischen Hochschulen (Institut Franco-Allemand pour les applications de la recherche *IAR*) war es für Götz Winterfeldt kein Problem, das Studium der Elektrotechnik mit einer Diplomarbeit in Nancy abzuschließen. Für den jungen Ingenieur machte der Informatikschwerpunkt der elektrotechnischen Abteilung den besonderen Reiz der lothringischen Universität (INSTITUT NATIONAL DE RECHERCHE EN INFORMATIQUE ET AUTOMATIQUE *INRIA*) aus. Deshalb entschied er sich auch, dort in diesem Fach zu promovieren. Abgesehen von einigen Kursen, die er nachbelegte, erkannte ihm die französische Universität die Informatikleistungen aus Karlsruhe an. Seine Dissertation hat er in Englisch und Französisch abgefasst.

Insgesamt vier Jahre verbrachte Götz Winterfeldt in Frankreich, dann ist er gern zurückgekommen. „Es war wie eine Aufgabe, die ich mir gestellt und auch bewältigt hatte. Außerdem ist die Sprache etwas ganz wichtiges. Meine Muttersprache ist deutsch. In ihr kann ich mich am besten ausdrücken." Auf keinen Fall wollte er eine Hochschulkarriere machen, deshalb nutzte er zur Jobsuche eine internationale Rekrutierungsmesse in Brüssel. Dort traf er seinen heutigen Chef. „Grundsätzlich hatte mich auch der Think Tank von Bertelsmann interessiert", berichtet er. Doch hat dieser seinen Sitz in Gütersloh und das liegt direkt neben Bielefeld.

3. Erfolgreich starten: Die Bewerbung

3.1 Wie vermarkte ich mich selbst?

Durch die Bewerbung versuchen Sie, Ihren Arbeitseinsatz und Ihr Fachwissen an ein Unternehmen zu „verkaufen“. Das Bewerbungsverfahren ist daher eine Marketingkampagne in eigener Sache. Sie müssen sich so präsentieren, dass Sie sich oftmals gegen Hunderte von anderen Bewerbern durchsetzen können. Dabei ist es immer wichtig, die eigene individuelle Persönlichkeit in den Vordergrund zu stellen. Die Bewerbung muss auf Ihre Person zugeschnitten sein. Es gibt also kein Patentrezept für den letztendlichen Erfolg.

In diesem Kapitel finden Sie das Grundwissen, das man dennoch für eine gelungene Bewerbung braucht. Außerdem erhalten Sie eine Vielzahl von Tipps, die Ihnen bei Ihrer Bewerbung und dem späteren Vorstellungsgespräch helfen und die Sie Ihren Zielen ohne Umwege näher bringen.

Folgende Fragen werden im Einzelnen beantwortet:

- Wie finde ich das passende Berufsfeld?
- Wo liegen meine Stärken?
- Welche Informationen benötige ich für eine erfolgreiche Bewerbung?
- Auf welchen Wegen kann ich mich bewerben?
- Was muss ich beim Erstellen der Bewerbungsunterlagen beachten?
- Wie kann ich beim Vorstellungsgespräch am besten bestehen?
- Welche besonderen Auswahlverfahren können mich erwarten und was muss ich dann tun?

3.1.1 Das passende Berufsfeld

Auch wenn Sie sich bereits für eine Karriere im Bereich Bank und Versicherung entschieden haben, so gibt es auch noch innerhalb der Finanzwelt ein breites Spektrum von verschiedenen Berufsfeldern. Es ist daher nötig, sich vor der Bewerbung Gedanken zu machen, in welchem Bereich der Branche man tätig sein möchte und welches das passende Unternehmen dazu ist.

Ist Ihnen zum Beispiel der direkte Kontakt mit dem Kunden wichtig und können Sie sich somit eine Karriere als Berater vermögender Privatkunden vorstellen? Wollen Sie direkt in das Management einsteigen, zum Beispiel als Assistent der Geschäftsleitung? Oder bewegen Sie sich etwa am liebsten auf dem heißen Parkett des Aktienmarktes? Liegt Ihr Traumjob möglicherweise im Versicherungsbereich?

Man sollte möglichst genaue Vorstellungen von seiner beruflichen Zukunft haben. Anderenfalls ist es schwierig, eine maßgeschneiderte und persönliche Bewerbung zu erstellen. Die Bewerbung könnte dann wie ein Massendokument erscheinen. Das macht keinen guten Eindruck!

Am Anfang sollte man nicht „um jeden Preis“ eine feste Anstellung anstreben. Viel wichtiger ist es, zu Beginn seines Arbeitslebens erst einmal im gewünschten Berufsfeld Fuß zu fassen. Oftmals ergeben sich aus einer befristeten Anstellung nach gewisser Zeit sehr gute Aussichten auf die gewünschte Position.

Es stellt sich außerdem noch die Frage, in welcher Weise Sie Ihren Start ins Berufsleben planen. Als Hochschulabsolvent hat man bei Finanzdienstleistern mehrere Möglichkeiten, den Berufseinstieg zu finden. Man kann gleich nach dem Abschluss den direkten Einstieg suchen oder erst als Trainee gezielt weiter praktische Erfahrungen sammeln, um auf das Metier und auf das Unternehmen vorbereitet zu werden. Auch Assistentenstellen werden angeboten und eröffnen oft den Weg zu hochkarätigen Tätigkeitsfeldern.

Die folgenden Fragen sollen Ihnen bei der Zielfindung helfen. Es geht dabei um Wünsche, die Sie sowohl im beruflichen als auch im privaten Bereich verwirklichen wollen. Beantworten Sie die Fragen für sich. Nehmen Sie sich genügend Zeit dazu und beantworten Sie sie wohlüberlegt und ausführlich.

Checkliste: Berufliche Ziele

- Welches Berufsfeld ist das passende für Sie?
- Wie groß soll das Unternehmen sein, in dem Sie arbeiten wollen?
- In welcher Art von Unternehmen würden Sie gern arbeiten? Haben Sie Interesse, in einer Internet-Firma zu arbeiten?
- Wollen Sie direkt einsteigen oder zunächst als Trainee praktische Erfahrung sammeln?

- Was war für Sie an Ihrer bisherigen praktischen Tätigkeit besonders wichtig? Wollen Sie zum Beispiel direkten Kontakt mit Kunden?
- Bevorzugen Sie Teamarbeit oder arbeiten Sie lieber allein?
- Welche Position wollen Sie erreichen? – Wie lange geben Sie sich dafür Zeit?
- Würden Sie gern geschäftlich reisen oder ziehen Sie einen geregelten Arbeitsalltag vor?
- Welche beruflichen Qualifikationen würden Sie noch gern hinzuerwerben?
- Reizt Sie ein längerer Auslandsaufenthalt?
- Wann sind Sie mit einem Beruf zufrieden?

Checkliste: Private Ziele

- Würden Sie für Ihren Berufsstart auch einen Umzug in Kauf nehmen?
- Können Sie trotz Ihres Privatlebens auch zahlreiche Geschäftsreisen durchführen?
- Sind flexible Arbeitszeiten für die Ausübung Ihrer Freizeitaktivitäten wichtig?
- Würden Sie, wenn nötig, über einen gewissen Zeitraum hinweg auf freie Zeit verzichten?
- Welche Veränderungen planen Sie im privaten Bereich (zum Beispiel Familie)?
- Wie hoch soll Ihr Gehalt sein?

Schauen Sie sich Ihre Antworten genau an. Sie können nun anhand Ihrer Ergebnisse herausbekommen, welches Berufsfeld für Sie passend ist. Auch die Wahl des Unternehmens sollte für Sie nun kein Problem mehr sein.

3.1.2 Der passende Zeitpunkt

Die Devise heißt: Langfristig denken, denn es kann schon einmal ein halbes Jahr dauern, bis man einen Arbeitsvertrag angeboten bekommt. Wenn man direkt nach Abschluss des Studiums in das Berufsleben einsteigen möchte, sollte man bereits während des letzten Studienjahres anfangen, sich um seine Bewerbungen zu kümmern. Beginnen Sie daher rechtzeitig mit der Einholung von Informationen und schauen Sie nach Stellenangeboten in Tageszeitungen und Finanzzeitschriften. Sie finden außerdem Stellenangebote und wertvolle Informationen im Internet.

Sollten Sie Interesse an einem Training oder einem Praktikum haben, so müssen Sie sich spätestens ein Jahr vor Ende Ihres Studiums informieren. Die Trainee-Programme beginnen oft zu einem festgelegten Zeitpunkt und auch nicht jeden Monat. Die Unternehmen schließen ihre Planungen außerdem oft spätestens drei Monate vor Beginn des Trainings ab. Zu diesem Zeitpunkt sind somit schon alle Trainee-Stellen vergeben.

3.1.3 Die Selbstanalyse

In der Bewerbung wollen Sie sich überzeugend und selbstbewusst präsentieren. Dazu benötigen Sie Kenntnisse über die eigene Persönlichkeit, man muss sich selbst analysieren. Es geht dabei darum, eigene Stärken und Schwächen herauszufinden, um gegebenenfalls darauf reagieren zu können. Die Recherchen beziehen sich auf drei Bereiche: die persönliche Qualifikation, die fachliche Qualifikation und die berufliche Qualifikation. Die Selbstanalyse beinhaltet somit folgende Punkte:

- Einschätzung der persönlichen Stärken und Schwächen sowie der beruflichen und fachlichen Qualifikation,
- Kenntnisse der Anforderungen, die das Finanzunternehmen für die gewünschte Position voraussetzt,
- Kenntnis des Berufszweigs und der Unternehmen, für die man sich interessiert.

Eine gewissenhaft ausgeführte Selbstanalyse gibt Ihnen die Möglichkeit, sich optimal auf eine Bewerbung vorzubereiten. Sie können sich auf Ihre Stärken konzentrieren und die Bewerbung individuell auf die eigene Person zuschneiden. Außerdem hilft Ihnen die Selbstanalyse dabei, Ihr Augenmerk auf Ihre persönlichen Chancen in der Finanzwelt zu richten. Nehmen Sie deshalb die Selbstanalyse sehr ernst. Die Durchführung sollte sehr gründlich und sorgfältig sein.

Die nun folgenden Fragen zu den einzelnen Bereichen sollten der Reihe nach bearbeitet und beantwortet werden. Planen Sie genügend Zeit dafür ein. Je gründlicher Sie sich mit sich selbst beschäftigt haben, umso größer sind anschließend die Möglichkeiten, sich bestmöglich darzustellen.

Notieren Sie die Antworten schriftlich und überspringen Sie keine Fragen, die Ihnen aus irgendeinem Grund überflüssig erscheinen. Seien Sie ehrlich zu sich selbst, nur so erhalten Sie ein unverfälschtes Bild Ihrer eigenen Persönlichkeit.

Es ist sinnvoll, eine Vertrauensperson zur Beantwortung der Fragen hinzuzuziehen. Es ergeben sich nämlich oftmals erstaunliche Unterschiede zwischen der eigenen Wahrnehmung seiner selbst und der Einschätzung durch andere Personen. Erarbeiten Sie die Unterschiede beider Perspektiven und finden Sie einen realistischen Kompromiss. Denken Sie daran: Bei der Bewerbung ist es wichtig, wie Sie auf andere Personen wirken.

Persönliche Qualifikation

Bei der Analyse der persönlichen Qualifikation geht es um die Eigenschaften, die man im Berufsleben als Finanzdienstleister braucht. Diese Fähigkeiten besitzen heutzutage eine Schlüsselfunktion. Sie sind oftmals der ausschlaggebende Punkt bei der Vergabe von Arbeitsplätzen.

Haben Sie besondere Fähigkeiten, wie Teamgeist und Kommunikationstalent? Ihre Kreativität ist noch ausbaufähig? Dieser Teil der Selbstanalyse ist dazu da, solche Feststellungen herauszuarbeiten. Sie können natürlich zusätzlich zu den folgenden Fragen auch andere Persönlichkeitstest von Berufsberatungen durchführen.

Checkliste: persönliche Eigenschaften

- Gehen Sie eher optimistisch oder pessimistisch durchs Leben?
- Arbeiten Sie am besten unter Stress, oder erzielen Sie optimale Ergebnisse nur, wenn genügend Zeit vorhanden ist?
- Was würden Sie als Ihre positiven und negativen Eigenschaften anführen?
- Arbeiten Sie gern frei und selbständig, oder empfinden Sie eine gewisse Anleitung als angenehmer?
- Verdrängen Sie oftmals Probleme, oder versuchen Sie, sofort eine Lösung zu finden?
- Was kann man von Ihnen lernen, wo sind Sie noch lernfähig?
- Können Sie gut mit anderen Leuten kommunizieren?
- Bevorzugen Sie die Arbeit im Team oder allein?
- Arbeiten Sie lieber längere Zeit an einer Sache oder ist Ihnen Abwechslung wichtig?

- Arbeiten Sie gern mit Zahlen?
- Können Sie andere Personen von etwas überzeugen?
- Hätten Sie gern eine Arbeitsstelle, bei der man große Verantwortung trägt?

Nach Beantwortung dieser Fragen haben Sie sicherlich schon erste Erkenntnisse darüber, ob Sie eher ein strategischer Typ, ein praktischer Typ oder ein Verkäufertyp sind. Um Ihre Ergebnisse noch zu verdeutlichen, versuchen Sie nun, sich selbst einzuschätzen.

In dem nun folgenden Test haben Sie dazu Gelegenheit. Es wird dabei zwischen sozialen Qualifikationen und solchen Fähigkeiten unterschieden, die die Leistungsbereitschaft anzeigen. Bewerten Sie jede aufgeführte Qualifikation mit einer Punktzahl von 1 bis 10, wobei 10 bedeutet, dass Sie dies sehr gut können. Erweitern Sie die Liste bei Bedarf mit Fähigkeiten und Eigenschaften, die Ihnen zusätzlich noch wichtig erscheinen.

Soziale Qualifikationen

Qualifikationen	Einschätzung 1 – 10
Teamfähigkeit	
Kommunikation	
Anpassungsfähigkeit	
Begeisterungsfähigkeit	
Überzeugungsfähigkeit	
Kontaktfreude	
Toleranz	
Kompromissfähigkeit	
Hilfestellungen geben	
Freundlichkeit	

Leistungsbereitschaft

Qualifikationen	Einschätzung 1 – 10
Durchhaltevermögen	
Führungsfähigkeit	
Selbständigkeit	
Eigeninitiative	
Belastbarkeit	
Zielstrebigkeit	
Motivation	
...	

Nachdem Sie sich jetzt selbst ein bisschen besser kennen gelernt haben, können Sie nun Ihre Erkenntnisse gezielt bei Ihrer Bewerbung einsetzen. Bedenken Sie jedoch, dass Sie bei Vorstellungsgesprächen mit Fragen wie „Sie schreiben, Sie seien teamfähig. Wie können Sie das belegen?“ konfrontiert werden können. Suchen Sie schon zu Beginn Beispielsituationen zu allen Ihren Schlüsseleigenschaften. Sie könnten dann zum Beispiel auf die Frage zur Teamfähigkeit antworten: „Ich habe bereits in meinem letzten Praktikum in der Bank XYZ ein kleines Projekt geleitet. Dabei war es sehr wichtig mit einem großen Team zurechtzukommen und eine angenehme Arbeitsatmosphäre zu schaffen.“ Je realistischer Sie die Situation schildern können, umso besser.

Fachliche Qualifikation

Die fachliche Qualifikation bestimmt in erster Linie, welche Richtung Sie einmal einschlagen können. Gemeint sind hier die Qualifikationen, die Sie während des Studiums erworben haben, also Ihr Studienfach und die von Ihnen gebildeten Schwerpunkte. Um in der Finanzdienstleistungsbranche Fuß fassen zu können, sollten Sie ein Studium der Wirtschaftswissenschaften, ein Jurastudium, ein (Wirtschafts-)Informatikstudium, ein Studium des Wirtschaftsingenieurwesens oder ein Physik- bzw. Mathematikstudium abgeschlossen haben. Aber auch Absolventen anderer ingenieurwissenschaftlicher Studiengänge wie Maschinenbau oder Elektrotechnik können Anstellungen im Finanzdienstleistungsgewerbe finden. Insbesondere in den Bereichen Public Relations, Presse- und Öffentlichkeitsarbeit oder Investor Relations haben Sie auch mit einem geistes- oder sozialwissenschaftlichen Studienabschluss gute Chancen.

Mindestens genauso wichtig sind jedoch die Fähigkeiten, die Sie sich neben dem Studium angeeignet haben. Die Qualifikationen, die Sie zusätzlich erworben haben, sind oft die einzigen Unterschiede zu Ihren Mitbewerbern. Sie sind somit ausschlaggebend für die Vergabe von Positionen. Es ist daher enorm wichtig, seine Zusatzqualifikationen klar zu analysieren und sie auch deutlich in der Bewerbung darzulegen.

Anhand der folgenden Fragen können Sie sich noch einmal genaue Notizen zu Ihren fachlichen Qualifikationen machen:

Checkliste: Fachliche Fähigkeiten

- Welche Fächer haben Sie im Hauptstudium belegt? Welche Fächer haben Sie davon selbst gewählt?
- Wo lag Ihr Studienschwerpunkt?
- Haben Sie vielleicht Studienfächer abgebrochen, bevor Sie Ihr Studium beendet haben?
- Besitzen Sie einen zweiten Studienabschluss? Wenn ja, welchen?
- Welche Fächer haben sie gern belegt, zu welchen Vorlesungen sind Sie nur widerwillig gegangen?
- Welche besonderen Themen haben Sie in Ihrer Studienzeit behandelt?
- Wie lautet das Thema Ihrer Diplomarbeit?
- Welche Fähigkeiten haben Sie außerhalb des Studiums erworben? Verfügen Sie über besondere EDV-Kenntnisse oder sprechen Sie Fremdsprachen?
- Haben Sie freiwillig und zusätzlich außerhalb Ihres Studienschwerpunktes Vorlesungen besucht?

Die Analyse der fachlichen Qualifikationen ist auch eine Hilfestellung bei der Frage, welchen Berufszweig in der Finanzwelt Sie wählen werden. Die Kenntnisse, die Sie im Studium mit viel Freude erlangt haben, möchten Sie wahrscheinlich in Ihrem Berufsleben erweitern oder damit arbeiten.

Berufliche Qualifikation

Das während des Studiums erworbene Fachwissen soll später einmal in der Praxis angewendet werden und bei Problemlösungen helfen. Heutzutage erwarten die Unternehmen sogar, dass man nach dem Abschluss des Studiums schon Praxiserfahrung in Form von Berufspraktika vorweisen kann. Der Bewerber soll nach Möglichkeit schon einmal seine Fähigkeiten getestet haben.

Sie sollen nun Ihre beruflichen Qualifikationen analysieren und bewerten, das heißt, Sie sollen all Ihre praktischen Erfahrungen zusammenstellen. Beachten Sie dabei nicht nur die Erfahrungen, die Sie in Form von Praktika erworben haben. Denken Sie auch an private Erfahrungen und Aushilfstätigkeiten sowie Ferienjobs und ehrenamtliche Tätigkeiten, zum Beispiel in Vereinen oder an der Universität.

Checkliste: Berufliche Qualifikation

- Welche Aushilfstätigkeiten oder Ferienjobs haben Sie ausgeübt? Beachten Sie dabei auch „einfache" Tätigkeiten wie zum Beispiel Montagearbeiten am Fließband oder Taxifahren.
- Haben Sie ehrenamtliche Aufgaben in Vereinen wahrgenommen? Welche Tätigkeiten haben Sie an der Universität ausgeübt? Haben Sie privat Erfahrungen sammeln können?
- Hatten Sie praktische Aufgaben an der Universität? Haben Sie diese allein oder im Team bearbeitet?
- Haben Sie vor Ihrem Studium eine Berufsausbildung absolviert, möglicherweise sogar bei einer Bank oder Versicherung?
- Welche Berufsfelder haben Sie in Form von Praktika kennen gelernt?
- Worin bestanden Ihre Aufgaben in den verschiedenen Praktika?
- Können Sie zu jedem Ihrer Praktika Zeugnisse vorweisen? Wenn nicht: Können Sie sich noch im Nachhinein welche besorgen?
- Welche Unternehmen haben Sie besucht? Wie groß waren diese Unternehmen?
- Welche Unternehmensbereiche und Unternehmensabteilungen haben Sie bereits kennen gelernt?
- In welchen Projekten durften Sie mitarbeiten?
- Haben Sie auch schon eigenständig gearbeitet und kleine Projekte allein durchgeführt?
- Welche fachlichen Kenntnisse konnten Sie in der Praxis bereits einsetzen?
- Welche Probleme haben Sie gelöst?

Nach Beantwortung dieser Fragen sollten Sie wissen, welche Fähigkeiten Sie zu welchem Zweck erfolgreich eingesetzt haben. Jetzt können Sie sicher besser einschätzen, bei welchen in Aufgaben und welche Arbeitssituationen Sie die größten Erfolgsaussichten besitzen.

Was kann ich besonders gut?

Nachdem Sie nun sämtliche Qualifikationen und Fähigkeiten herausgearbeitet haben, sollten Sie sich jetzt auf die Dinge konzentrieren, in denen Sie überdurchschnittlich gut sind. Worin liegen die inhaltlichen Unterschiede zu anderen Personen? Was können Sie besser als die meisten anderen Mitstreiter?

Stellen Sie Ihre herausragenden Fähigkeiten klar und deutlich dar. Dies ist oft wichtiger für die Vergabe von Arbeitsplätzen als der erzielte Studienabschluss. Hier können Sie deutlich machen, warum das Unternehmen gerade Sie einstellen soll.

Es ist immer von Vorteil, wenn man seine größten beruflichen Erfolge analysiert. Sie können hierbei Ihre Neigungen bestimmen und haben einen weiteren Anhaltspunkt für den besten Arbeitsplatz mit den größten Entwicklungsmöglichkeiten für Sie. Denken Sie dabei auch an besondere Situationen, in denen Sie in einer ungewohnten Lage waren und die Sie dennoch gemeistert haben.

Sie können Ihre Erfolge natürlich auch mit in die Bewerbung einarbeiten. Ein Produkt lässt sich bekanntlich ja am besten mit seinen guten Seiten darstellen. Warum sollten Sie dann Ihre beruflichen Highlights nicht auch für die persönliche Werbung nutzen?

Kompetent Probleme lösen

Man muss sich klarmachen, dass das Berufsleben tagtäglich aus dem Lösen von Problemen für das Unternehmen besteht. Ihre fachlichen Fähigkeiten sollen dazu da sein, Ihrem späteren Arbeitgeber in schwierigen Situationen zu helfen. Machen Sie sich deshalb von vornherein klar, welche Probleme Sie besonders gut lösen können und welche Fähigkeiten Sie dafür mitbringen.

Anhand der folgenden Fragen können Sie sich überlegen, für welchen Bereich der Problemlösung Sie die ideale Person sind. Vergleichen Sie Ihre Antworten auch mit denen der Checkliste zur fachlichen Qualifikation.

Checkliste: So kann ich Probleme lösen

- Gibt es Probleme, die Sie bevorzugt lösen und dies mit besonderem Arbeitseinsatz?
- Welche Probleme würden Sie gern für ein Unternehmen lösen und in welchem Bereich?
- In welchen Unternehmen hätten Sie die Möglichkeit dazu?
- Baut Ihre berufliche Erfahrung auf Ihren fachlichen Qualifikationen auf?
- Welche Berufe im Bereich Finanzdienstleistungen wollen und können Sie aufgrund Ihrer Qualifikationen ausüben?
- Wie könnte man diese Berufszweige und Tätigkeitsfelder beschreiben?
- Wer könnte für diese Tätigkeiten Ihr Arbeitgeber sein? Was müssten deren Strukturen und Merkmale sein?

Jetzt haben Sie Ihre Selbstanalyse beinahe schon hinter sich gebracht. Der letzte Schritt besteht nur noch darin, Ihre Fähigkeiten in eine sinnvolle Reihenfolge zu bringen. Verbinden und ordnen Sie Ihre Fähigkeiten anhand der nun folgenden Checkliste, so dass Schwerpunkte und Knotenpunkte Ihrer Interessen und Qualifikationen entstehen. Benutzen Sie zusätzlich noch Ihr eigenes Gefühl und Ihre Intuition.

Checkliste: Rangfolge der Qualifikationen

- Welche Schwerpunkte ergeben sich, wenn Sie all Ihre Interessen und Fähigkeiten zusammen nehmen?
- Wo liegen die Schwerpunkte Ihrer bisherigen beruflichen Erfahrungen? Haben Sie oftmals gleiche Aufgaben bearbeitet oder ähnliche Probleme gelöst?
- Liegen die Schwerpunkte Ihrer Fähigkeiten sowie Ihrer beruflichen Erfahrungen auf der selben Linie oder gibt es Unterschiede?
- Ergeben sich Schwerpunkte bei Ihren Problemlösungsfähigkeiten?

Ist Ihnen die Selbstanalyse leicht gefallen, und konnten Sie jede Frage klar und deutlich beantworten? Dann hatten Sie wahrscheinlich schon von vornherein genaue Vorstellungen von Ihrer beruflichen Zukunft. Wenn Sie sich jedoch schwer getan haben und es manchmal nicht einfach war, die Fragen präzise zu beantworten, dann sollten Sie die Selbstanalyse erneut durchführen. Folgende Punkte sollten sie dann dabei beachten:

- Lassen Sie sich viel Zeit, notfalls mehrere Tage. Beantworten Sie die Fragen völlig neu und separat.
- Erst wenn Sie erneut durch alle Fragen durch sind, sollten Sie den Vergleich mit Ihren ersten Antworten anstellen.
- Arbeiten Sie die Unterschiede zwischen beiden „Fassungen“ heraus und überlegen Sie sich, wodurch sie zustande gekommen sind.
- Fragen Sie Familienangehörige und Freunde nach ihren Urteilen über Sie. Besondere Eigenschaften lassen sich von außen oft einfacher erkennen.
- Wenn nicht anders möglich, holen Sie sich Rat bei Karriereberatern. Diese Leute sind dazu da, Ihnen bei der Karriereplanung zu helfen, und die Selbstanalyse ist auch ein Teil Ihrer Karriereplanung.

Nach dem Ende Ihrer Selbstanalyse sollten Sie in der Lage sein, genau zu wissen, in welchem Bereich des Finanzdienstleistungsgewerbes Ihre Zukunft liegt. Es ist jedoch wichtig, dass Sie sich nicht streng auf ein einziges Berufsfeld konzentrieren. Am besten ist es, wenn Sie zwei oder drei verschiedene Bereiche angeben können. Ebenso sollten Sie es mit den für Sie in Frage kommenden Unternehmen halten. Ein weiteres Ziel der Selbstanalyse ist es zu wissen, wie die persönlichen beruflichen Entwicklungsmöglichkeiten aussehen und wie Sie sich Ihre Karriere vorstellen.

Beispiel

Wenn Sie die Selbstanalyse beendet haben, könnte sie wie folgt aussehen (dies ist jedoch nur die Kurzform, Ihr eigenes Ergebnis sollte um einiges ausführlicher sein):

- **fachliche Qualifikation:** abgeschlossenes Betriebswirtschaftsstudium
- **Studienschwerpunkt:** Finanzwirtschaft
- **besondere Kenntnisse:** sehr gute Englischkenntnisse, fortgeschritten Französisch, sehr gute EDV-Kenntnisse
- **berufliche Erfahrung:** diverse Praktika, schwerpunktmäßig assistierende Mitarbeit bei einem Vermögensberater
- **zusätzliche Erfahrung:** Erfolge bei privaten Aktienanlagen, erfolgreiche Computerreparaturen, eigene Softwareentwicklungen
- **persönliche Fähigkeiten:** Selbständigkeit, Eigeninitiative, Überzeugungsfähigkeit, Aufgeschlossenheit
- **mögliche berufliche Tätigkeitsfelder:** Beschäftigung im Investment Banking, Laufbahn als Kundenberater, Anlageberatung

- **potenzielle Arbeitgeber:** Großbanken, Onlinebroker, Vermögensberatungen
- **berufliche Wünsche für die Zukunft:** mittelfristig Gründung einer selbständigen Vermögensverwaltungskanzlei

3.2 Recherche

Nachdem Sie sich nun gründlich mit sich selbst auseinander gesetzt haben, ist es an der Zeit, Informationen über die Arbeitswelt einzuholen. Die systematische Suche nach dem passenden Unternehmen für Ihre Bedürfnisse ist mit einer umfangreichen Recherche verbunden. Außerdem benötigt man für eine gezielte Bewerbung Informationen über den Arbeitsmarkt und das Unternehmen, bei dem man sich bewerben möchte.

Durch genaue Kenntnisse über die Arbeitswelt und die Unternehmen signalisieren Sie bereits in der Bewerbungsphase großes Engagement und Interesse. Es zeigt, dass Sie gewillt sind sich einzusetzen. Wenn Sie sich genau mit dem Unternehmen auseinandergesetzt haben, können Sie im Vorstellungsgespräch Fragen wie „Was glauben Sie, wie Sie uns weiterhelfen können?“ leicht und ohne in Bedrängnis zu geraten beantworten.

3.2.1 Arbeitsmarkttendenzen

Bei einer Bewerbung ist es immer wichtig, über die Arbeitsmarktsituation Bescheid zu wissen, nicht zuletzt um die Chancen der eigenen Bewerbung realistisch einschätzen zu können. Eine genaue Analyse hinsichtlich der geforderten Qualifikationen und der angebotenen Arbeitsstellen ist daher Pflichtsache.

Benutzen Sie die Stellenanzeigen in Zeitungen und Zeitschriften nicht nur, um sich auf eine Stelle zu bewerben. Die Summe aller Anzeigen ist vielmehr auch ein Spiegel der gesamten Finanzwelt. Schauen Sie sich an, in welchen Bereichen vermehrt nach Hochschulabsolventen Ausschau gehalten wird. Welche Qualifikationen werden dabei erwartet? Aus jeder Stellenanzeige kann man genau erfahren, welche Aufgaben mit dem Arbeitsplatz verbunden sind, aus welcher Region das Angebot stammt und welche Voraussetzungen man mitbringen muss.

Auch in der Welt der Finanzdienstleister ist nicht mehr alles möglich. Die Verschlechterung der globalen Wirtschaftslage, der dramatische Rückgang der Börsenkurse und der Einbruch bei den unter der Bezeichnung „New Economy" zusammengefassten Unternehmen, dazu der Zusammenbruch alter Traditionsunternehmen und eine Rekordanzahl an Insolvenzen haben gerade das Kreditgewerbe getroffen. Außerdem sehen sich sowohl Banken als auch Versicherungen in einem Prozess des Strukturwandels begriffen, der die Entwicklung neuer Dienstleistungsstrukturen in der Situation erhöhten Kostendrucks erfordert. Erstmalig seit dem Wirtschaftswunder nach 1945 müssen sich Kreditinstitute Gedanken über Personalabbau und Verschlankung ihrer Organisation machen.

Diese dynamischen Entwicklungen müssen bewältigt werden. Und die Erkenntnis, dass dies nur mit gut qualifizierten Mitarbeitern möglich sein wird, liegt nahe. Aus diesem Grund haben auch unter den veränderten Bedingungen Hochschulabsolventen ausgezeichnete Möglichkeiten. Die so genannten High Potentials sind sehr gefragt und werden nach wie vor von den einzelnen Unternehmen stark umworben.

Kreative und junge Mitarbeiter sind und bleiben der Schlüssel für ein erfolgreiches Unternehmen – gerade in Zeiten des Wandels.

Machen Sie allerdings nicht den Fehler, sich deshalb nur unzureichend zu informieren. Auch in der Finanzdienstleistungsbranche gibt es einen harten Konkurrenzkampf um interessante Positionen!

3.2.2 Welche Informationen brauche ich?

Im Allgemeinen gilt: Sobald Sie wissen, auf welchen Zug sie aufspringen wollen, sollten Sie sich über den betreffenden Bereich und die für Sie in Frage kommenden Unternehmen detailliert informieren. Gehen Sie zielgerichtet vor. Die folgenden Checklisten dienen zur Hilfe:

Checkliste: Informationen über das Tätigkeitsfeld

- Welche Rolle spielt Ihr gewünschtes Tätigkeitsfeld in der Finanzwelt?
- Gibt es momentan Probleme in diesem Bereich?
- Mit welchen Innovationen kann dieser Finanzzweig aufwarten?
- Wie sieht die Konkurrenzsituation auf diesem Gebiet aus?
- Gibt es öffentliche Diskussionen und Berichte in den Medien über diesen Bereich?

Über die Unternehmen, für die Sie Interesse zeigen, sollten Sie folgende Informationen recherchieren:

Checkliste: Unternehmensinformationen

- Welche Rechtsform hat das Unternehmen?
- Wer sind die Eigentümer beziehungsweise die Hauptaktionäre?
- Welche Tochtergesellschaften besitzt das Unternehmen?
- Wie ist die finanzielle Situation des Unternehmens, wie hat es sich in den letzten Jahren entwickelt?
- Wer sind Zielgruppen und Hauptkunden?
- Welche Dienstleistungen bietet das Unternehmen an?
- Wie wird das Unternehmen in der Bevölkerung und in der Arbeitswelt gesehen?
- Verkörpert das Unternehmen eine bestimmte Philosophie?
- Wie viele Stellen sind im Unternehmen ausgeschrieben? In welchen Bereichen?
- Wie tritt das Unternehmen in der Öffentlichkeit auf, zum Beispiel durch Werbung und Sponsorentätigkeiten?

3.2.3 Informationsmöglichkeiten

Heutzutage gibt es viele Möglichkeiten, wichtige und nutzwertige Informationen zu finden. Wesentlich für eine lückenlose Recherche ist, dass möglichst viele verschiedene Informationsquellen ausgeschöpft werden. Nutzen Sie so viele Möglichkeiten wie Sie nur können, vielleicht kommen Sie zu ganz neuen und überraschenden Ergebnissen.

Organisationen

Verschiedene Organisationen, Verbände und Behörden bieten die Möglichkeit, sich gezielt zu informieren.

Den Gang zum **Arbeitsamt** sollten Sie auf keinen Fall auslassen. Hier können Sie außer Informationen zu Stellenangeboten auch etwas über die Unternehmen erfahren. Häufig können Ihnen die Angestellten auch weitere Literaturhinweise geben. Zum Arbeitsamt sollten Sie aber genügend Zeit mitbringen. Die Bearbeitung Ihrer Anträge nimmt dort eine gewisse Dauer in Anspruch. Außerdem können oft Wartezeiten entstehen.

Es gibt in Deutschland **Hochschulteams der Arbeitsämter**. Ihre Aufgaben sind:

- Beratung von Studenten hinsichtlich Studienfachwahl und Durchführung des Studiums in einer praxisnahen Art und Weise,
- Informationsveranstaltungen zu den Themen Auslandsstudium, Berufsfelder und Arbeitsmarktsituation,
- Workshops und Seminare zu Bewerbungsstrategien, Jobsuche und Zusatzqualifikationen.

In fast jeder Universitätsstadt gibt es diese Hochschulteams. Sie können auch den direkten Kontakt suchen. Telefonnummer und Adresse erfahren Sie beim Arbeitsamt oder unter www.arbeitsamt.de.

Bei **Verbänden** der Finanzwirtschaft können Sie durch einen Anruf die Basisinformationen von Unternehmen erfragen. Dort erhalten Sie in der Regel Mitgliederverzeichnisse mit den gängigen Basisinformationen wie Bilanzsumme, Zahl der Mitarbeiter, Top-Management. Die meisten dieser Verbände stellen diese Informationen mittlerweile auch ins Internet.

Kontaktieren der folgenden Verbände lohnt sich:

- **Bundesverband deutscher Banken e.V.**
  Burgstraße 28
  10178 Berlin
  Telefon: (030) 1663-0
  Telefax: (030) 1663-1399
  Internet: www.bdb.de

- **Bundesverband der Deutschen Volksbanken und Raiffeisenbanken BVR**
  Postfach 12 04 40
  53046 Bonn
  Telefon: (0228) 509-0
  Telefax: (0228) 509-201
  E-Mail: bvr.bonn@t-online.de

- **Deutscher Sparkassen- und Giroverband**
  Behrensstraße 31
  10117 Berlin
  Telefon: (030) 2 02 25-0
  Telefax: (030) 2 02 25-250
  Internet: www. dsgv.de
  E-Mail: info@dsgv.de

- **Bankenfachverband e.V.**
  Littenstraße 10
  10179 Berlin
  Telefon: (0 30) 2 46 25 96-0
  Telefax: (0 30) 2 46 25 96-20
  Internet: www. bankenfachverband.de
  E-Mail: Service@bankenfachverband.de

- **Verband der Privaten Bausparkassen e.V.**
  Klingelhöferstraße 4
  10785 Berlin
  Telefon: (0 30) 5 90 09 15 00
  Telefax: (0 30) 5 90 09 15 01
  Internet: www.bausparkassen.de
  E-Mail: bausparkassen@vdpb.de

- **BVI Bundesverband Deutscher Investment-Gesellschaften e.V.**
  Eschenheimer Anlage 28
  60318 Frankfurt am Main
  Telefon: (069) 15 40 90-0
  Telefax: (069) 5 97 14 06
  Internet: www.bvi.de
  E-Mail: info@bvi.de

- **Verband der Auslandsbanken in Deutschland e.V.**
  Savignystraße 55
  60325 Frankfurt am Main
  Telefon: (069) 97 59 50-0
  Telefax: (069) 97 58 50-10
  Internet: www.vab.de
  E-Mail: verband@vab.de

- Ge**samtverband der deutschen Versicherungswirtschaft e. V. GDV**
  Friedrichstraße 191
  10117 Berlin
  Telefon: (030) 20 20 50 00
  Telefax: (030) 20 20 60 00
  Internet: www.gdv.de
  E-Mail: berlin@gdv.org

- **Verband öffentlicher Versicherer**
  Hansaallee 177
  40549 Düsseldorf
  Telefon: (0211) 45 54-01
  Telefax: (0211) 45 54-202
  Internet: www.oev.de

- **DEVFP Deutscher Verband Financial Planners e.V.**
  Eschersheimer Landstraße 18
  60322 Frankfurt/Main
  Telefon: (069) 90 55 08 66
  Telefax: (069) 90 55 08 70
  Internet: www.devfp.de
  E-Mail info@devfp.de

Printmedien

Printmedien, wie Bücher, Lexika, Zeitungen, Zeitschriften und Broschüren gehören zu den klassischen Informationsquellen. Sie besitzen meist einen sehr hohen Informationsgehalt. Es ist daher ratsam, sie auf jeden Fall zu Rate zu ziehen.

Ein Angebot für Hochschulabsolventen mit etwas höheren Zielen

Über Ihre berufliche Entwicklung entscheiden Sie schon, bevor sie überhaupt begonnen hat.

Und wenn Sie alles richtig machen wollen, kommen Sie am besten zu uns. Denn wir zählen zu den führenden europäischen Immobilien-Spezialisten und bieten Ihnen ein Aufstiegsprogramm, mit dem Sie auch langfristig ausgezeichnete Perspektiven haben.

Als Teilnehmer der neu gegründeten Aareal Academy erwerben Sie ein Spezialwissen, das Sie in diesem Umfang und dieser Qualität kaum ein zweites Mal finden werden.

- **Schwerpunkt der Aareal Academy ist die nationale und internationale Immobilienfinanzierung**
- **Parallel bieten wir Traineeprogramme in**
  - Information Technology
  - Bilanzen
  - Syndication / Securitization

Parallel zu Theorie und Praxis der Fachgebiete besuchen Sie interne Seminare und informieren sich über die Arbeit anderer Abteilungen. So schaffen Sie beste Voraussetzungen, um schon nach relativ kurzer Zeit verantwortlich bei uns mitzuarbeiten.

Hört sich gut an? Finden wir auch. Aber Sie müssen natürlich auch einiges mitbringen, wenn Sie bei uns starten wollen. Als Basis erwarten wir einen erfolgreichen Hochschulabschluß, z.B. der Wirtschafts- oder Rechtswissenschaften bzw. einen ebenso guten Abschluß als (Wirtschafts-)Mathematiker, (Wirtschafts-)Informatiker, Physiker oder Wirtschaftsingenieur.

Neben Ihrem Fachwissen sollten Sie sehr gutes Deutsch, Englisch und am besten noch eine weitere europäische Sprache mitbringen. Dazu teamorientiertes Denken und Handeln sowie ausgeprägte kommunikative Fähigkeiten.

Junge Damen und Herren, die sich in diesen Anforderungen wiedererkennen, bewerben sich am besten sofort und möglichst online. Bitte beziehen Sie sich dabei auf die Kennziffer GAB 685.

Als börsennotierte Immobilienbank neuen Typs zählt die Aareal Bank Gruppe zu den führenden europäischen Immobilien-Spezialisten. Immobilienfinanzierung, Asset Management und Consulting/Services für die Immobilienwirtschaft ergänzen sich zur perfekten Kombination von zukunftsweisenden Geschäftsfeldern.

Mehr von und über uns sehen Sie im Web: **www.aareal-bank.com**. Sie sollten allerdings keine Höhenangst haben.

Sprechen Sie mit birgid.schlasius@aareal-bank.com, Telefon: 06 11/348-27 15, Konzernstab Personal, Aareal Bank AG, Postfach 2125, 65011 Wiesbaden, Telefax: 06 11/348-29 55

Amsterdam, Brüssel, Kopenhagen, London, Madrid, Mailand, New York, Paris, Prag, Rom, Stockholm, Warschau, Wiesbaden

Aareal Bank

Achten Sie unbedingt darauf, dass Sie nur aktuelles Material für Ihre Recherchen verwenden. Besonders bei Büchern sollten Sie immer nach der neuesten Auflage Ausschau halten. Denken Sie daran: In der heutigen Zeit können Informationen bereits nach kurzer Zeit völlig veraltet sein.

Für Recherchen mit **Büchern, Lexika und Nachschlagwerken** sollte man sich in eine Bibliothek begeben. Einige beispielhafte Bücher für den Bereich Finanzdienstleistungen sind das „Bankenjahrbuch“, und das „Versicherungsjahrbuch“, beide aus dem Hoppenstedt Verlag. Sie werden jährlich neu aufgelegt.

In **Tageszeitungen,** insbesondere der FAZ und dem Handelsblatt, und in einer Vielzahl von **Fachzeitschriften** kann man die aktuellsten Informationen finden. Die neuesten Nachrichten über die Finanzwelt wie Fusionspläne oder Börsengänge werden hier nebst Hintergrundinformationen dargestellt. Oftmals kann man sogar interne Informationen aus den Unternehmen finden.

Wenn Sie sich jedoch bereits für ein bestimmtes Unternehmen interessieren, Fragen Sie doch einfach nach **Firmenbroschüren**. Die Unternehmen sind meist gern bereit, Informationsmaterial zuzuschicken. Hierbei können Sie sich auch gleich über Trainee-Programme und andere Einstiegsmöglichkeiten sowie berufliche Entwicklungschancen im Unternehmen informieren. Firmenbroschüren kann man telefonisch, per Post oder E-Mail in den Personal- und Marketingabteilungen der Unternehmen anfordern.

Internet

Heutzutage ist das Internet die wohl einfachste und schnellste Möglichkeit sich zu informieren.

Online-Präsentation von Unternehmen

Nicht nur für erwachsen gewordene Internetkids, sondern auch für die Unternehmen ist Electronic Recruiting ein ernst zu nehmendes Thema geworden. Die speziellen Karriereseiten von Unternehmenspräsentationen werden immer beliebter. Auch Sie sollten diese bei Ihrem Informationsfeldzug nicht auslassen.

Nahezu jedes Unternehmen präsentiert sich mittlerweile sehr aufwendig im Internet. Im Grunde kann man fast alle relevanten Fakten über die Homepages der Unternehmen abrufen. Man findet Informationen über das Unternehmen, dessen momentane Stellenangebote, Trainee-Programme und die vorhandenen Berufsaufstiegschancen. Selbst detaillierte Geschäftsberichte können Sie sich meist problemlos als pdf-File auf Ihren Rechner herunterladen. Sie können sich sogar meist per E-Mail direkt bewerben (dazu später mehr).

Wenn Sie die Internetadressen der Unternehmen nicht kennen, so können Ihnen die gängigen Suchmaschinen helfen, die für Sie interessanten Adressen ausfindig zu machen.

Es besteht zusätzlich noch die Möglichkeit, sich bei Jobbörsen im Internet über Stellenangebote zu informieren oder auch selbst Stellengesuche veröffentlichen. Dieser Service ist für den Suchenden in der Regel kostenfrei. Dies ist eine gute Möglichkeit, sich einen Gesamtüberblick über die Stellenmarktsituation zu verschaffen. Achten Sie jedoch auf die Aktualität der Seiten. Manchmal versäumen es die Betreiber solcher Börsen, veraltete Angebote rechtzeitig aus dem Verkehr zu ziehen.

Die Zahl der Jobbörsen im Internet steigt rasant. Mit über 450 Jobbörsen im Netz ist der Online-Stellenmarkt in Deutschland aber auch extrem unübersichtlich geworden. Waren es bislang nur bestimmte, meist im EDV-Bereich tätige Berufsgruppen, die über das Internet vermittelt wurden, so hat sich der Markt mittlerweile enorm ausgeweitet. Fast alle überregionalen Tageszeitungen haben ihre Stellenangebote mit eigenen Jobbörsen im Netz oder sind zumindest an einer der großen beteiligt:

- *www.sueddeutsche.de/jobcenter*
- *www.faz.net/stellenmarkt*
- *www.jobs.zeit.de*
- *www.welt.de*
- *www.jungekarriere.com* (Jobservice des Handelsblatts)

Die Vielzahl der existierenden Jobbörsen hat dazu geführt, dass es mittlerweile Internetseiten gibt, die sich bemühen, Licht in den Dschungel der Online-Rekrutierung zu bringen.

Unter *www.crosswater-systems.com* findet sich eine aktuelle (August 2002) Liste der Jobbörsen nach verschiedenen Kriterien geordnet, die es ermöglicht, auch den dynamischen Wandel auf diesem Gebiet nachzuvollziehen. Übersicht für Ihre Jobsuche im Netz gewinnen Sie auch bei *www.jobsoverview.de.* Hilfreich ist eine non-profit-Initiative der Universität Augsburg, *www.jobdirectory.de,* die – gut gepflegt – den größten Teil der Internetangebote zum Thema Jobsuche zusammengetragen hat. Zur schnelleren Suche existieren bereits auch Meta-Jobsuchmaschinen, die in etwa 20 gängigen Stellenbörsen gemäß einem eingegebenen Suchprofil nach dem Traumjob fahnden (*www.jobdirectory.de, www.jobrobot.de*).

Die meisten Online-Stellenangebote finden sich zwar immer noch beim Arbeitsamt, jedoch ist weiterer Service dort nicht vorgesehen. Ansonsten ist eine Marktbereinigung unter den Jobbörsen im Gange. Der Trend geht zu einer noch stärkeren Segmentierung der Zielgruppen, Branchen und Regionen. Darüber hinaus haben sich die großen und renommierten Jobbörsen professionalisiert und zu Serviceportalen in Sachen Jobsuche entwickelt. Das interaktive Element wird stark forciert: Bei einigen der Angebote können Sie mittlerweile Ihr Profil einstellen und werden per E-Mail über neu eingehende Stellenangebote informiert, die zu Ihrem Profil passen. Aber Vorsicht: Mit der Einstellung Ihrer Bewerberdaten geben Sie persönliche Daten weiter und nur circa sieben Prozent der Unternehmen weisen darauf hin, dass die Bewerberdaten beim Versenden ungeschützt sind.

Hier nun die 15 Jobbörsen mit den meisten Angeboten nach einer Untersuchung der Stiftung Warentest (4/2002):

- *www.arbeitsamt.de*
- *www.worldwidejobs.com*
- *www.versum.de*
- *www.jobpilot.de*
- *www.stellenmarkt.de*
- *www.stepstone.de*
- *www.jobonline.de*
- *www.stellenanzeigen.de*
- *www.monster.de*
- *www.jobmonitor.com*
- *www.jobscout24.de*
- *www.jobs.com*
- *www.jobware.de*
- *www.mamas.de*

Nur die wenigste sind jedoch auf eine bestimmte Branche zugeschnitten. Sehr oft gehen die Betreiber auch eher von den Wünschen der Jobsuchenden und weniger von einem Branchenprofil aus.

Deshalb lohnt es sich immer, die Fachzeitschriften der Kreditwirtschaft und des Versicherungsgewerbes zu durchforsten. Auch hier existieren vereinzelt Online-

Angebote. So zum Beispiel für die Sparkassenorganisation in der Sparkassenzeitung oder in der gerade erst eröffneten Jobbörse des Bankmagazins:

- *www.sparkassenzeitung.de*
- *www.bankmagazin.de*

Als weitere auf Stellenvermittlung speziell im Kredit- und Versicherungsgewerbe spezialisierte Jobbörsen befinden sich folgende Angebote online:

- *www.bankjob.de*
- *www.assekuranz-stellenmarkt.de*
- *www.adcom-personal.de*

Und last but not least existiert auch eine Jobbörse, die sich auf Hochschulabsolventen spezialisiert hat:

- *www.berufsstart.de*

Da auch von Seiten der Unternehmen der Online-Bewerbungsmarkt immer interessanter wird, hat sich auch die Tester-Branche der Jobbörsen angenommen. Die Zeitschrift com!online veröffentlichte 6/2001 Ihren Jobbörsentest. Ebenso beschäftigte sich die Stiftung Warentest mit diesem Thema: Jobbörsen im Internet (4/2002).

Weitgehend ausländische Jobbörsen können Sie finden, indem Sie internationale Suchmaschinen wie www.altavista.com, www.lycos.com oder www.yahoo.com aufrufen. Geben Sie dort als Suchbegriff die Wörter „job" oder „employment" plus Ländername ein. Wenn Sie sich zum Beispiel für Adressen von Jobbörsen in den Vereinigten Staaten interessieren, so müssen Sie als Suchbegriff „job+usa" eintippen. Für Österreich dementsprechend „job+austria". Als Suchergebnisse erhalten Sie die entsprechenden Jobbörsen im gewünschten Land.

Recruiting und Events

Die meisten Finanzdienstleister betreiben aktives Marketing, um Hochschulabsolventen für sich zu gewinnen. Sie führen deshalb häufig Veranstaltungen für Studenten direkt in den Hochschulen durch. Mehrmals im Jahr gibt es Hochschulmessen, bei denen sich die Unternehmen präsentieren und über Berufschancen und Arbeitsmöglichkeiten in ihren Häusern Auskunft geben. Diese Veranstaltungen sind eine optimale Möglichkeit, gleich mehrere Fliegen mit einer Klappe zu schlagen. Mit etwas Glück können Sie bereits hier erste interessante Kontakte knüpfen.

Seit einigen Jahren gibt es neben den meist von Hochschulen veranstalteten Hochschultagen spezielle Veranstalter von so genannten Recruiting Events. Die Idee ist, über einen Dienstleister die Unternehmen und die gesuchten High Potentials zusammen zu bringen. Zu diesen oft mehrtägigen Recruiting Workshops muss man sich bewerben. Meistens sind sie auf bestimmte Branchen zugeschnitten. Die Recruitingveranstalter verstehen sich sowohl als Partner der Unternehmen, für die diese Veranstaltungen kostenpflichtig sind, als auch der Hochschulabsolventen, denen Kontakt zu den „richtigen Gesprächspartnern" geboten werden soll.

Hochschulevents und Recruitingveranstaltungen sollten Sie keinesfalls auslassen, wenn Sie sich ernsthaft für einen Job interessieren. Wie das Internetportal *www.4students.com* in einer Umfrage herausgefunden hat, sind diese Events für Unternehmen das zweitwichtigste Recrutierungsinstrument. Die Bewerber dagegen hätten das Potenzial dieser Messen noch nicht richtig erkannt. Für sie rangieren Jobmessen erst an siebter Stelle der Beliebtheitsskala. Weniger genutzt ist nur das Arbeitsamt.

Dies mag daher kommen, dass der Markt der Career Events alles andere als übersichtlich ist. Die Anzahl der Veranstaltungen hat extrem zugenommen. Um sich in der verwirrenden Vielfalt zurecht zu finden, sollten Sie zwischen Veranstaltungen mit und ohne Vorauswahl unterscheiden. Um sich erst einmal einen groben Überblick über Unternehmen und Karrierewege zu verschaffen ist sicher eine offene Messe wie Unicum, Karrieretag oder Absolventenkongress das richtige. Wer jedoch ernsthaft einen Job sucht, sollte sich eine Veranstaltung mit Vorauswahl wie zum Beispiel Access, Characters oder Career Days aussuchen. Die Chancen auf ein konkretes Jobangebot sind hier deutlich höher.

Auf einen Recruitingworkshop mit Vorauswahl der Teilnehmer sollten Sie sich vorbereiten wie auf ein Vorstellungsgespräch. Die Strukturierung der Veranstaltung liegt hier ohnehin nicht in Ihrer Hand. Anders ist es bei Messen.

Checkeckliste: Besuch von Kontaktmessen

- Lassen Sie sich schon vor der Messe einen Ausstellerkatalog zusenden oder informieren Sie sich über die beteiligten Unternehmen in Internet.
- Wählen Sie die für Sie interessanten Unternehmen aus und legen Sie eine Rangfolge fest, damit Sie wissen, auf welches Gespräch Sie bei Zeitmangel am ehesten verzichten können.
- Versuchen Sie konkrete Gesprächstermine zu vereinbaren. Die ist zum Teil über die Veranstalter der Messe zum Teil aber auch über die Unternehmen selbst möglich.

- Informieren Sie sich über Ihre Wunschunternehmen.
- Machen Sie sich schick! – Sie möchten doch als potenzieller Mitarbeiter wahrgenommen werden.
- Nehmen Sie einige Kurzbewerbungen mit, die unbedingt auch ein gutes Foto von Ihnen enthalten sollten.
- Machen Sie sich Notizen über jedes geführte Gespräch und Ihre Gesprächspartner und heben Sie die Visitenkarten gut auf. Sie sind bei einen weiteren Kontakt oft der Schlüssel zum Unternehmen.

Damit Sie keinen Termin verpassen, gibt es hier einen Überblick über die bereits bekannten Termine von Hochschulmessen und Career Events:

Hochschulmessen und Career Events

Ort	Termin		Event	Veranstalter
Oktober 2002				
Dortmund	02.10.2002	CareerVenture IT-Informatik /Wirtschaftsinformatiker, sowie Wirtschaftswissenschaftler mit Informatikorientierung	CareerVenture	*www.career-venture.de*
Bonn-Bad Godesberg	07.-09.10.2002	Access first-Recruiting Workshop/Consulting	Access	*www.access.de*
Berlin	15.10.2002	*meet@fhw-berlin*	IQB Career Services AG	*www.iqb2.de*
Bonn-Bad Godesberg	14.-16.10.2002	Access first / Finance & Controlling	Access	*www.access.de*
Mannheim	16.10.2002	Deutsche Bank - Graduate Panel/Finance	Deutsche Bank AG	*http://career-deutsche-bank.com*
Wiesbaden	16.10.2002	*meet@fh-wiesbaden 1*	IQB Career Services AG	*www.iqb2.de*
Wiesbaden	17.10.2002	*meet@fh-wiesbaden 2*	IQB Career Services AG	*www.iqb2.de*
Bonn-Bad Godesberg	16.-18.10.2002	Access first / E-Business	Access	*www.access.de*
Frankfurt	18.10.2002	JOBcon Finance	IQB Career Services AG	*www.iqb2.de*
München	14.-18.10.2002	Systems- Internationale Fachmesse für Informationstechnik, Telekommunikation und Neue Medien	Messe München	*www.messe-muenchen.de*
Schloss Montabaur	18.-20.10.2002	Access next / Consulting	Access	*www.access.de*
Berlin	23.10.2002	Deutsche Bank – Graduate Panel/Finance	Deutsche Bank AG	*http://career-deutsche-bank.com*
Internet	23.10.2002	virtuelle Veranstaltung im Internet; 13 – 18 Uhr	Jobfair24 GmbH	*www.jobfair24.de*
Köln	23.10.2002	JURAcon	IQB Career Services AG	*www.iqb2.de*
Bonn-Bad Godesberg	23.-25.10.2002	Access first / Investment Banking	Access	*www.access.de*
Bonn-Bad Godesberg	25.-27.10.2002	Access next / Information Technology	Access	*www.access.de*
Darmstadt	29.10.2002	*meet@fh-darmstadt*	IQB Career Services AG	*www.iqb2.de*
Hannover	30.10.2002	JURAcon	IQB Career Services AG	*www.iqb2.de*
Frankfurt(Main)	29.-31.10.2002	European Banking Technology Fair / Bankwesen und Finanztechnologie	Messe Frankfurt	*www.messe-frankfurt.de*
November 2002				
Dresden	06.11.2002	FirmenKontaktGespräche	AIESEC	*www.de.aiesec.org*
Nürnberg	06.11.2002	Deutsche Bank - Graduate Panel/Finance	Deutsche Bank AG	*http://career-deutsche-bank.com*

Ort		Termin	Event	Veranstalter
Berlin	06./07.11.2002	Firmenkontaktmesse	Bonding-Studenteninitiative e.V.	*www.bonding.de*
Fulda	07.11.2002	*meet@fh-fulda*	IQB Career Services AG	*www.iqb2.de*
Stuttagart	08.-09.11.2002	HiTech Career Exchanges 2002	BrassRing	*www.brassring.de*
Düsseldorf	12.11.2002	Karrieretag – Informationstechnologie, Engineering	Karrieretag GmbH	*www.karrieretag.de*
Köln	12.11.2002	Deutsche Bank - Graduate Panel/Finance	Deutsche Bank AG	*http://career-deutsche-bank.com*
Internet	13.11.2002	virtuelle Veranstaltung im Internet, 13 – 18 Uhr	Jobfair24 GmbH	*www.jobfair24.de*
Leipzig	13.11.2002	FirmenKontaktGespräche	AIESEC	*www.de.aiesec.org*
Dresden	14.11.2002	*meet@htw-dresden*	IQB Career Services AG	*www.iqb2.de*
Goettingen	14.11.2002	PraxisBörse2002 – Berufsinformations- und Hochschulkontaktmesse	Uni-Göttingen	*www.career.uni-goettingen.de*
Juan-les-Pins,Còte d´Azur	15.11.2002	Access Europe / Technology	Access	*www.access.de*
Berlin	17.-19.11.2002	Careergarden Information Technology, Engineering, Finance, Sales & Marketing, Consulting	Careergardens Germany	*www.careergardens.de*
Dresden	19.11.2002	CampusChances	CampusConcept	*www.campusconcept.de*
Jena	19.11.2002	FirmenKontaktGespräche	AIESEC	www.de.aiesec.org
Karlsruhe	17.-19.11.2002	Firmenkontaktmesse	Bonding-Studenten-initiative e.V.	*www.bonding.de*
Mannheim	20.11.2002	FirmenKontaktGespräche	AIESEC	*www.de.aiesec.org*
Pforzheim	21.11.2002	FirmenKontaktGespräche	AIESEC	*www.de.aiesec.org*
Frankfurt	22.11.2002	Auditing & Tax fall	CareerVenture	*www.career-venture.de*
Frankfurt	22.11.2002	Jura fall	CareerVenture	*www.career-venture.de*
München	22./23.11.2002	HiTech Career Exchanges 2002	BrassRing	*www.brassring.de*
Regensburg	25.11.2002	CampusChances – Job-Kontaktmesse	CampusConcept	*www.campusconcept.de*
Hamburg	25./26.11.2002	Firmenkontaktmesse	Bonding-Studenten-initiative e.V.	*www.bonding.de*
Trier	26.11.2002	FirmenKontaktGespräche	AIESEC	www.de.aiesec.org
Berlin	27.11.2002	JURAcon	IQB Career Services AG	*www.iqb2.de*
Köln	27./28.11.2002	15.Deutscher Absolventen-Kongress	forum Verlag GmbH	*www.absolventenkongress.de*
Köln	27./28.11.2002	InTop	forum Verlag GmbH	*www.absolventenkongress.de*
Dezember 2002				
Köln	02./03.12.2002	forum consulting-days	forum Verlag GmbH	*www.forum-jobline.de*
Köln	02./03.12.2002	Consulting-days	forum Verlag GmbH	*www.consulting-days.de/*
München	03.12.2002	CampusChances – Job-Kontaktmesse	CampusConcept	*www.campusconcept.de*
Stuttgart	03.12.2002	JURAcon	IQB Career Services AG	*www.iqb2.de*
Würzburg	03.12.2002	FirmenKontaktGespräche	AIESEC	*www.de.aiesec.org*
Frankfurt	05.12.2002	JOBcon	IQB Career Services AG	www.iqb2.de
Mannheim	05.12.2002	CampusChances – Job-Kontaktmesse	CampusConcept	*www.campusconcept.de*
Stuttgart & Hohenheim	05.12.2002	FirmenKontaktGespräche	AIESEC	*www.de.aiesec.org*
Frankfurt	04.-06.12.2002	Access first / Logistics	Access	*www.access.de*
Aachen	09./10.12.2002	Firmenkontaktmesse initiative e.V.	Bonding-Studenten-	*www.bonding.de*

Ort		Termin	Event	Veranstalter
Bremen	10.12.2002	CampusChances – Job-Kontaktmesse	CampusConcept	*www.campusconcept.de*
Internet	11.12.2002	virtuelle Veranstaltung im Internet, 13 – 18 Uhr	Jobfair24 GmbH	*www.jobfair24.de*
Münster	12.12.2002	CampusChances – Job-Kontaktmesse	CampusConcept	*www.campusconcept.de*
Januar 2003				
Ingolstadt	13.01.2003	FirmenKontaktGespräche	AIESEC	*www.de.aiesec.org*
Jena	13.01.2003	CampusChances	CampusConcept	*www.campusconcept.de*
Tübingen-Reutlingen	14.01.2003	FirmenKontaktGespräche	AIESEC	*www.de.aiesec.org*
Kaiserslautern	15.01.2003	Firmenkontaktmesse	Bonding-Studenten-initiative e.V.	*www.bonding.de*
Leipzig	15.01.2003	CampusChances	CampusConcept	*www.campusconcept.de*
Bonn-Bad Godesberg	15.-17.01.2003	Access-first / Banking	Access	*www.access.de*
Kiel	21.01.2003	CampusChances	CampusConcept	*www.campusconcept.de*
München	21.01.2003	*meet@uni-muenchen*	IQB Career Services AG	*www.iqb2.de*
Berlin	22.01.2003	*meet@tfh-berlin*	IQB Career Services AG	*www.iqb2.de*
Hannover	23.01.2003	CampusChances	CampusConcept	*www.campusconcept.de*
Bonn-Bad Godesberg	22.-24.01.2003	Access first / Information Technology	Access	www.access.de
Stuttgart	28.01.2003	CampusChances	CampusConcept	*www.campusconcept.de*
Bonn-Bad Godesberg	27.-29.01.2003	Access first / Finanace & Controling	Access	*www.access.de*
Osnabrück	29.01.2003	*meet@uni-osnabrueck*	IQB Career Services AG	*www.iqb2.de*
Februar 2003				
Hamburg	20.02.2003	JURAcon	IQB Career Services AG	*www.iqb2.de*
März 2003				
Dresden	13.03.2003	JURAcon	IQB Career Services AG	*www.iqb2.de*
München	27.03.2003	JURAcon	IQB Career Services AG	*www.iqb2.de*
April 2003				
Potsdam	April 2003	*meet@uni-potsdam*	IQB Career Services AG	*www.iqb2.de*
Bonn-Bad Godesberg	09.-11.04.2003	Access first / Consulting	Access	*www.access.de*
Bonn-Bad Godesberg	14.-16.04.2003	Access first / Finance & Controling	Access	*www.access.de*
Bonn-Bad Godesberg	23.-25.04.2003	Access first / Insurance Management	Access	*www.access.de*
Mai 2003				
Frankfurt	06.05.2003	JURAcon	IQB Career Services AG	*www.iqb2.de*
Frankfurt	15.05.2003	*meet@fh-frankfurt*	IQB Career Services AG	*www.iqb2.de*
Hannover	21.05.2003	*meet@fh-hannover*	IQB Career Services AG	*www.iqb2.de*
Aachen	26.05.2003	CampusChances	CampusConcept	*www.campusconcept.de*
Köln	28.05.2003	CampusChances	CampusConcept	*www.campusconcept.de*
Schloss Montabaur	30.05.-01.06.2003	Access next / Finance & Controlling	Access	*www.access.de*
Juni 2003				
Karlsruhe	03.06.2003	CampusChances	CampusConcept	*www.campusconcept.de*
Konstanz	05.06.2003	CampusChances	CampusConcept	*www.campusconcept.de*
Hamburg	17.06.2003	CampusChances	CampusConcept	*www.campusconcept.de*
Bonn-Bad Godesberg	16.-18.06.2003	Access first / Marketing & Sales	Access	*www.access.de*
Berlin	19.06.2003	CampusChances	CampusConcept	*www.campusconcept.de*
Frankfurt am Main	24.06.2003	CampusChances	CampusConcept	*www.campusconcept.de*
Kassel	24.06.2003	*meet@uni-kassel*	IQB Career Services AG	*www.iqb2.de*

Ort		Termin	Event	Veranstalter
Bonn-Bad Godesberg	23.-25.06.2003	Access first / Financial Services	Access	*www.access.de*
Passau	26.06.2003	CampusChances	CampusConcept	*www.campusconcept.de*
Bonn-Bad Godesberg	25.-27.06.2003	Access first / Information Technology	Access	*www.access.de*
Dezember 2003				
Münster	12.12.2003	CampusChances	CampusConcept	*www.campusconcept.de*

Die Anmeldemodalitäten sowie die Liste der präsentierenden Unternehmen entnehmen Sie bitte dem Internet. Eine gute Zusammenstellung der wichtigsten Veranstaltungen an den Hochschulen wird vom Handelsblatt – Junge Karriere (*www.jungekarriere.de*) und von der Hochschulzeitschrift UNICUM (http://karriere.unicum.de) gepflegt.

3.3 Was das Unternehmen von mir erwartet?

Sie sind Hochschulabsolvent und haben zusätzlich Ihre Promotion mit summa cum laude abgeschlossen? Selbstverständlich können Sie eine abgeschlossene Banklehre vorweisen und haben schon drei Jahre Berufserfahrung im Ausland. Zu Computern haben Sie natürlich eine besondere Beziehung, und Sie sind Meister im Programmieren. Betreiben Sie in Ihrer Freizeit Leistungssport und haben kürzlich nur knapp die Olympiateilnahme verpasst? Eigenschaften wie Teamfähigkeit, Durchsetzungsvermögen, Leistungsbereitschaft und Kreativität sind selbstverständlich. Ach, und Sie sind noch nicht einmal 30 Jahre alt? Herzlichen Glückwunsch, Sie sind der Traumkandidat eines jeden Unternehmens.

Keine Angst, ein solches Genie müssen Sie nicht sein, um eine interessante Position mit hervorragenden Entwicklungschancen zu bekommen. Aber genauso wie Sie Ihre Vorstellungen von einem idealen Arbeitsplatz haben, wünschen sich die Unternehmen den idealen Bewerber, mit dem sie offene Positionen besetzen können. Deshalb werden Ihre Fähigkeiten in der Bewerbungsphase analysiert und geprüft. Die beste Möglichkeit dazu hat das Unternehmen im Vorstellungsgespräch. Bewertet werden in der Regel die sogenannten Hard Skills und die Soft Skills.

Als Hard Skills bezeichnet man die Fähigkeiten und Anforderung fachlicher Art. Es wird auf Ihren Studienverlauf, Ihre Studiendauer, Ihre zusätzlichen Qualifikationen, die Abschlussnote sowie berufliche Erfahrungen und auf Ihr Alter geschaut.

Diese Fakten sind sehr einfach nachzuprüfen. Sie sind die ersten Ausschlusskriterien im Bewerbungsprozess. Bereits anhand Ihrer eingesandten Bewerbungsunterlagen kann man genau sehen, ob Sie die für die ausgeschriebene Position benötigten Anforderungen besitzen.

Anforderungen, die Ihre persönlichen Fähigkeiten betreffen, wie Einsatzbereitschaft, Teamfähigkeit oder praxisorientiertes Denken nennt man Soft Skills. Diese Fähigkeiten sind sehr schwer nachzuprüfen und können nur im Verlauf eines Vorstellungsgesprächs getestet werden.

3.3.1 Hard Skills

Unternehmen legen besonderen Wert auf bestimmte Hard Skills und dies auch in einer bestimmten Reihenfolge:

- praxisorientiertes Studium,
- praktische Erfahrung und Praktika,
- Fremdsprachenkenntnisse, vor allem Englisch und Französisch,
- EDV-Kenntnisse,
- abgeschlossenes Studium an einer staatlichen Universität,
- belegte Fächer im Studium,
- Studiendauer (nicht mehr als 10 Semester),
- Abschlussnote (2,0 oder besser),
- Lehre/Berufsausbildung,
- Alter (maximal 30 Jahre),
- Auslandsaufenthalt,
- Diplomarbeitsthema,
- sonstige Tätigkeiten,
- Abiturnote,
- Note des Vordiploms,
- MBA,
- Promotion.

Praktische Erfahrung vor dem Berufsstart wird in den meisten Unternehmen als die wichtigste Anforderung an einen Bewerber gesehen. Erstaunlicherweise sind zusätzliche Abschlüsse wie MBA oder der Doktortitel beim Berufseinstieg keine großen Entscheidungskriterien für die Unternehmen.

Dies kann sich später dramatisch ändern! In vielen Unternehmen werden Positionen ab einer bestimmten Hierarchiestufe vornehmlich mit Titelträgern besetzt. Sie müssen sich also schon sehr früh überlegen, ob Sie sich vorstellen können, diese Positionen im mittleren und Top-Management anzustreben.

3.3.2 Soft Skills

Die bei den Unternehmen favorisierte Reihenfolge der Soft Skills:

- Leistungsbereitschaft,
- Einsatzwillen,
- Kommunikationsfähigkeit,
- Teamfähigkeit,
- Aufnahmefähigkeit,
- Problemlösungsvermögen,
- praxisorientiertes Denken,
- Bereitschaft, Verantwortung zu übernehmen,
- Belastbarkeit,
- persönliches Erscheinungsbild,
- Zielstrebigkeit,
- Flexibilität,
- Selbständigkeit,
- Mobilität.

Über die Hälfte der Unternehmen stufen die fachlichen Qualifikationen höher ein als die persönlichen Fähigkeiten. Ungefähr ein Viertel der Unternehmen empfinden beide Qualifikationsbereiche als gleich wichtig.

Es gibt auch noch Kriterien, die Sie ganz aktiv in der Bewerbung beeinflussen können. Sollten Sie es schaffen, durch Ihr Auftreten Sympathien zu erzeugen, so haben Sie ganz gewiss einen riesigen Vorteil gegenüber anderen Bewerbern.

Um Sympathien in der Bewerbungsphase zu wecken, ist es wichtig folgende Eigenschaften zu zeigen:

- Identifikation mit dem Unternehmen,
- Vertrauenswürdigkeit,
- Fähigkeit sich anzupassen,
- gute Ausdrucksfähigkeit.

3.3.3 Stellenanzeigen richtig deuten

Mit einer ausgeschriebenen Stelle sind immer ganz bestimmte Erwartungen und Anforderungen verbunden. Informationen darüber kann man aus jedem Stellenangebot genau herauslesen.

Um sich erfolgreich bewerben zu können, müssen die gestellten Anforderungen genau mit den eigenen Fähigkeiten übereinstimmen. Bewerbungen auf Stellen, deren Anforderungen Sie nicht gewachsen sind, sind verlorene Zeit. Die Erfolgsaussichten sind äußerst gering.

Es ist deshalb wichtig, die Stellenanzeigen genau zu analysieren. Lesen Sie sich als ersten Schritt die gesamte Anzeige sorgfältig durch. Wenn Sie anschließend ein gutes Gefühl haben, sollten Sie sich sie Anzeige noch einmal genauer anschauen. Berücksichtigen Sie dabei folgende Punkte:

- **„Unser Unternehmen ist ...“ oder „Wir sind ...“**
  Dies zeigt an, in welchem Bereich das Unternehmen tätig ist und wie es seine Rolle sieht. Überlegen Sie sich, ob das Unternehmen aufgrund dieser Information für Sie in Frage kommen kann.
- **„Wir suchen ...“ oder „Wir besetzen ...“**
  Hier wird die zu vergebende Stelle dargestellt. Eventuell kann man sogar etwas über die Aufgaben, die mit dem Arbeitsplatz verbunden sind, erfahren. Überprüfen Sie, ob diese Stelle Sie reizen könnte.
- **„Sie sind ...“ oder „Wir erwarten ...“**
  In dieser Passage der Stellenanzeige ist formuliert, wie der ideale Kandidat für das Unternehmen aussieht. Hier entscheidet sich also, ob Sie aufgrund Ihrer Qualifikationen für die angebotene Stelle geeignet sind. Achten Sie besonders auf die Wortwahl.

Formulierungen wie „Sie haben bereits einige Zeit im Ausland verbracht..." bedeuten, dass es eine absolute Muss-Voraussetzung ist, schon mindestens einen längeren Auslandsaufenthalt absolviert zu haben. Qualifikationen, die in der Anzeige mit Einleitungen wie „Sie haben...", „Sie sind..." oder „Wir erwarten..." müssen unbedingt erfüllt werden.
Floskeln wie „Idealerweise...", und „Von Vorteil wäre es..." beschreiben Fähigkeiten, die für das Unternehmen wünschenswert sind. Dies sind zwar keine Bedingungen, jedoch sollten Sie zumindest ähnliche Eigenschaften besitzen.

- **„Wir können ... bieten"**
  Wenn sich mit der angebotenen Arbeitsstelle besondere Möglichkeiten ergeben, so werden sie in diesem Teil der Anzeige angesprochen. Passen sie zu Ihren Vorstellungen?

- **„Schicken Sie ..." oder „Wenn Sie interessiert sind ..."**
  Zum Schluss werden Sie aufgefordert, sich zu bewerben. Beachten Sie dabei, welche Unterlagen für die Bewerbung benötigt werden. Schicken Sie die Unterlagen an die angegebene Adresse. Den Namen des Ansprechpartners sollten Sie als Adressaten Ihres Bewerbungsschreibens benutzen. Sollte eine Telefonnummer angegeben sein, so können Sie sich vor dem Absenden der Unterlagen noch einmal informieren. Eine Bewerbung per E-Mail sollten Sie nur dann in Betracht ziehen, wenn dies auch gewünscht ist.

Sie sollten sich nur auf eine Stelle bewerben, wenn die geforderten Qualifikationen zu mindestens 80 Prozent mit Ihren Fähigkeiten und Wünschen übereinstimmen.

3.4 Verschiedene Bewerbungsmöglichkeiten

Es gibt heutzutage viele verschiedene Möglichkeiten, sich zu bewerben. Man sollte sich nicht nur passiv auf Stellenangebote bewerben. Es ist wichtig, auch aktiv einem Unternehmen zu signalisieren, dass man verfügbar ist. Nicht alle offenen Stellen werden über den klassischen Weg besetzt. Je mehr Bewerbungswege Sie nutzen, umso größer sind Ihre Erfolgsaussichten.

3.4.1 Agieren statt Reagieren – aktive Bewerbung

Noch vor einigen Jahren waren die Erfolgschancen von aktiven Bewerbungen nicht besonders hoch. Doch der Trend hat sich gewandelt. Viele Hochschulabsolventen empfinden heute schon, dass die Bewerbung aus eigener Initiative die beste Strategie ist, um einen attraktiven Arbeitsplatz zu bekommen. Die passive Bewerbung auf ein Stellenangebot in einer Zeitung ist zwar immer noch die populärste Methode, doch die Anzahl an aktiven Bewerbungen steigt stetig.

Initiativbewerbung

Für die Initiativbewerbung brauchen Sie eine genaue Kenntnis Ihres Leistungsvermögens und der Anforderungen verschiedener Arbeitgeber. Man überlegt sich, welche Arbeitgeber genau das gebrauchen können, was einem selbst liegt und was man kann. Man bewirbt sich dann einfach mal bei einem Unternehmen, von dem man denkt, dass es interessante Positionen zu vergeben hat.

Für eine Initiativbewerbung erstellen Sie Ihre Unterlagen genauso wie für eine klassische Bewerbung. Diese werden dann komplett an das Unternehmen geschickt.

Der Vorteil dieser Methode ist, dass Sie der einzige Bewerber sind. Sie müssen sich nicht wie bei der passiven Bewerbung gegen Hunderte von Mitstreitern durchsetzen. Sollte wirklich ein Bedarf an qualifizierten Arbeitnehmern in diesem Unternehmen vorliegen, so haben Sie mit dieser Methode die besseren Chancen.

Kurzbewerbung

Genauso wie bei der Initiativbewerbung handelt es sich bei der Kurzbewerbung ebenfalls um eine aktive Bewerbungsform. Sie wenden sich auch hier auf Verdacht an Unternehmen, die möglicherweise noch ihr Arbeitskräftepotenzial aufstocken wollen.

Anders als bei der Initiativbewerbung verschicken jedoch nicht Ihre sämtlichen Unterlagen. Man verfasst nur ein Schreiben, das nicht länger als eine DIN-A4-Seite sein sollte.

Erfahrungen haben ergeben, dass man auf etwa 10 Prozent seiner Kurzbewerbungen Rückmeldungen erhält. Dann werden die kompletten Unterlagen angefordert, oder man wird sogar direkt zum Gespräch eingeladen. In diesen Fällen sind Sie der einzige Kandidat.

Diese Erfolgsquote ist sehr hoch, wenn man bedenkt, dass der Aufwand einer Kurzbewerbung um ein Vielfaches geringer ist als bei einer vollständigen Bewerbung. Viele Personalexperten empfehlen daher diesen Weg als „Königsmethode“ der Bewerbung.

Beim Verfassen einer Kurzbewerbung sollten Sie darauf achten, dass folgende Punkte in Ihren Anschreiben enthalten sind:

Checkliste: Kurzbewerbung

- eigene Anschrift und die des Unternehmens
- Betreff,
- persönliche Anrede des zuständigen Mitarbeiters (vorher durch einen Telefonanruf erfragen),
- die Position, für die Sie sich bewerben, und wie Sie dem Unternehmen helfen können,
- Darstellung Ihrer persönlichen, fachlichen und beruflichen Qualitäten,
- wie man Sie kontaktieren kann.

Achten Sie unbedingt darauf, dass Ihre Kurzbewerbung nicht den Anschein eines Serienbriefes hat. Sie sollten jedes Exemplar einzeln ausdrucken und mit persönlicher Anrede versehen.

Stellengesuche

Viele große Unternehmen warten nicht darauf, bis sie akuten Bedarf an hochqualifizierten Nachwuchskräften haben, um dann eine Stellenanzeige zu schalten. Diese Tatsache kann man aktiv ausnutzen.

Schalten Sie ein Stellengesuch. In diesem Fall geben Sie eine Anzeige auf und warten auf Antworten der Unternehmen. Auch wenn eine solche Anzeige schon einmal 200 bis 300 Euro kostet, es lohnt sich dennoch. Durchschnittlich kann man ungefähr zehn Antworten von Unternehmen erwarten, vorausgesetzt, man hat das richtige Medium gewählt. Auch hier besteht der große Vorteil, dass der Bewerberkreis dann um einiges kleiner ist als bei einer passiven Bewerbung.

Voraussetzung für ein Stellengesuch ist, dass Sie Ihre gesamten Qualifikationen kurz und prägnant formulieren können. Außerdem müssen Sie sich über die folgenden Punkte genaue Gedanken machen:

- Wen soll das Stellengesuch erreichen, im Hinblick auf
  - die Größe des Unternehmens?
  - das Tätigkeitsfeld?
  - die Region des Unternehmens?
- In welchen Zeitschriften oder Zeitungen soll die Anzeige erscheinen?
  - In regionalen Tageszeitungen (Stuttgarter Zeitung, Frankfurter Rundschau)?
  - In überregionalen Zeitungen (FAZ, Süddeutsche)?
  - In Finanzzeitschriften?
  - In Veröffentlichungen der Organisationen des Kreditgewerbes mit Stellenmarkt (zum Beispiel Deutsche Sparkassen Zeitung)
- Wann und wie oft sollte man die Anzeige schalten?
  - Am Wochenende?
  - An Werktagen?
  - Über mehrere Wochen hinweg?
  - Nur einmal?

Achten Sie darauf, dass die Anzeige nicht in der Urlaubszeit, in der Weihnachtszeit oder am Jahreswechsel erscheint. Die Chance, dass sie gelesen wird, ist in diesen Zeiten um einiges geringer.

Ihr Stellengesuch sollte unbedingt beinhalten:

Checkliste: Stellengesuch

- Alter,
- fachliche Qualifikationen,
- besondere Eigenschaften und Kenntnisse,
- bereits erzielte Erfolge,
- Position, die Sie sich wünschen,
- wie und wobei Sie Unternehmen helfen können,
- Kontaktmöglichkeiten für die Unternehmen.

Es gibt auch noch die Möglichkeit, ein Stellengesuch **online** zu veröffentlichen. Dieser Weg ist meist sogar kostenfrei. Viele Jobbörsen geben Bewerbern die Möglichkeit, Stellengesuche in eine Bewerberdatenbank einzugeben. Manche Jobbörsen übermitteln Ihnen sogar automatisch Stellenanzeigen, die für Sie von großem Interesse sein können.

Persönliche Daten wie Namen, Telefonnummer und Adresse haben weder im gedruckten Stellengesuch noch in der Online-Veröffentlichung etwas zu suchen. Sie wollen doch anonym bleiben. Geben Sie daher eine Chiffre-Kontaktmöglichkeit an.

Beispiel für ein Stellengesuch

27-jähriger Diplom-Kaufmann mit Schwerpunkt Finanzrecht, sehr guten Kenntnissen in Englisch und Französisch, EDV-Kenntnissen, praktischer Erfahrung aus dem Ausland im Bereich Versicherungsmathematik, teamfähig, stark analytisch und ergebnisorientiert, belastbar sucht eine verantwortungsvolle Position als Assistent in der Geschäftsleitung eines Versicherungskonzerns.
Zuschriften bitte unter Chiffre-Nummer 321 an den Verlag

3.4.2 Bewerbung auf ein Stellenangebot

Die Reaktion auf eine Anzeige für ein Stellenangebot ist der klassische Weg der Bewerbung. Etwa 40 Prozent aller offenen Positionen werden auf diese Weise vergeben. Nutzen Sie daher diese Möglichkeit auf jeden Fall.

Die schriftliche Bewerbung soll etwas individuelles und persönliches sein. Sie müssen sich klar von der Masse der übrigen Bewerber abheben. Deshalb benötigt man viel Zeit, um die Bewerbungsunterlagen sorgfältig zu erstellen.

Bei der schriftlichen Bewerbung auf ein Stellenangebot gibt es im Vergleich zur Initiativbewerbung viele Nachteile. Auf jede Stellenanzeige bewerben sich meist mehrere Hundert Personen. Man muss sich gegen eine riesige Konkurrenz durchsetzen. Die Erfolgsaussichten sind deshalb dementsprechend geringer. Es ist daher wichtig, mehrere Bewerbungsoptionen zu nutzen.

Die größte Anzahl Stellenanzeigen und auch die interessantesten findet man in überregionalen Zeitungen (zum Beispiel Frankfurter Allgemeine Zeitung, Handelsblatt und Süddeutsche Zeitung). Der größte Stellenmarkt erscheint meist in der Samstagsausgabe.

In der Bewerbungsphase sollte man sich regelmäßig und über mehrere Wochen hinweg mit den Stellenanzeigen befassen. Auch wenn Sie sehr spezielle Wünsche haben, werden Sie dann irgendwann ein passendes Angebot finden.

3.4.3 Bewerbung über das Internet

Heutzutage bietet sich mit der Online-Bewerbung eine sehr effektive Möglichkeit auf sich aufmerksam zu machen. Man kann sich oftmals einen Vorteil verschaffen, indem man zeigt, dass man up-to-date ist.

Sie haben mehrere Möglichkeiten sich via Internet zu bewerben. Man kann dies einerseits durch eine gezielt verschickte E-Mail tun. Viele Unternehmen bieten andererseits auf ihren Homepages Fragebögen zur Bewerbung an. Diese müssen sie ausfüllen und elektronisch verschicken.

Auch wenn dies alles sehr einfach klingt, es gilt doch: Eine Bewerbung über das Internet erfordert die gleiche Sorgfalt und oftmals den gleichen Zeitaufwand wie eine schriftliche Bewerbung. Sie müssen sich genauso gut über das Unternehmen informieren und sich sehr gut vorbereiten. Sie sollten sich auch nur per E-Mail bewerben, wenn dies vom Unternehmen ausdrücklich erwünscht ist.

Einige Unternehmen verlangen im Anschluss an eine Online-Bewerbung noch die kompletten schriftlichen Unterlagen. Warten Sie aber mit der Versendung dieser Unterlagen, bis Sie dazu aufgefordert werden.

Hier nun einige Kriterien, die es bei Bewerbungen über das Netz zu beachten gilt:

Checkliste: Online-Bewerbung

- Formulieren Sie Ihre E-Mail genauso wie Sie es im Bewerbungsschreiben tun würden.
- Führen sie Ihre gesamten Qualifikationen knapp an.
- Wenn Sie sich auf Verdacht bewerben, stellen Sie Ihre Fragen nach offenen Stellen nur knapp. Achten sie darauf, dass Ihre Fragen im Schlussteil stehen, nachdem Sie sich vorgestellt haben.
- Adressieren Sie die E-Mail persönlich, zuständige Ansprechpartner sind meist auf den Homepages der Unternehmen angegeben.
- Lassen Sie Ihre E-Mail nicht wie ein Serienbrief wirken. Schicken sie jede Mail individuell, keine Kopien über die Felder „Cc“ und „Bcc“.
- Füllen Sie unbedingt die Betreffzeile aus.
- Achten Sie auf Leserlichkeit Ihrer Bewerbungs-Mail. Benutzen Sie Absätze, um die E-Mail optisch ansprechend zu gestalten.

- Sollten Sie Anlagen mitschicken, so tun Sie dies in Form gängiger Dateiformate wie „.txt" oder „.doc".
- Achten Sie darauf, dass Ihre Sendung nicht zu lang wird. Viele Unternehmen filtern durch Ihre Firewalls „überlange" E-Mails heraus. Von Ihrem Bewerbungsfoto bleibt dann möglicherweise nur Datensalat übrig. Faustregel: nicht über ein Megabyte.
- Kontrollieren Sie täglich Ihre Mailbox. Es wäre doch dumm, wenn Sie Rückantwort bekämen und diese nicht bemerkten.
- Ein Hinweis auf eine eigene Homepage macht sich immer gut (übrigens auch bei einer klassischen schriftlichen Bewerbung).

Bei einer Bewerbung per E-Mail sollten Sie sich möglichst kurzfassen und als Anlage das Bewerbungsschreiben und den Lebenslauf mitschicken. Eine andere Möglichkeit ist, das Bewerbungsschreiben als Hauptteil zu versenden und nur den Lebenslauf als Anlage beizufügen.

Fast alle Unternehmen der Finanz- und Versicherungsbranche haben mittlerweile Karriereseiten bei ihrer Unternehmensdarstellung im Netz stehen. Dort finden Sie meist die Stellenangebote des Unternehmens und oft auch Formulare für Ihre Online-Bewerbung.

Augenblicklich befinden wir uns in einem konjunkturellen Abschwung. Das bedeutet für die Unternehmen, dass sie oft mehrere hundert Antworten auf eine Stellenausschreibung bekommen. Um so verlockender und auch finanziell reizvoll ist es, das aufwendige Geschäft der Sichtung von Bewerbungsmappen durch vorgeschaltete, über Formulare standardisierte Online-Bewerbungen abzukürzen. Einige Unternehmen arbeiten auch schon mit elektronischen Bewerbungsmappen.

Sie sollten aber wissen, dass diese ausgefüllten Formulare meist elektronisch ausgewertet werden. Sie müssen dann gewisse Anforderungen einfach bringen, sonst sind Sie ruck zuck aus dem Rennen. Dies ist der einzige Fall, bei dem die Individualität in der Bewerbung nichts zählt. Erst in den nächsten Schritten der Bewerbung gilt es dann, persönliches Profil zu zeigen.

Falls ein für Sie interessantes Unternehmen ein solches Formular zur Online-Bewerbung anbietet, so sollten Sie diesen Weg auch nutzen und sich nicht per individueller E-Mail bewerben.

Ein Tipp: Wenn Sie sich auf diesem Wege bewerben wollen, so sollten Sie das entsprechende Formular zunächst ausdrucken. Sie können sich dann in aller Ruhe Gedanken machen, wie Sie die einzelnen Fragen beantworten und die Felder ausfüllen sollten. Anschließend füllen Sie das Formular online aus und schicken es ab.

3.5 Bewerbungsunterlagen

Das Erstellen von guten Bewerbungsunterlagen ist nicht einfach. Immer wieder klagen Personalchefs über schlampige oder fehlerhafte Bewerbungsmappen.

Die häufigsten Fehler bei schriftlichen Bewerbungen sind:

Checkliste: So soll man es nicht machen

- Das Bewerbungsschreiben ist ein Serienbrief. Persönliche Anrede und gar Anschrift fehlen. Inhaltlich ist der Brief viel zu allgemein.
- Die Formulierungen sind zu lang oder zu kurz. Es muss zwar alles enthalten sein, jedoch sollte man nicht zu ausschweifend werden.
- Die Bewerbung ist buchstäblich zu bunt. Fünf bis sechs verschiedene Schriftgrößen in mehreren Farben und ein Hintergrundbild machen alles sehr unübersichtlich.
- Angaben wie Adresse oder Telefonnummer des Bewerbers sind nicht vorhanden oder falsch.
- Die Unterschrift auf dem Bewerbungsschreiben fehlt, im Lebenslauf sind Lücken ersichtlich.
- Das Foto wurde in einem Automaten gemacht und ist von äußerst schlechter Qualität.
- Zeugnisse sind von der ersten Grundschulklasse an beigelegt oder wichtige Leistungsbezeugungen fehlen.
- Der Briefumschlag ist schlecht beschriftet. Name und Adresse des Unternehmens sind falsch geschrieben oder der Absender fehlt.
- Es hat den Anschein, als ob die Bewerbung in einer halben Stunden zusammengestellt wurde.

Hier finden Sie nun die Werkzeuge, die Sie für gelungene und erfolgreiche Bewerbungsunterlagen benötigen.

Die Bewerbung ist ein Projekt. Dafür müssen mehrere Tage eingeplant werden. Sie müssen die Bewerbung genauso ernst nehmen, wie eine wichtige Prüfung an der Universität. Zeigen Sie hier absolute Professionalität!

Ein Satz vollständiger Bewerbungsunterlagen besteht aus dem Bewerbungsschreiben und der Bewerbungsmappe. Das Schreiben wird nicht in die Mappe eingeheftet, sondern liegt lose oben auf. Die Bewerbungsmappe muss folgende Dinge enthalten:

- ein gutes Foto,
- einen Lebenslauf,
- Ausbildungszeugnisse, Praktikumsbescheinigungen und Arbeitszeugnisse,
- (falls vorhanden) eine Liste von Veröffentlichungen,
- Referenzen,
- Arbeitsproben.

Dinge, die in der Stellenanzeige zusätzlich ausdrücklich gefordert werden, wie zum Beispiel polizeiliches Führungszeugnis oder Handschriftproben, sollten Sie selbstverständlich nicht vergessen.

Am besten erstellen Sie von jeder Bewerbung mindestens zwei Exemplare. Eine sollten Sie aufbewahren. Wenn dann Rückfragen zu Ihren Unterlagen kommen, können Sie immer gleich nachschauen. Außerdem wissen Sie dann, welchem Unternehmen Sie welche Unterlagen zugesendet haben.

3.5.1 Formalitäten

Eigentlich gibt es nicht allzu große formale Einschränkungen für Ihre Bewerbungsunterlagen. Wichtig ist, dass sie leserlich und übersichtlich sind. Der verantwortliche Bearbeiter muss Spaß am Lesen Ihrer Bewerbung haben.

Einige Standards gibt es dennoch, die Sie auch unbedingt einhalten sollten:

Checkliste: Formalitäten

- Ihre Unterlagen müssen vollständig sein.
- Die Reihenfolge sollte sein: Bewerbungsschreiben, Lebenslauf mit Foto, Kopien Ihrer Zeugnisse und die Berufserfahrungsliste.
- Benutzen Sie einen guten Laserdrucker zum Erstellen Ihrer Unterlagen. Schreibmaschinen sind nicht angebracht. Verwenden Sie kein Tipp-Ex, fehlerhafte Seiten müssen neu ausgedruckt werden.
- Korrekte Rechtschreibung ist sehr wichtig.
- Setzen Sie unbedingt Ihre Unterschrift unter das Bewerbungsschreiben. Unter dem Lebenslauf ist sie nicht notwendig, kann aber gemacht werden.

- Die Unterlagen müssen unbedingt sauber und knitterfrei beim Unternehmen eintreffen. Wählen Sie daher eine stabile Verpackung (am besten Umschläge mit kartoniertem Rücken).
- Ihre Bewerbungsmappe sollte beim Lesen nicht sofort wieder zufallen. Benutzen Sie daher ein Spiralbindesystem oder eine Plastikmappe mit Befestigungsschiene.
- Die beste Farbe für eine Bewerbungsmappe ist blau. Vermeiden Sie sehr auffällige und schrille Farben, aber auch rot, braun und schwarz.
- Stecken Sie nicht jede einzelne Seite in eine Klarsichthülle.
- Der Umschlag sollte nach Möglichkeit mit gedruckten Adressetiketten beschriftet werden.
- Kontrollieren Sie die Angaben auf dem Briefumschlag auf Richtigkeit.

3.5.2 Bewerbungsschreiben

Das Anschreiben ist zentraler Bestandteil Ihrer Bewerbung. Der Blick des Personalchefs fällt immer zuerst auf diesen Brief. Sie müssen daher mit diesem Schreiben Interesse für Ihre weitere Unterlagen wecken. Ungefähr ein Drittel der Bewerbungen werden gar nicht vollständig gelesen, da das Bewerbungsschreiben den Ansprüchen des Unternehmens nicht genügt.

Achten Sie darauf, dass

- Daten und Ereignisse aus Ihrem Lebenslauf nicht im Anschreiben wiederholt werden.
- das Schreiben nicht wie ein Rechenschaftsbericht für Ihre Bewerbung klingt.
- die Übersichtlichkeit gewahrt bleibt. Verwenden Sie Absätze und eine nicht zu kleine Schrift.
- es einen Ansprechpartner gibt und Sie sich direkt an ihn wenden.
- das Schreiben nicht mit einer Wiederholung des Anzeigentextes beginnt.
- die Formulierungen nicht aus Standardsätzen bestehen.

Durch das Bewerbungsschreiben sollen Sie Interesse wecken. Die eigentlichen Fakten zu Ihrer Person sollten jedoch nicht Bestandteil des Anschreibens sein. Formulieren Sie anregend und begründen Sie kurz, warum Sie die geeignete Person für die ausgeschriebene Stelle sind.

Das Schreiben sollte nach Möglichkeit nicht länger als eine DIN-A4-Seite sein. Falls jedoch die Form des Schreibens ansonsten zu sehr leidet, ist es auch nicht so schlimm, wenn Sie eine zweite Seite benutzen.

Inhaltliche Struktur des Schreibens

Folgende Elemente und Informationen sollten in Ihrem Anschreiben enthalten sein:

- Begründung dafür, warum Sie sich bewerben,
- wie Sie dem Unternehmen als Problemlöser helfen können,
- weshalb Sie gerade dieses Unternehmen für das passende für sich halten,
- Ihre beruflichen Ziele und Wünsche.

Beginnen Sie Ihr Schreiben mit einem Aufhänger. Er sollte interessant sein und zum Weiterlesen anregen. Am besten ist es, wenn Sie sich auf ein voran gegangenes Telefonat beziehen, das Sie mit einer verantwortlichen Person geführt haben.

Die vier genannten Informationen sollten dann im Mittelteil Ihres Bewerbungsschreibens enthalten sein. Beziehen Sie sich dabei auf die Anforderungen, die das Unternehmen stellt. Belegen Sie Ihre Fähigkeiten durch die Schilderung von Beispielsituationen.

Zum Schluss sollte man seine Freude über ein fortsetzendes Gespräch deutlich machen. Formulieren Sie dabei selbstbewusst. Es macht einen besseren Eindruck, wenn sie zum Beispiel „Ich freue mich auf ein weiter führendes Gespräch ..." oder „Auf eine Einladung zu einem Gespräch freue ich mich" verwenden. Vermeiden Sie Konjunktivsätze wie „Auf eine Fortsetzung des Kontaktes würde ich mich sehr freuen".

Als Grußformel sollten Sie am besten „Mit freundlichen Grüßen" verwenden. „Hochachtungsvoll" und „verbleibe ich" sind aus der Mode. Sie können das Ganze aber noch persönlicher gestalten, indem Sie zum Beispiel „Mit freundlichen Grüßen aus dem hohen Norden" oder „Mit freundlichen Grüßen aus dem sonnigen München" schreiben.

Besonders clever ist es, dem Schreiben ein Postscriptum (PS) anzufügen. Sie erzielen dadurch besondere Aufmerksamkeit. Manchmal wird es sogar zuerst gelesen. Verweisen Sie zum Beispiel auf diese Weise auf eine weitere Schlüsselqualifikation.

Angaben zu Ihren Anlagen, wie Lebenslauf und Zeugnisse, müssen unbedingt auf dem Anschreiben vermerkt sein. Wenn genug Platz vorhanden ist, führen Sie ruhig detailliert an, was dem Schreiben beiliegt.

Die Formale Struktur des Schreibens

Heutzutage behaupten viele Personalchefs, es sei nicht so wichtig, welche Angaben in welcher Zeile des Schreibens zu finden sind. Das Entscheidende sei der Inhalt. Dies ist sicherlich richtig, jedoch sollten Sie sich trotzdem an Standards für den strukturellen Aufbau halten. Sie machen das ganze Schreiben übersichtlich und können, schon bevor mit dem Lesen begonnen wird, einen guten Eindruck machen.

Checkliste: struktureller Aufbau

- Von der zweiten Zeile an sollte links Ihre Adresse stehen. Vergessen Sie nicht die Telefonnummer und gegebenenfalls E-Mail-Adresse.
- Nach Möglichkeit sollten Sie eigenes Briefpapier oder selbst gestaltete Briefköpfe verwenden.
- Oben rechts stehen Ort und Datum.
- Vier bis fünf Leerzeilen später platzieren Sie die Anschrift des Unternehmens. Nennen Sie zuerst die Firma und dann den Ansprechpartner.
- Weitere vier Zeilen später folgt die Betreffzeile. Im Schreiben sollte diese Zeile fett gedruckt erscheinen. Beziehen Sie sich hier auf die Anzeige und schreiben Sie zum Beispiel: „Ihre Anzeige vom 23. Februar 2001 im Handelsblatt“. In einer Initiativ- oder Kurzbewerbung steht hier zum Beispiel „Bewerbung als Assistent der Geschäftsleitung“. Die Bezeichnung „Betreff“ können Sie mittlerweile getrost weglassen. Sie wird in der modernen Korrespondenz als schwerfällig und überflüssig empfunden.
- Nach zwei bis drei Leerzeilen richten Sie sich in der Anrede direkt und persönlich an die verantwortliche Person.
- Nach der nächsten Leerzeile beginnt der eigentliche Text, gegliedert in Einleitung, Mittelteil und Schlussteil. Trennen Sie die Teile jeweils durch eine Leerzeile.
- Etwa fünf Leerzeilen nach der Grußformel sollten Sie unterschreiben und zwar leserlich mit Vor- und Nachnamen.
- Am Ende stehen eventuell das Postscriptum und auf jeden Fall die Vermerke zu Anlagen.

Es folgen nun ein paar Beispiele zur Ausgestaltung Ihres Schreibens. Übernehmen Sie die Formulierungen auf keinen Fall, sie sollen lediglich Anstoß für Ihre eigenen Überlegungen sein.

Formulieren Sie individuell auf die jeweilige Anzeige zugeschnitten und beziehen Sie sich auf die gestellten Anforderungen. Standardsätze und -formulierungen fallen sofort auf. Aufgeführt sind auch schlechte Beispiele, um zu zeigen, wie man es nicht machen soll.

Aufhänger

Dies wäre ein nicht so gelungener Einstieg:

- „Bezugnehmend auf die oben genannte Anzeige ..."
- „Ich möchte mich bei Ihnen aufgrund Ihrer Anzeige vorstellen."

Mit solchen Formulierungen könnten Sie Ihr Bewerbungsschreiben einleiten:

- „Ich möchte mich noch einmal für das gestrige Telefonat bedanken. Mein Wunsch, mich bei Ihnen für die Position des ... zu bewerben, hat sich dadurch weiter verstärkt."
- „Wie im Telefonat mit Ihrem Mitarbeiter Herrn Kienzle besprochen, übersende ich Ihnen heute meine Bewerbungsunterlagen für die Stelle als ..."
- „Vielen Dank für das informative Telefonat am ... Ich möchte gern für Ihr Unternehmen tätig werden und schicke Ihnen daher meine Bewerbungsunterlagen für die Position des ... zu."
- „Das gestrige Telefonat mit Ihnen hat mein Interesse für die Position als ... noch gesteigert. Ich schicke Ihnen daher meine Bewerbungsunterlagen wie vereinbart zu."

Mittelteil

Hier kommt es darauf an, Ihre Fähigkeiten knapp darzustellen und zu begründen, warum Sie sich beworben haben. Beschreiben Sie auch, wie Sie dem Unternehmen in der Zukunft helfen können. Generell gilt: Vermeiden Sie das Wörtchen „man". Das Schreiben soll persönlich wirken, verwenden sie daher „ich", „mir" oder „Sie".

Diese Beispiele sollten Sie nicht übernehmen:

- „Leider kann ich nicht mit Mobilität dienen, dafür aber..."
- „Wie man sich vorstellen kann, war das eine große Erfahrung für mich."
- „Praktika im Ausland kann ich nicht vorweisen, aber meine Englischkenntnisse sind trotzdem gut."

Gehen Sie statt dessen etwa folgendermaßen vor:

- „Meine Stärken sind Teamfähigkeit und Leistungsbereitschaft."
- „Meine dabei erworbenen Fähigkeiten würde ich Ihrem Unternehmen gern zur Verfügung stellen."
- „Ich verfüge über Grundkenntnisse in Spanisch und Software-Programmierung"
- „Durch ein Praktikum bei einer Vermögensberatungsgesellschaft wurde mein Interesse für diesen Bereich geweckt."
- „In einem Praktikum bei der ABC-Bank in New York habe ich fundierte Kenntnisse im Bereich Asset Management erworben."
- „Mein Studium war sehr praxisorientiert. Ich leitete in eigener Verantwortung neben der theoretischen Ausbildung Projekte zur ..."
- „Ich gehe gern mit Kunden um. Dabei hilft mir meine ausgeprägte Überzeugungsfähigkeit."
- „In meiner Diplomarbeit habe ich mich mit dem Zinsrisikomanagement beschäftigt."
- „Mein Studium des Wirtschaftsingenieurwesens habe ich vor einem Monat mit sehr gutem Ergebnis abgeschlossen."
- „Meine Studienschwerpunkte lagen dabei im Bereich ..."
- „Ich kann Ihrem Unternehmen durch meine sehr guten Problemlösungsfähigkeiten, die ich bereits bei Projekten in Praktika unter Beweis stellen konnte, im Bereich des Risikomanagements helfen."
- „Ich empfinde es als äußerst spannend, eine solch herausfordernde Tätigkeit zu ergreifen und Verantwortung zu übernehmen."

Schlussteil

Dies sollte kein Maßstab für einen Schlussteil sein:

- „Ich bin sicher, ich bin der richtige Mann für Ihr Unternehmen."
- „Ich wäre sehr dankbar, wenn ich die Möglichkeit zu einem Gespräch mit Ihnen bekäme."
- „Ich würde mich außerordentlich freuen, wenn ich eine Einladung zu einem persönlichen Gespräch bekäme."

Besser ist:

- „Ich bin gern bereit, Sie in einem Gespräch von meinen Fähigkeiten zu überzeugen."
- „Auf eine Einladung zu einem persönlichen Gespräch freue ich mich sehr."
- „Es freut mich, wenn meine Bewerbung Sie anspricht und ich stehe gern für ein weiterführendes Gespräch zur Verfügung."
- „Gern möchte ich Sie von meinen Fähigkeiten persönlich überzeugen. Wann lernen wir uns kennen?"
- „Ich komme gern zu einem persönlichen Gespräch nach Hamburg und freue mich, von Ihnen zu hören."

Beispiel für ein vollständiges Anschreiben

Das „richtige" Anschreiben für eine Bewerbung gibt es nicht. Stets stehen Ihnen vielfältige Möglichkeiten der Argumentation und Präsentation zur Verfügung.

In unserem Beispiel sucht das **Unternehmen, ein weltweit führender Finanzdienstleister**, einen **IT-Profi für den Finanzbereich**. Das neue Teammitglied soll im Fachbereich Finanzinformationssysteme Projekte aus den Bereichen Wertpapier, Cash Management, Hypotheken und Immobilien planen und realisieren. Die technischen Plattformen sind vielfältig und reichen von der Großrechner-Anwendung bis zu individuellen Lösungen für Kunden und Außendienst.

Ein zügig und mit überdurchschnittlichem Erfolg abgeschlossenes Studium der Informatik, Mathematik oder Betriebswirtschaft (mit Schwerpunkt EDV oder Mathematik) wird gefordert. Gewünscht werden Erfahrungen im Investmentbereich und Kenntnisse in der Gestaltung von Finanzsystemen. Gute Englischkenntnisse runden das Anforderungsprofil ab.

Es ist ausdrücklich präzisiert, dass auch Berufsanfänger willkommen sind.

In der Anzeige sind Ansprechpartner (mit Telefonnummer) aus dem Fachbereich und aus der Personalabteilung angegeben.

Unsere **Bewerberin** hat Betriebswirtschaftslehre in Köln mit den Schwerpunkten Bankbetriebslehre und Wirtschaftsinformatik studiert. Als Wahlpflichtfach belegte sie Versicherungswissenschaft und jobbte seit ihrem vierten Semester am Lehrstuhl für Wirtschaftsinformatik.

Hier nun ihr Schreiben an das Unternehmen:

ANJA REINHARDT

Unter der Clustrift 17
D-77667 Irgendwo

Tel.: 07195 / 97 29 70
Fax 07195 / 97 29 72
eMail: anja.reinhardt@t-online.de

Anja Reinhardt – Unter der Clustrift 17 – 77667 Irgendwo

Finanzdienstleistungs AG
Personalabteilung
z. Hd. Herrn Gernhard
Rosensteinallee 19

70178 Stuttgart

Irgendwo, den 20. November 2000

Ihre Stellenanzeige in der Stuttgarter Zeitung vom 18. November 2000
Bewerbung als IT-Profi im Finanzbereich

Sehr geehrter Herr Schulz,

vielen Dank für das informative Telefongespräch. Ihre Erläuterungen haben meinen Wunsch bestärkt, mich für die Verstärkung Ihres Teams im Fachbereich Finanzinformationssysteme zu bewerben.

Ich habe mein Studium der Betriebswirtschaftslehre an der Universität zu Köln mit ausgezeichneten Ergebnissen im Sommer dieses Jahres abgeschlossen. Meine Schwerpunkte waren Bankbetriebslehre und Wirtschaftsinformatik. Als Wahlpflichtfach hatte ich Versicherungswissenschaft belegt. Der Umgang mit den bankwirtschaftlichen Themen ist mir vor diesem Hintergrund bestens vertraut. Erste Auslanderfahrungen und ausgezeichnete Englischkenntnisse konnte ich anlässlich der Teilnahme am Programm für Internationales Management gewinnen.

Meine Kenntnisse im IT-Bereich konnte ich während des Studiums als wissenschaftliche Hilfskraft am Lehrstuhl für Wirtschaftsinformatik vertiefen. Ich war dort seit dem vierten Semester als Tutorin in verschiedenen Programmierpraktika tätig. Zudem wurden am Lehrstuhl auch Drittmittelaufträge aus der Industrie und dem Bereich Banken/Versicherungen bearbeitet. Hier konnte ich erste Projekterfahrungen innerhalb eines Teams sammeln.

Einen Berufseinstieg in Ihrem Hause wünsche ich mir sehr, da ich denke, dort meine erworbenen Fähigkeiten sowohl im fachlichen Bereich als auch im Kontakt mit Kunden und Außendienst effizient einsetzen zu können.

Ich komme gern zu einem persönlichen Gespräch nach Stuttgart und freue mich, bald von Ihnen zu hören.

Mit freundlichen Grüßen

Anlagen

3.5.3 Lebenslauf

Wussten Sie eigentlich, dass viele Personalchefs zuerst den Lebenslauf eines Bewerbers durchgehen, bevor Sie sich dem Schreiben widmen. Man kann daher den Lebenslauf als Kernstück der Bewerbungsunterlagen bezeichnen. Er enthält die wichtigsten Qualifikationen und Stationen einer Person.

Nicht jeder Lebenslauf Ihrer Person muss gleich aussehen. Sie können durchaus versuchen, die Darstellung Ihrer Person auf die jeweilige Bewerbung abzustimmen. Legen Sie die Schwerpunkte so, wie es für die jeweilige Bewerbung sinnvoll erscheint.

Ein Lebenslauf muss aber in jedem Fall lückenlos sein. Wenn sich nicht ihr ganzes Berufs- und Ausbildungsleben nachvollziehen lässt, denkt man, Sie haben etwas zu verbergen oder Sie erscheinen gar unseriös.

Kleinere Lücken, zum Beispiel zwei Monate nach dem Abitur, lassen sich jedoch in einem thematisch gegliederten Lebenslauf verstecken.

Gliederungsmöglichkeiten

Man kann sein Leben auf verschiedene Arten darstellen:

- Beim **chronologischen** Lebenslauf sind die Daten und Ereignisse der Reihe nach aufgeführt. Man kann entweder von hinten anfangen und die letzten, meist wichtigeren Tätigkeiten zuerst anführen. Oder man beginnt von vorn, also bei der Schulausbildung.
- Der **thematische** Lebenslauf ist nach einzelnen Bereichen gegliedert. Es wird zum Beispiel zwischen Schul- und Hochschulausbildung sowie praktischer Erfahrung unterschieden. Diese Gliederungsmöglichkeit bietet sich heutzutage meist an, da Sie übersichtlicher ist und Schwerpunkte setzt.

Formulieren Sie den Lebenslauf kurz und knapp, jedoch nicht in Stichworten.

Wie sollte der Lebenslauf gestaltet sein?

Diese Frage ist nicht leicht zu beantworten. Eine Generallösung gibt es nicht, da jeder Bewerber andere Prioritäten setzt. Bewährt hat sich jedoch die Ausführung in der folgenden Reihenfolge:

- persönliche Daten,
- Schulausbildung,
- Wehr- oder Zivildienst,
- Hochschulstudium,
- Berufserfahrung/Praktika,
- zusätzliche Qualifikationen,
- Hobbys,
- Ort, Datum und Unterschrift.

Persönliche Daten

In diesen Teil gehören Ihr Name, akademischer Titel und Anschrift mit Telefonnummer und E-Mail-Adresse. Vergessen dürfen Sie auch nicht die Angaben zum Ihrem Familienstand. Geburtsort und -datum müssen ebenfalls angegeben werden.

Schulausbildung

Geben Sie die Jahreszahlen Ihrer Schulausbildung sowie Schulort und Schulart an. Wiederholte Klassen sollten Sie unter den Tisch fallen lassen. Zu Ihrem Abitur sollten Sie Note und das genaue Ausstellungsdatum des Zeugnisses angeben.

Wehr- oder Zivildienst

Falls Sie einen Dienst verrichtet haben, geben Sie an, wann und wo er abgeleistet wurde. Wichtig ist auch, welche Tätigkeiten Sie dabei ausgeführt haben.

Hochschulstudium

In diesen Teil gehören Angaben über Ihren Studienort, Art der Hochschule, Ihre Studienfächer und den erzielten Abschluss. Nennen Sie auch Zwischenprüfungen wie das Vordiplom. Sie sollten all dies mit Monat und Jahr angeben.

Zusätzlich ist es gut, wenn Sie Ihre Studienschwerpunkte nennen sowie Thema und Bewertung der Diplomarbeit.

Berufserfahrung/Praktika

Geben Sie hier an, welche Jobs und Praktika Sie bisher gemacht haben. Geben Sie die jeweiligen Zeiträume auch hier mit Monat und Jahr an.

Stellen Sie dabei die Tätigkeiten in den Vordergrund, die Ihnen solche Qualifikationen eingebracht haben, die ausdrücklich vom Unternehmen gefordert sind. Erklären und beschreiben Sie einfach die gewünschten Praktika ein bisschen näher.

Auch Aushilfsjobs sind interessant, denn auch auf diese Weise kann man bestimmte Fähigkeiten erlernen. Versuchen Sie zum Beispiel den Taxifahrerjob als Beleg für guten Kontakt zu Kunden und Kommunikationsfähigkeit zu nutzen. Aber Vorsicht: Passen Sie auf, dass es nicht lächerlich klingt.

Zusätzliche Qualifikationen

Führen Sie Ihre besonderen Kompetenzen wie Sprach- und EDV-Kenntnisse sowie andere zusätzliche Qualifikationen an.

Freizeitaktivitäten

Seien Sie vorsichtig bei der Schilderung Ihrer Freizeitaktivitäten. Nicht jedes Hobby ist erwähnenswert. Solche mit großem Zeitbedarf oder hohem Gefahrenpotenzial sollte man lieber nicht nennen.

Andere Freizeitaktivitäten können jedoch ein sehr gutes Licht auf Sie werfen. Sie können zum Beispiel besonderes Interesse an der Finanzwelt zeigen, indem Sie über private Aktienanlagen berichten. Wenn Sie sich für Politik interessieren, dann verbindet man Sie mit großem Allgemeinwissen.

Sie sollten auf jeden Fall nicht zu viele Hobbys angeben, denn sonst kann der Eindruck entstehen, sie seien stark freizeitorientiert. Die Leistungsbereitschaft für das Unternehmen würde in diesem Fall darunter leiden.

Die angegebenen Freizeitaktivitäten werden oft in den Vorstellungsgesprächen angesprochen. Geben Sie daher auf keinen Fall irgendwelche falschen Hobbys an, nur um einen guten Eindruck zu machen.

Ort, Datum und Unterschrift

Mit Ort und Datum zeigen Sie, wie aktuell der Lebenslauf ist. Die Unterschrift ist heutzutage nicht mehr zwingend notwendig. Es schadet aber nicht, seinen Lebenslauf zu unterschreiben.

Beispiel für einen Lebenslauf

Für den Lebenslauf gilt dasselbe wie für das Anschreiben: Er muss an den Anforderungen des jeweiligen möglichen Arbeitgebers ausgerichtet sein. Wir verfolgen den Lebensweg von Anja Reinhardt, die sich bei einem international tätigen Finanzdienstleistungsunternehmen als IT-Profi bewerben will, weiter.

3.5.4 Bitte recht freundlich - Das Foto

Stellen Sie sich einmal vor, Sie seien Personalverantwortlicher einer Bank und für die Besetzung von Trainee-Stellen verantwortlich. Sie öffnen die ersten Bewerbungsunterlagen und Ihr Blick fällt sofort auf das Bild des Bewerbers. Es sieht schauerlich aus. Auf der ersten Seite des Lebenslaufs sehen sie ein Foto – eingescannt und mit einem billigen Drucker ausgedruckt. Die Kopie stammt möglicherweise noch von einem Bild aus dem Automaten. Unglaublich, aber das ist alles schon vorgekommen. Hätten Sie noch Lust, die Bewerbung weiter durchzugehen, wenn noch 150 andere auf Ihrem Schreibtisch liegen?

Bewerber müssen sich über die Bedeutung des ersten Eindrucks im Klaren sein, und dieser wird meistens über das Foto in den Bewerbungsunterlagen vermittelt.

Benutzen Sie Portätfotos. Mit schlechten Passfotos oder Bildern aus dem Automaten können Sie bereits nach Sekunden aus dem Bewerbungsrennen ausgeschieden sein.

Für das optimale Foto sollten Sie beachten:

- Die Größe sollte ungefähr 4,5 cm mal 6 cm sein.
- Außer dem Kopf sollten noch die Schultern zu sehen sein.
- Lassen Sie das Foto beim Fotografen machen.
- Heutzutage sollten Sie Farbfotos nehmen, obwohl ein Schwarzweißfoto meist seriöser wirkt.
- Machen Sie mehrere Fotos, und suchen Sie sich nachher das schönste aus. Fragen Sie auch Familienangehörige oder Ihren Freundeskreis, auf welchem Bild Sie am besten rüberkommen.
- Ziehen Sie sich für den Fototermin gut an, so wie für ein Vorstellungsgespräch.
- Das Foto sollten Sie auf der Rückseite mit Ihrer kompletten Adresse be-

Anja Reinhardt – Unter der Clustrift 17 – 77667 Irgendwo

Lebenslauf

Persönliche Angaben:	Geburtsort: Hildesheim Geburtstag: 1. März 1975 Familienstand:ledig, keine Kinder
Schulbildung:	
Aug. 1981 –Juni 1985	Grundschule Band Gandersheim
Aug. 1985 – Mai 1995	Neusprachliches und mathematisch-naturwissenschaftliches Gymnasium Bad Gandersheim; Abitur (Abschlussnote: 1,3)
Ausbildung:	
Okt. 1995 – Sept. 2000	Studium der Betriebswirtschaftslehre an der Universität zu Köln Diplom-Kauffrau (Abschlussnote: 1,9) Diplomarbeit: E-Commerce-Portale in der Versicherungswirtschaft Studienschwerpunkte: Bankbetriebslehre, Wirtschaftsinformatik und Versicherungswissenschaft Teilnahme am Programm für Internationale Management
Praktika:	
Juni 1995 – Sept. 1995	Banque Franco-Allemande, Paris: - Mitarbeit in der Wechselabteilung - Unterstützende Tätigkeiten in der Personalabteilung
Juli 1997 – Sept. 1997	Deutsche Babcock Power Systems, Indien in Madras - Mitarbeit bei Monats- und Jahreabschlüssen - Umgang mit Finanzbuchhaltungssoftware - Mitarbeit im Bereich Devisenmanagement
Studienbegleitende Tätigkeiten:	Studentische Hilfskraft am Lehrstuhl für Wirtschaftsinformatik - Projektarbeit für verschiedene Finanzdienstleistungsinstitute - Betreuung von Studenten bei Programmierpraktika
Auslandserfahrung:	- Einmonatiger Sprachaufenthalt in New Jersey, New York - Einmonatiger Sprachaufenthalt in Rom
Sprachkenntnisse:	Englisch (fließend) Französisch (gute Kenntnisse Italienisch (gute Kenntnisse Spanisch (Grundkenntnisse9
Zusatzqualifikationen:	Umfangreiche Kenntnisse in MS Office (Power Point, Excel, Word) Kenntnisse in SAP/R3
Lehrgänge:	IHK-Prüfung zum Ausbilder
Interessen:	Reisen, Aktienhandel, Opern hören, Literatur 1. Siegerin beim Börsenspiel des Handelsblatt 1999

Irgendwo, den 20. November 2000

schriften. Die Schrift darf aber nicht durch das Papier durchdrücken. Befestigen Sie anschließend das Bild mit löslichem Haftkleber oder mit einem Klebestift. Verwenden Sie auf keinen Fall Büroklammern.

In der Bewerbungsphase sollten Sie mehrere Fotos vorrätig haben, falls eine Unternehmen Ihre Unterlagen kurzfristig anfordert (gilt hauptsächlich für Online- und Kurzbewerbungen).

3.5.5 Zeugnisse

Sie fragen sich vielleicht, was man denn jetzt noch bei den Zeugnissen falsch machen kann – eine ganze Menge. Manchmal fehlen wichtige Zeugnisse, und es ist sogar schon vorgekommen, dass Zeugnisse eigenmächtig geändert oder sogar selbst geschrieben wurden. Veränderte Zeugnisse dürfen auf keinen Fall verwendet werden.

Wichtige Zeugnisse sind und müssen unbedingt beigelegt werden:

- Abiturzeugnis,
- Hochschulabschlusszeugnis,
- Zeugnisse von Praktika,
- andere Arbeitszeugnisse.

Die Zeugnisse sollten Sie gemäß Ihrer Gliederung im Lebenslauf anordnen. Bei chronologischer Gliederung müssen die Zeugnisse auch in der gleichen Reihenfolge angeordnet sein. Sollte Ihre Gliederung thematisch sein, so ordnen Sie Ihre Zeugnisse gemäß der Reihenfolge der Themenbereiche.

Bei mehr als fünf Zeugnissen können Sie zusätzlich ein Inhaltsverzeichnis anfertigen.

Übrigens: Es ist nicht wichtig, amtlich beglaubigte Zeugniskopien zu verwenden, es sei denn, es ist ausdrücklich verlangt. Einfache Kopien tun es auch.

3.5.6 Die Berufserfahrungsliste

Sie haben für Ihren letzten 630-Mark-Job kein Zeugnis bekommen? Und auch nicht für die letzte Aushilfstätigkeit in den Semesterferien? Kein Problem, es gibt trotzdem einen Weg, Ihre berufliche Erfahrung darzustellen.

Erstellen Sie eine Berufserfahrungsliste. Dabei können Sie alle Ihre Tätigkeiten anführen und erklären, für die Sie keine Zeugnisse bekommen haben. Auch wenn in einem Arbeitszeugnis mehr Wert auf die Benotung als auf die ausgeführten Aufgaben gelegt wurde, so können Sie hiermit doch noch einmal genauer auf Ihre Aufgaben eingehen.

Sie können mit dieser Liste alle Erfahrungen und Tätigkeiten aufführen, die für die Vergabe der Position, für die Sie sich beworben haben, wichtig sind. Zeugnisse dazu sind nicht erforderlich, im Vorstellungsgespräch müssen Sie aber mit Fragen zu Ihrer angegebenen Berufserfahrung rechnen.

Die Berufserfahrungsliste hat folgende entscheidende Vorteile:

- Das Bewerbungsschreiben kann knapper gefasst werden, da Ihre sämtlichen wichtigen Erfahrungen noch einmal zusammen gefasst in dieser Liste auftauchen.
- Sie können Tätigkeiten anführen und erklären, für die Sie keine Zeugnisse besitzen.
- Ihre berufliche Erfahrung kann umfangreicher dargestellt werden, als dies mit Zeugnissen allein der Fall wäre.
- Der Lebenslauf kann ebenfalls kürzer gefasst werden, da die Angaben später noch durch die Berufserfahrungsliste erklärt werden.

Hier nun ein paar Anhaltspunkte für die Ausgestaltung einer Berufserfahrungsliste:

Checkliste: Berufserfahrungsliste

- Formulierung und Darstellung können so sein wie beim Lebenslauf.
- Bei Hochschulabsolventen sollte diese Liste nicht länger als eine DIN-A4-Seite sein.
- Führen Sie keine Firmennamen und Daten an.
- Gliedern Sie die Berufserfahrungsliste nach Schwerpunkten Ihrer Qualifikationen.
- Inhalt der Liste sollen nur praktische Erfahrungen sein. Verwenden Sie keine querverweise auf Ihr theoretisches Wissen.
- Beschreiben Sie Ihre Aufgaben so genau wie möglich, zumindest genauer als es in den Zeugnissen der Fall ist.

- Die Erfahrungen, die für die Vergabe der Arbeitsstelle ausschlaggebend sein können, sollten Sie zu Beginn nennen.
- Erfahrungen, die nicht so wichtig sind, sollten am Ende aufgeführt werden.

Stellen Sie die Berufserfahrungsliste für jede Bewerbung neu zusammen. Sie soll immer zielgerichtet sein auf die Anforderungen, die die Unternehmen mit den ausgeschriebenen Positionen verbinden. Die dafür wichtigsten Erfahrungen sollten immer am Anfang stehen.

Zusammenfassung: 10 Regeln für eine erfolgreiche schriftliche Bewerbung

Zum Schluss noch einmal ein Überblick über die zehn wichtigsten Regeln für das Erstellen Ihrer Bewerbungsunterlagen:

1. Standardmappen hinsichtlich Formulierung und Gestaltung werden sofort erkannt. Vermeiden sie diese daher.
2. Das Bewerbungsschreiben sollte auf das Unternehmen abgestimmt sein. Formulieren Sie nicht ausschweifend.
3. Achten Sie vor der Bewerbung darauf, dass Ihr Profil sich mit den Anforderungen des Unternehmens deckt. Sie vermeiden damit Absagen und verschwendete Zeit.
4. Beschreiben Sie im Anschreiben, wie Sie dem Unternehmen genau helfen können. Sie sollten nicht anmerken, wie hilfreich das Unternehmen für Ihre Karriere sein kann.
5. Der Lebenslauf sollte thematisch gegliedert sein. Es ist sinnvoll, die letzten Ereignisse und Tätigkeiten zuerst zu nennen. Die Unternehmen wollen meist wissen, was Sie als letztes getan haben.
6. Zeugnisse sollen vollständig sein und auf keinen Fall abgeändert. Achten Sie darauf, dass die Reihenfolge der Zeugnisse mit dem Lebenslauf übereinstimmt.
7. Ihr Foto sollte vom Fotografen gemacht und von hoher Qualität sein.
8. Zeigen Sie anhand von Berufserfahrungsliste sowie Praktikums- und Arbeitszeugnissen, welche praktischen Erfahrungen Sie bereits gemacht haben.
9. Ihre Unterlagen sollten einfach zu handhaben und übersichtlich sein.
10. Der Umschlag, mit dem Sie Ihre Unterlagen versenden, muss fehlerfrei beschrieben und ausreichend frankiert sein.

Nachdem Sie nun alle Dokumente und Unterlagen zusammengestellt haben, sollten Sie diese noch einmal auf Vollständigkeit kontrollieren:

Checkliste: Bewerbungsmappe

- Bewerbungsschreiben, lose in die Mappe gelegt,
- Deckblatt für die Bewerbungsmappe, mit kompletter Adresse und Inhaltsverzeichnis (bei umfangreichem Inhalt),
- Lebenslauf mit Foto,
- Berufserfahrungsliste,
- Ausbildungszeugnisse (Abitur und Diplom),
- Referenzen.

Bewerbungsunterlagen zu versenden ist nicht billig. Man muss pro Satz zwischen 10 und 15 Euro einplanen (für Foto, Mappe, Umschlag, Porto, Kopien). Bei zehn Bewerbungen kommen daher über 100 Euro an Kosten auf Sie zu.

Lassen Sie sich für alles, was Sie für die Bewerbung kaufen, Belege geben. Sie können nämlich Ihre Bewerbungskosten von der Steuer absetzen (natürlich nur, soweit Sie schon Steuern zahlen).

So, nun können Sie Ihre Unterlagen in das Kuvert stecken und abschicken. Aber bitte: Kuvert richtig beschriften und ausreichend frankieren. Viel Glück!

3.6 Das Vorstellungsgespräch

3.6.1 Nach dem Versenden der Unterlagen

Claudia hat vor fünf Tagen Ihre Bewerbungsunterlagen verschickt. Sie bewirbt sich auf eine Trainee-Stelle bei einer großen Bank. Am fünften Tag hat sie noch immer keine Rückmeldung vom Unternehmen bekommen. Sie wird nervös und entschließt sich nachzufragen. Ein Telefonat mit dem zuständigen Personalverantwortlichen hat ergeben, dass noch immer Bewerbungsunterlagen eintreffen und die Sichtung noch nicht begonnen hat. Eine Woche später hat sie immer noch keine Meldung vom Unternehmen erhalten. Erst in der dritten Woche bekommt sie die Nachricht, dass ihre Unterlagen eingetroffen sind.

Denken Sie nun: „Ganz schön unfair einen Bewerber so lange zappeln zu lassen?“ Dies ist aber der Normalfall.

Auf eine Stelle bewerben sich oftmals über 200 Personen. Es vergehen daher oft meistens um die fünf Wochen vom Versenden der Unterlagen bis zu einer Einladung zu einem Vorstellungsgespräch. Es kann sogar noch länger dauern. Normalerweise bestätigen die Unternehmen aber den Eingang der Unterlagen in den ersten zwei Wochen.

Werden Sie nicht nervös. Erst wenn Sie nach drei Wochen keine Nachricht über den Eingang Ihrer Unterlagen haben, sollten Sie sich telefonisch erkundigen. Fragen Sie höflich, ob die Unterlagen angekommen sind und ob noch zusätzliche Informationen nötig sind.

Vermeiden Sie aber allzu häufige Anrufe beim Unternehmen. Das macht einen schlechten Eindruck. Sie wirken dann, als ob sie die Stelle dringend benötigen und keine Geduld haben. Das kann Ihre Chancen verringern.

Nutzen Sie die Zeit, in der Ihre Unterlagen gesichtet werden, und legen Sie eine Liste an, in die Sie alle Bewerbungen eintragen. Halten sie fest, wann und wohin Sie welche Unterlagen geschickt haben. Sie können dann sehen, wie viel Zeit verstrichen ist und wann Sie Rückmeldung bekommen haben. Tragen Sie auch Termine von Vorstellungsgesprächen und eventuelle Absagen ein. Sie haben dann immer den kompletten Überblick über Ihre Bewerbungsaktivitäten.

Tragen Sie wichtige noch ausstehende Termine, vor allem die von Vorstellungsgesprächen, in einen Kalender ein. Sie können so jederzeit überblicken, wann die Termine stattfinden und wann Ihre Vorbereitungen für ein Gespräch abgeschlossen sein müssen.

3.6.2 Gesprächsvorbereitungen

Herzlichen Glückwunsch! Sie haben es geschafft! Die erste Hürde ist erfolgreich genommen, Sie haben eine Einladung zu einem Vorstellungsgespräch.

Nun gilt es jedoch, sich gründlich auf diese Prüfung vorzubereiten. Sie sollten auch wissen, was in einem Vorstellungsgespräch auf Sie zukommen kann.

Sie müssen sich in die Situation des Unternehmens hineinversetzen. Das Unternehmen versucht, durch das Vorstellungsgespräch folgende Fragen zu klären: „Warum sollten wir gerade Sie einstellen? Wie können gerade Sie, im Gegensatz zu anderen Bewerbern, uns helfen?

Natürlich geht es in einem Vorstellungsgespräch nicht nur um fachliche Qualitäten. Sie müssen auch menschlich überzeugen. Achtzig Prozent der Stellen werden durch die Sympathien vergeben, die sich in einem Vorstellungsgespräch aufgebaut haben. Ihre fachlichen Qualitäten sind ja zum größten Teil schon aus den Bewerbungsunterlagen hervorgegangen.

Es gibt eigentlich keine konkreten Regeln, wie man einen Menschen für sich einnehmen kann. Das hängt meist von Gründen ab, die man nicht näher bestimmen kann. Oft kann eine Person schon durch den ersten Anblick oder die erste Geste sympathisch sein.

Es gibt dennoch ein paar Grundsätze, wie man ein Gespräch beeinflussen kann und gewisse Sympathien für sich weckt:

- Sprechen Sie den Gesprächspartner direkt mit seinem Namen an.
- Zeigen Sie, dass Sie sich für die Sachen interessieren, die er Ihnen sagt. Nicken Sie zum Beispiel freundlich zu.
- Zeigen Sie Offenheit und Interesse. Verkrampfte Sitzhaltung, überkreuzte Arme und verkrampfte Gesichtszüge sind fehl am Platze. Lächeln Sie und schauen Sie Ihrem Gegenüber in die Augen.
- Auch wenn sie wahrscheinlich sehr nervös sind, versuchen Sie es zu verbergen. Zeigen Sie nach außen hin eine lockere und souveräne Haltung.
- Gehen Sie auf das Gesagte ein und sprechen Sie deutlich.
- Überlassen Sie die Gesprächsführung Ihrem Gegenüber. Lassen Sie ihn auf jeden Fall ausreden.

Im Vorstellungsgespräch überprüft das Unternehmen Ihre Soft Skills. Hier besteht die einzige Möglichkeit dazu. Besonders leicht zu prüfen in einem Gespräch und daher besonders wichtig sind:

- Anpassungsfähigkeit,
- Identifikation mit dem Unternehmen,
- Leistungsbereitschaft und Motivation,
- Auftreten.

Die verantwortlichen Personalexperten, die die Vorstellungsgespräche führen, haben meist große Erfahrung. Sie besitzen Menschenkenntnis und sind deshalb in der Lage, Fassaden zu durchschauen. Geben Sie sich deshalb natürlich und versuchen Sie nicht, durch gezwungene Haltung einen falschen Eindruck von sich zu vermitteln.

Sie müssen sich für jedes Vorstellungsgespräch neu vorbereiten. Um dies gewissenhaft und sorgfältig zu tun, müssen Sie sich genug Zeit einplanen. Beim ersten Mal sollten Sie sich zumindest zwei volle Tage nehmen.

Folgende Dinge sollten Sie schon im Voraus wissen und recherchieren:

Checkliste: Vorbereitungen

- detaillierte Kenntnisse über sich selbst,
- Informationen über das Unternehmen, zu dem Sie eingeladen sind,
- Rahmenbedingungen (Outfit, Anreise),
- Ablauf eines Vorstellungsgesprächs,
- Gesprächspsychologie,
- Fragen, die Sie wahrscheinlich beantworten müssen,
- Fragen, die Sie stellen können und wollen.

Sie sollten Vorstellungsgespräche üben, denn Übung macht bekanntlich den Meister. Spielen Sie die Situationen mit Freunden durch, und versuchen Sie, Schlagfertigkeit und Souveränität zu erlernen.

Informationen über sich selbst

Nach der Selbstanalyse sollten Sie Ihre Stärken und Schwächen eigentlich genau kennen. Benutzen Sie Ihre Ergebnisse, um selbstbewusst aufzutreten, denn Sie sollten jetzt auf jede Frage die passende Antwort parat haben. Benutzen Sie Ihre Stärken, um andere von sich zu überzeugen.

Wichtig ist es, dass Sie Ihre Fähigkeiten hinsichtlich der Anforderungen des Unternehmens analysieren. Der Gesprächspartner muss den Eindruck gewinnen, dass Ihre Qualifikationen sich genau mit dem Anforderungsprofil decken.

Informationen über den Arbeitgeber

Um Interesse für das Unternehmen zeigen zu können, sollten Sie gewisse Kenntnisse über das Unternehmen haben, bei dem Sie sich bewerben. Zeigen Sie im Vorstellungsgespräch, dass Sie sich mit dem Unternehmen beschäftigt haben.

Welche Informationen Sie brauchen und welche Informationsquellen Ihnen zur Verfügung stehen können Sie nochmals genauer im Abschnitt **3.2 Recherche** nachlesen.

Hier nochmals zwei Checklisten zu den Themen benötigte Informationen und Informationsquellen:

Checkliste: Benötigte Informationen

- Stammsitz, Rechtsform und Tochtergesellschaften des Unternehmens?
- Welche Dienstleistungen auf dem Finanzsektor bietet das Unternehmen an, in welchen Geschäftsbereichen?
- Was sind die Konkurrenten? Ist das Unternehmen Marktführer?
- Wer sind die Hauptkunden und Hauptzielgruppen des Unternehmens?
- Womit macht das Unternehmen sein Hauptgeschäft?
- Wie haben sich Umsatz und Gewinn entwickelt?
- Wie viele Mitarbeiter hat das Unternehmen? Wer ist in der Geschäftsleitung?
- Wie steht der Aktienkurs des Unternehmens?
- Wie verlief die Geschichte des Unternehmens?
- Welches Image besitzt das Unternehmen in der Bevölkerung?
- Wie sind Führungsstil und Unternehmensphilosophie?
- Welche Entwicklungsmöglichkeiten bietet Ihnen das Unternehmen?

Checkliste: Informationsquellen

- Bei PR- oder Presseabteilungen der Unternehmen können Sie Informationsmaterial und Broschüren anfordern.
- Eine Stellenbeschreibung bekommt man in der Personalabteilung. Falls es keine schriftliche Fassung gibt, lassen Sie sich kurz das Anforderungsprofil telefonisch durchgeben.
- In Bibliotheken findet man Bücher und Nachschlagewerke, sowie Branchenpublikationen.
- Im Internet präsentiert sich fast jede Firma sehr aufwendig.

- Bei Finanzverbänden können Sie Grundinformationen zu Unternehmen erfragen.
- In Stellenanzeigen verraten die Unternehmen meist einiges über Unternehmensphilosophie und Anforderungen.

3.6.3 Das richtige Outfit

Ein Personalchef erwartet einen Kandidaten zu einem Vorstellungsgespräch. Er hat in den Bewerbungsunterlagen den besten Eindruck gemacht. Beinahe pünktlich um kurz nach 10 Uhr erscheint der Kandidat. Der erste Blick des Personalchefs fällt auf die wohl seit einer Woche ungewaschenen Haare. Die Schuhe sind auch nicht geputzt und der Blazer ist fleckig und sowieso viel zu eng. Der Personalchef denkt daran, das Gespräch noch bevor es begonnen hat abzubrechen. Er will sich aber zunächst nicht von der äußeren Erscheinung leiten lassen. Als sie im Gesprächsraum sitzen, weht dem Personalchef dann noch ein unangenehmer Knoblauchgeruch entgegen. Das Gespräch war nach 20 Minuten beendet, der Kandidat bekam zwei Tage später die Absage.

Der so wichtige erste Eindruck wird zum großen Teil durch das Outfit entschieden. Eine passende Kleidung und ein gepflegtes Auftreten sind daher die Vorraussetzungen. Im obigen Fall hat sich der Kandidat durch sein Auftreten trotz möglicherweise hervorragender fachlicher Qualitäten selbst um ein Angebot gebracht.

Doch was ist das perfekte Outfit? Dies ist wieder so eine Frage, die man nicht genau beantworten kann. Grundsätzlich gilt: Passen Sie sich den Gepflogenheiten des Unternehmens an, seien Sie nicht overdressed aber auch nicht underdressed.

Es mag sein, dass Sie die Kleidung, mit der Sie zum Vorstellungsgespräch erscheinen sollten, als etwas ungewöhnlich empfinden. Nicht jeder trägt täglich ein Kostüm mit Seidenbluse oder einen Blazer mit Hemd und Krawatte. Wichtig ist aber, dass Sie sich in Ihrer Kleidung wohlfühlen. Anderenfalls würde man Ihnen das sofort anmerken, da Sie wahrscheinlich nicht so locker wirken.

Bei der **Kleidung** sollten Sie darauf achten, dass Sie nicht zu auffällig ist. Im Finanzdienstleistungsgewerbe ist es meist sinnvoll, sich im sogenannten „Bankerblau“ zu kleiden. Je höher die Position im Management ist, desto dunkler ist die Kleidung. Ein dezentes blau ist aber für Hochschulabsolventen meist eine gute Lösung. Krawatten sind für Herren Pflicht!

Bei der Kleidung sollten Sie beachten:

- saubere und ordentliche Kleidung,
- farblich aufeinander abgestimmt,
- keine grellen oder auffälligen Farben,
- saubere Schuhe, ohne abgelaufene Absätze.

Die **Frisur** gehört neben der Kleidung zu den wichtigsten Erscheinungsmerkmalen. Ihre Haare sollten gepflegt sein. Herren sollten einen modischen Haarschnitt tragen und gut rasiert sein beziehungsweise einen gepflegten Bart vorweisen. Frauen mit langen Haaren sollten diese etwas zurücknehmen oder hochstecken.

Achten Sie darauf, dass Ihr **Duft** angenehm ist. Schweißgeruch, Knoblauch- oder gar Alkoholfahnen sind absolut tödlich. Übermäßiges Nutzen von Parfums macht auch keinen guten Eindruck. Ihr Gegenüber sollte nicht von einer Parfumwolke umgeben sein.

Wenn Sie auf einer langen Anreise ins Schwitzen kommen, dann sollten Sie eine Ersatzbluse oder ein Ersatzhemd mitnehmen. Fragen Sie notfalls auch nach, wo Sie sich kurz frisch machen dürfen.

Schmuck kann natürlich getragen werden. Achten Sie darauf, dass Sie nicht zu viel anlegen (keine „Christbaumbehängung“). Auch Ohrringe bei Herren machen keinen guten Eindruck. Auf keinen Fall sollten Sie billige Imitate von Uhren oder billigen Modeschmuck tragen.

Hier nun ein paar Beispiele, wie Sie **auf keinen Fall** auftreten sollten:

- Graue Kleidung oder farbenfrohes Outfit,
- sichtbare Schuppen auf der Kleidung,
- ungepflegte Haare und Bärte,
- Gerüche, die weiter als zehn Zentimeter von Ihnen entfernt noch zu riechen sind,
- sehr lange Fingernägel, möglicherweise noch lackiert,
- kurze Röcke oder enge Kleidung,
- transparente Blusen,
- Pullover mit Mustern oder Aufdrucken,

- weiße Socken zu dunklen Hosen,
- Sportschuhe,
- schmutzige Brillengläser,
- Jeans,
- zu viel Schmuck,
- Lederbekleidung,
- abgelaufene Absätze.

3.6.4 Die Anreise

Zu einem Vorstellungsgespräch sollten Sie auf jeden Fall pünktlich erscheinen. Es gilt daher, Ihre Anreise darauf abzustimmen und gut zu planen.

Wenn Sie mit dem Auto anreisen, so sollten Sie sich mindestens 50 Prozent mehr Zeit nehmen, als man normalerweise für die Strecke braucht. Es können immer unvorhergesehene Dinge wie Staus, Parkplatzprobleme oder gar Pannen auftreten.

Wollen Sie mit dem Zug reisen, so sollten Sie darauf achten, dass Sie auch noch mit der nächst späteren Verbindung pünktlich erscheinen können. Kümmern Sie sich rechtzeitig um die Fahrkarte, und planen Sie genügend Zeit für die Anfahrt zum Bahnhof ein.

Sollten Sie einen weiten Anfahrtsweg haben und der Gesprächstermin ist am Vormittag, so sollten Sie am Abend davor anreisen und im Hotel übernachten. Oft sind Unternehmen gern bereit, die Kosten dafür zu übernehmen.

Erscheinen Sie pünktlich, das heißt weder zu spät noch viel zu früh. Sind Sie zehn Minuten früher dran, macht das natürlich nichts aus, warten Sie jedoch am Empfang bis die vereinbarte Zeit erreicht ist. Erst dann sollten Sie sich anmelden lassen. Ein paar Minuten Ruhe vor dem Sturm werden Ihnen sicherlich auch gut tun.

Können Sie aus irgendeinem Grund nicht pünktlich erscheinen (zum Beispiel wegen einer Panne auf der Autobahn), so teilen Sie dies sofort dem Unternehmen mit. Es kann dann diskutiert werden, ob das Gespräch später stattfinden kann oder ob ein neuer Termin vereinbart wird. Das gleiche gilt auch, wenn Sie den Termin zum Beispiel aufgrund von Krankheit überhaupt nicht wahrnehmen können. Melden Sie sich in solchen Fällen auf jeden Fall so bald wie möglich beim Unternehmen, nicht erst fünf Minuten vor Gesprächsbeginn.

Hier nochmals knapp zusammengefasst, was alles bei der Anreise beachtet werden muss:

Checkliste: Anreise

- Das Vorstellungsgespräch sollte Ihre einzige Aktivität für den Tag sein, an dem es stattfindet.
- Sammeln Sie bereits am Vortag des Gesprächs die Unterlagen zusammen, die Sie benötigen. Planen Sie spätestens am gleichen Tag die Anreise sehr genau, und legen Sie Ihre Kleidung bereit. Sie ersparen sich somit enormen Zeitdruck.
- Lassen Sie sich vom Unternehmen den genauen Anfahrtsweg beschreiben. Sie können auch nach Parkmöglichkeiten fragen.
- Pünktlichkeit ist ein absolutes Muss.
- Sollte dass Gespräch bereits vormittags und weit entfernt stattfinden, so überlegen Sie sich, vielleicht schon am Abend vorher anzureisen.

Bringen Sie zum Vorstellungsgespräch auf jeden Fall Unterlagen mit. Ohne Unterlagen scheint es, als ob Sie sich nicht informiert haben oder kein wirkliches Interesse haben. Ihre Unterlagen sollten Informationsmaterialen zur ausgeschriebenen Stelle und über das Unternehmen enthalten. Sie können auch Ihre Bewerbungsunterlagen mitnehmen, um eventuelle Fragen direkt zu beantworten. Nehmen Sie auch eine Liste mit Fragen, die Sie stellen möchten, mit.

3.6.5 Reisekosten

Wenn ein Unternehmen einen Bewerber auffordert, zu einem Gespräch zu erscheinen, dann ist er auch verpflichtet, die Reisekosten gegen Vorlage von Belegen zu übernehmen.

Der potenzielle Arbeitgeber kann jedoch von vorneherein sagen, dass er bestimmte Kosten nicht erstattet. Wenn die Einladung zum Gespräch so formuliert ist, dass es Ihnen quasi frei steht, zu kommen, dann ist das Erstatten von Anreisekosten eine freiwillige Angelegenheit.

Oft wird im Einladungsschreiben bereits angekündigt, welche Kosten erstattet werden. Sollte dies nicht der Fall sein, so können Sie vor dem Gespräch regeln, welche Kosten übernommen werden.

Es geht hauptsächlich um folgende Kosten:

- Fahrtkosten vom Anreiseort des Bewerbers
- Hotelkosten, falls Sie einen Tag früher anreisen müssen
- Teilweise Verpflegung

Seien Sie vorsichtig. Ein penetrantes Bestehen auf die Rückerstattung der Reisekosten kann Ihre Chancen verringern. Sollten Sie vor dem Gespräch nichts festgelegt haben, so warten Sie während oder nach dem Gespräch auf Reaktionen des Unternehmens bezüglich der Reisekostenerstattung. Wird es Ihnen nicht angeboten, so sollten Sie das Thema auch nicht ansprechen und die Kosten selbst tragen. Wenn die Kosten nicht übernommen werden, können Sie diese als Werbungskosten von der Steuer absetzen.

Sie müssen auf jeden Fall für alle zu erstattenden Kosten Belege vorweisen.

3.6.6 Mehrere Gesprächspartner

Angelika ist zu einem Vorstellungsgespräch eingeladen. Vor Ort wird sie freundlich von einer Sekretärin empfangen. Nach fünf Minuten Wartezeit wird sie in einen Raum geführt. Als sie eintritt, bekommt sie einen kleinen Schock und die Nervosität steigt immens. Sie hatte mit einem Gesprächspartner gerechnet, und nun muss sie sich gleich drei Personen stellen.

Gespräche mit mehreren Personen kommen relativ häufig vor. Stellen Sie sich also schon von vornherein darauf ein, dass Sie möglicherweise von mehreren Personen befragt werden. Sie brauchen nicht aufgeregter zu sein als sonst, denn die Fragen sind im Prinzip die gleichen, egal ob Sie von einer oder mehreren Personen gestellt werden.

Folgende Dinge sollten Sie beim Gespräch mit mehreren Interviewern beachten:

- Alle Anwesenden sollten Ihnen mit Namen und Zuständigkeitsbereich vorgestellt werden. Oft sitzen neben Personalverantwortlichen noch mögliche spätere Kollegen und Vorgesetzte mit im Raum.
- Sollten Personen aus dem Fachbereich, für den Sie sich bewerben, anwesend sein, so müssen Sie mit detaillierten Fachfragen rechnen.
- Ihre Antworten sollten an alle Gesprächspartner gerichtet sein. Vermeiden Sie es, die meiste Zeit nur mit einem der anwesenden Personen zu sprechen.

3.6.7 Der Ablauf des Gesprächs

Nachdem Sie nun hoffentlich gut und rechtzeitig angekommen sind, kann es losgehen. Keine Angst, wenn Sie sich gut vorbereitet haben, sollte Ihnen eigentlich nichts passieren.

Während des Gesprächs sind Sie in einer defensiven Situation. Versuchen Sie nicht, die Gesprächsführung an sich zu reißen. Aber: Treten Sie selbstbewusst auf. Defensiv heißt nicht passiv. Sie können und sollen sich aktiv am Gespräch beteiligen.

Stellen Sie ruhig auch Fragen zwischendurch. Wichtige Fragen sollten Sie jedoch erst am Schluss des Gesprächs stellen, wenn Sie direkt dazu aufgefordert werden.

Jeder Personalverantwortliche hat seinen eigenen Ablauf für ein Vorstellungsgespräch. Man kann jedoch trotzdem eine allgemeine Gesprächsstruktur ausmachen. Die einzelnen Phasen des Gesprächs können aber in unterschiedlicher Reihenfolge auftreten:

- Begrüßung und Aufwärmphase,
- Information über die Arbeitsbedingungen und das Unternehmen,
- Fragen zu Ihren fachlichen Qualifikation und Ihren praktischen Erfahrungen,
- Fragen zu Ihrer Motivation und Eignung für die jeweilige Position,
- Fragen, warum Sie sich beworben haben und welche Leistungsbereitschaft Sie mitbringen,
- Fragen, die Ihren persönlichen Lebenslauf und Ihre Hintergründe betreffen,
- Fragen des Bewerbers,
- Abschluss und Zusammenfassung des Gesprächs.

Sie finden nun zu jeder Phase eine genauere Beschreibung und Fragen, wie Sie auch im Vorstellungsgespräch auftreten könnten.

Beantworten Sie die Fragen für sich. Notieren Sie sich die Antworten. Anschließend sollten Sie die Situation mit Bekannten üben. Dabei lernen Sie auch, die Antworten frei zu formulieren und gut vorzutragen.

Begrüßung

Diese erste Phase ist sehr wichtig. Es entsteht hier der so wichtige erste Eindruck. Gehen Sie auf Ihren Gesprächspartner zu und lächeln Sie dabei. Merken Sie sich unbedingt die Namen der Personen, die Ihnen vorgestellt werden. Sie können dann später die Personen namentlich ansprechen, was einen guten Eindruck macht.

Wird Ihnen die Hand gereicht, so sollten Sie einen festen Händedruck geben. Sie selbst sollten jedoch den Händedruck niemandem aufzwingen.

Setzen Sie sich hin, nachdem Sie dazu aufgefordert wurden. Nehmen Sie dann Ihre Unterlagen, die Sie für das Gespräch benötigen, aus der Tasche und stellen Sie diese neben sich hin.

Während des gesamten Gesprächs über sollten Sie Ihrem Gegenüber in die Augen schauen, wenn Sie nervös sind, auf die Nasenwurzel. Vermeiden Sie es jedoch Ihren Gesprächspartner anzustarren.

Aufwärmphase

„Wie war Ihre Fahrt?“, „Haben Sie uns gleich auf Anhieb gefunden?“, „Sind Sie zum ersten Mal in der Stadt?“

Solchen Fragen werden Sie als erstes beantworten müssen. Dies sollte auch kein Problem sein, denn die Aufwärmphase ist dazu da, eine lockere Atmosphäre zu schaffen und Ihnen die Nervosität zu nehmen.

Beantworten Sie die Fragen kurz. Die Antworten sollten freundlich und positiv sein. Beklagen Sie sich auf keinen Fall über Staus oder Parkplatzprobleme. Vermeiden Sie auch zu sagen: „Das frühe Aufstehen heute hat mir schon zu schaffen gemacht.“

Werden Ihnen Getränke angeboten, können Sie diese ruhig dankend annehmen. Trinken Sie jedoch keinen Alkohol, und Rauchen ist ebenfalls absolut tabu.

Informationen über das Unternehmen und die Arbeitsbedingungen

Dies ist der passivste Teil für Sie in einem Vorstellungsgespräch. Sie müssen keine Fragen beantworten. Hier gilt es, gut zuzuhören.

Ihr Gesprächspartner stellt Ihnen nun das Unternehmen vor. Gleichzeitig werden die Anforderungen und die Arbeitsbedingungen für die jeweilige Stelle ausführlich dargelegt. Nicken Sie hin und wieder zustimmend, lachen Sie bei kleinen Jokes und lassen Sie hin und wieder eine kluge Bemerkung fallen, die zeigt, dass Sie sich mit dem Unternehmen beschäftigt haben.

Sie können auch Fragen zum Unternehmen stellen. Passen Sie aber darauf auf, dass sie nicht uninformiert wirken.

Diese Phase des Gesprächs sollten Sie nutzen, um relativ einfach Sympathien aufzubauen. Dies kann Ihnen im weiteren Gesprächsverlauf helfen.

Fragen zur Ausbildung und zu den praktischen Erfahrungen

„Warum haben Sie sich gerade für ein Betriebswirtschaftsstudium entschieden?“

Für die Beantwortung der Frage zum Studienfach können Sie die Ergebnisse Ihrer Selbstanalyse verwenden. Legen Sie überzeugend dar, warum Sie sich für das jeweilige Studienfach entschieden haben und was Sie sich damals davon versprochen haben.

Vermeiden Sie jedoch möglichst, den Anschein zu erwecken, Ihre Studienfachwahl war ein Produkt des Zufalls.

„Wie hat Ihnen das Leben als Student gefallen?“, „Warum haben Sie gerade an dieser Universität studiert?“, „Würden Sie heute ein Studium anders angehen?“

Sie sollen nun Ihre Studienzeit reflektieren und kritisch betrachten. Außerdem sollte erkenntlich sein, was Ihre Ziele sind und weshalb Sie die jeweiligen Entscheidungen getroffen haben.

Beantworten Sie diese Fragen vorsichtig und mit viel Einfühlungsvermögen. Es soll zum Ausdruck kommen, dass Sie Ihre Studienzeit perfekt genutzt haben.

Kritisieren Sie nicht Ihre Professoren und beschweren Sie sich nicht über zu schlechte Noten. Sie erscheinen dann nicht loyal, und das hinterlässt einen schlechten Eindruck.

„Was war noch einmal das Thema Ihrer Diplomarbeit?", „Wo lagen Ihre Studienschwerpunkte?"

Mit diesen Fragen wird getestet, wie einfach und leicht verständlich Sie auch komplexere Sachverhalte vortragen können und welche fachlichen Fähigkeiten Sie besitzen. Ideal wäre es, wenn Sie eine Verbindung zwischen Ihren fachlichen Qualifikationen und den praktischen Anforderungen des Unternehmens knüpfen könnten.

„Warum haben Sie nicht promoviert?"

Ihr Gesprächspartner versucht nun, Ihre Leistungsbereitschaft zu testen.

Antworten Sie, dass Sie es nun sehr reizt, Ihre fachlichen Kenntnisse in der Praxis einzusetzen. Sie wollen nun Ihr Berufsleben starten und würden gern genau diesem Unternehmen helfen. Seien Sie aber immer ehrlich bei Ihren Antworten.

„In welchen Unternehmen konnten Sie bereits praktische Erfahrung sammeln?", „Worin bestanden Ihre praktischen Aufgaben?", „Welche Praktika haben Sie absolviert?"

Dieser Fragenbereich ist einer der wichtigsten, da die praktische Erfahrung eines der Hauptkriterien für die Vergabe von Arbeitsstellen ist. Versuchen Sie, Ihre Antworten so zu geben, dass Ihre Praxisorientierung deutlich wird.

Stellen Sie die Verbindung zum Anforderungsprofil der Stelle her, für die Sie sich bewerben. Stellen Sie die geforderten Fähigkeiten heraus.

Sie können auch auf Ihre Berufserfahrungsliste verweisen und diese noch genauer erläutern.

Fragen zur Motivation und fachlichen Eignung

„Was wissen Sie über unser Unternehmen?“, „Was wissen Sie über diesen Dienstleistungszweig und seine Entwicklungen?“

Der Interviewer möchte nun herausfinden, wie gut Sie sich vorbereitet haben und wie stark Sie sich für das Unternehmen und deren Dienstleistungen interessieren. Wenn Sie sich gut informiert haben, sollte diese Frage kein Problem für Sie darstellen.

Erzählen Sie Ihrem Gesprächspartner keine allgemein bekannten Dinge. Zeigen Sie, dass Sie sich mit dem Unternehmen und deren Problemen befasst haben und Ideen für die Zukunft im Unternehmen entwickelt haben.

Stellen Sie auch hier Ihre Fähigkeiten mit den Anforderungen des Unternehmens in Beziehung.

„Welche Finanzzeitungen lesen Sie regelmäßig?“, „Was halten Sie von der Diskussion um die Fusion von ...?“

Diese Fragen sollen nochmals Ihr Interesse an der Branche überprüfen. Außerdem wird Ihre Einstellung zu aktuellen Themen deutlich und ob sie übereinstimmt mit der Philosophie des Unternehmens.

Wichtig hierbei ist: Antworten Sie ehrlich. Machen Sie keine falschen Angaben. Wenn etwas nicht zutrifft oder Sie eine Wissenslücke haben, sollten Sie dies zugeben. Manchmal wird sogar überprüft, ob Sie ehrlich sind. Wenn Sie auf die Frage, ob Sie die Zeitung ABC lesen, die es gar nicht gibt, antworten: „Ich habe diese Zeitschrift abonniert. Mir gelingt es meistens trotz großen Zeitdruckes, die gesamte Ausgabe durchzugehen“, dann sind Sie quasi aus dem Rennen.

„In diesem Bereich können Sie sich aber noch stark verbessern. Was tun Sie, um zusätzliche Erfahrung und zusätzliches Wissen zu erlangen?“

Solche Fragen sollen Sie provozieren. Man versucht dabei zu erfahren, wie schlagfertig Sie sind und wie Sie in Stresssituationen reagieren.

Versuchen Sie, auch hier ruhig und gelassen zu antworten. Stellen Sie zum Beispiel klar, dass Sie alles tun werden, um die geforderten Fähigkeiten zu erlernen. Sie können auch sagen, dass Sie eine gute Auffassungsgabe haben und deshalb schnell Dinge erlernen können.

„Nennen Sie uns Ihre Schwächen!“

Diese Aufforderung ist sehr beliebt. Sie gehört auch zu den unangenehmen Fragen, die zeigen sollen, ob Sie schnell die Nerven verlieren. Außerdem sollen Sie auch zeigen, dass Sie durchaus auch kritisch mit sich selbst sein können.

Geben Sie daher ein oder zwei Schwächen an. Dies sollten aber Schwächen sein, die keine große Bedeutung haben. Passend wären hier zum Beispiel zu große Leistungserwartungen gegenüber anderen. Fangen Sie Ihre Antworten vielleicht so an: „Meine Lebensgefährtin oder meine Freunde sagen mir oft, dass ...“. Mit diesem Kniff gelingt es Ihnen, eine etwas distanziertere Haltung zu einer doch sehr persönlichen Frage einzunehmen. Andererseits erfährt Ihr Gesprächspartner genau das, was er wissen muss, nämlich wie Sie auf andere wirken.

„Warum sind Sie die passende Person für unser Unternehmen?“

Die Fragen aller Fragen. Erinnern Sie sich: Das Ziel des Vorstellungsgesprächs für das Unternehmen ist es, diese Frage zu beantworten.

Fassen Sie in aller Ruhe Ihre Fähigkeiten noch einmal zusammen. Legen Sie Schwerpunkte auf die Fähigkeiten, die im Anforderungsprofil des Unternehmens ganz oben stehen. Hier können Sie ganz besonders gut zeigen, dass Sie sich richtig vorbereitet haben.

Motive für Ihre Bewerbung und Leistungsbereitschaft

„Warum haben Sie sich gerade bei uns beworben?“, „Was reizt Sie besonders an dieser Position?“

Hier wird Ihre Motivation getestet. Das Unternehmen möchte wissen, ob die Bewerbung etwa nur zweite Wahl ist und ob Sie den potenziellen Arbeitgeber zu schätzen wissen.

Auf diese Fragen müssen Sie sehr gut vorbereitet sein. Sie können damit rechnen, dass sie auf jeden Fall gestellt wird. Hier wird für das Unternehmen deutlich, wie genau Sie sich bereits vorher mit ihm befasst haben. Referieren Sie ruhig einige Minuten. Ihr Vortrag sollte aber eine gewisse Spannung haben.

„Was erwarten Sie von uns?“, „Was ist für Sie das besondere an unserem Unternehmen?“, „Wofür interessieren Sie sich noch einmal genau?“

Wie Sie sicherlich bemerkt haben, handelt es sich hier um Wiederholungsfragen. Man möchte herausbekommen, ob Sie widersprüchliche Antworten geben. Ihre Motivation wird auch noch einmal abgeklopft.

Bleiben Sie ruhig und antworten Sie freundlich. Auch wenn Sie im Grunde noch einmal das Gleiche sagen wie vorher. Versuchen Sie noch einmal aus einer anderen Sicht oder in einer anderen Variante, Ihren Standpunkt darzulegen.

„Wie stellen Sie sich Ihre Aufgaben bei uns vor?“, „Könnten Sie sich vorstellen, in einem anderen Bereich zu arbeiten?“

Dies sind sehr knifflige Fragen. Man möchte sehen, wie gut Sie sich bei schwierigen Fragen aus der Affäre ziehen. Wie überzeugend können Sie argumentieren?

Sie sollten natürlich auf keinen Fall von einem anderen Tätigkeitsbereich schwärmen. Es entstünde dann der Endruck, Ihre Motivation für die Position, die Ihnen das Unternehmen anbieten kann, sei nicht sehr hoch. Antworten wie: „Die Stelle, die Sie mir anbieten könnten, ist mein Traumjob!“ machen natürlich auch keinen guten Eindruck. Dies klingt übertrieben und aufgesetzt. Seien Sie diplomatisch. Eine passende Antwort wäre zum Beispiel: „Ich würde mich wirklich sehr freuen, diese Aufgaben bei Ihnen übernehmen zu können. Schon in meiner Studienzeit haben mich Aufgaben aus diesem Bereich besonders gereizt.“ Erst bei näherem Nachfragen sollten Sie ähnliche Aufgaben, die Sie sich vorstellen können, genauer beschreiben.

„Wo haben Sie sich noch beworben?“, „Wie ist Ihre Arbeitssuche bisher so gelaufen?“, „Haben Sie Angebote von anderen Unternehmen?“

Es geht erneut darum, wie ernst die Bewerbung in diesem Unternehmen für Sie ist. Haben Sie sich beworben, weil Sie eine Stelle um jeden Preis brauchen?

Hier sollten Sie genau aufpassen, was Sie sagen. Es wirft kein gutes Licht auf Sie, wenn Sie Ihrem Gesprächspartner mitteilen, Sie haben sich beim Hauptkonkurrenten für die gleiche Position beworben. Geben Sie auf keinen Fall detaillierte Antworten. Sie könnten zum Beispiel sagen: „Es gibt da ein paar Kontakte, aber noch nichts konkretes.“ Auf die Frage „Wo wollen sie arbeiten, wenn Sie mehrere Angebote haben?“ sollten Sie überzeugend antworten: „Natürlich in Ihrem Unternehmen.“

„Wenn wir Ihnen diese Position nicht anbieten können, aber dafür eine andere. Wären Sie interessiert?“

Dies ist wieder eine Falle. Ähnlich wie bei der Frage nach anderen Positionen, die Sie sich vorstellen können, geht es hier um die Motivation und die Leistungsbereitschaft. Außerdem kann man rückschließen, wie anpassungsfähig Sie sind.

Die Antwort ist eine Gratwanderung. Sollten Sie sagen „Natürlich. Ich wäre auch bereit, Aufgaben in ganz anderen Bereichen zu erfüllen“, dann zeigt dies, dass Sie entweder einen Job dringend nötig haben oder dass Ihre Leistungsbereitschaft für die andere Position nicht sehr hoch ist. Sie dürfen aber auch nicht sagen, sie seien unter keinen Umständen bereit, eine andere Position anzunehmen. Sie erscheinen dann als nicht sehr anpassungsfähig. Eine passende Antwort wäre zum Beispiel: „Eigentlich habe ich mich auf diese konkrete Stelle beworben. Da ich aber sehr gern für Ihr Unternehmen arbeiten würde, wäre eine Stelle mit ähnlichem Aufgabengebiet auch eine sehr interessante Angelegenheit.“

„Wo, denken Sie, stehen Sie in fünf Jahren?“, „Was sind Ihre Ziele für die Zukunft?“

Hier geht es dem Unternehmen um Ihre Leistungsbereitschaft, Zukunftsplanung, Ihren Biss und visionäre Begabung.

Sie sollten sich als eine Person mit großen Zielen darstellen. Seien Sie zuversichtlich im Hinblick auf Ihren Werdegang. Vermeiden Sie es aber, zu dick aufzutragen. Man könnte Sie sonst als größenwahnsinnig einstufen oder gar Konkurrenzangst bekommen (heute noch der Assistent und morgen schon der Chef).

Ihr persönlicher Hintergrund

Man möchte Sie nun als Person etwas genauer kennen lernen. Es geht dabei um Fragen

- zu Ihrer Person,
- zu Ihrer Familie und
- zu Ihrem sozialen Umfeld.

Man möchte herausfinden, ob Sie ein emotional stabiler Mensch sind, ein geordnetes Leben führen und ein Umfeld haben, das Ihnen den Rücken frei hält. Personen, die dies vorweisen können, werden als sehr erfolgversprechend angesehen.

Zu Ihrer Person

„Erzählen Sie doch einmal etwas über sich.“, „Wie würden Sie sich charakterisieren?“

Diese Fragen klingen sehr harmlos. Das sind Sie aber nicht. Ihre Persönlichkeit wird schon in der Art und Weise, wie Sie antworten, deutlich. Das Unternehmen will überprüfen, ob Sie von Ihrer Persönlichkeit geeignet sind, bei ihm zu arbeiten.

Erzählen Sie keine Anekdoten aus Ihrem privaten Bereich. Berichten Sie von beruflichen Dingen, die nicht aus Ihren Bewerbungsunterlagen ersichtlich sind. Erzählen Sie von faszinierenden Erfahrungen im Studium oder warum Sie sich nun bereit fühlen, in die Arbeitswelt einzusteigen. Falls Sie sich unsicher sind, fragen Sie Ihren Gesprächspartner, was er genau wissen will. Er ist dann dazu gezwungen, seine Frage genauer zu formulieren.

„Welches Buch haben Sie als letztes gelesen?“, „Welchen Film haben Sie sich kürzlich im Kino angesehen?“

Diese Fragen sind keineswegs in den Bereich des Small Talk zu verweisen. Ihr Gesprächspartner will einfach einen besseren Einblick in Ihre Charaktereigenschaften bekommen.

Überlegen Sie sich gut, was Sie antworten sollen. Sie haben hier die Möglichkeit, die Sache ein wenig aufzulockern und zu verblüffen. Nennen Sie keine langweiligen Schinken, auch nicht leichte Unterhaltungsromane und Bücher, die Sie aus Ihrer Schulzeit kennen. Mit den Kinofilmen funktioniert das genauso. Denken Sie daran, dass alles, was Sie sagen, ein bestimmtes Licht auf Sie wirft.

„Wie gehen Sie mit Kritik um?“

Können Sie sich mit sich selbst auseinandersetzen? Sehen Sie Fehler ein?

Beim Beantworten dieser Frage sollten Sie daran denken: Kritik bringt Sie nicht um und ist meist kein persönlicher Angriff. Kritik ist als Anregung gedacht und soll Sie weiterbringen!

„Was unternehmen Sie in Ihrer Freizeit?“

Sind Sie ein Einzelgänger oder gehen Sie gern auf Partys? Wo liegen Ihre persönlichen Interessen? Diese Hintergrundfragen sollen das Bild von Ihrer Persönlichkeit abrunden.

Achten Sie genau darauf, was Sie sagen. Sind Ihre Freizeitaktivitäten gefährlich? Können daraus Fehlzeiten resultieren? Nicht nennen sollten Sie auch Hobbys, für die Sie sehr viel Freizeit brauchen. Ihre Arbeit könnte darunter leiden. Überlegen Sie sich bei der Antwort dieser Frage auch, ob die Position, für die Sie sich bewerben, eher Teamgeist oder Einzelgängerqualitäten erfordert.

Zu Ihrer Familie

„Wie sehen Ihre aktuellen Lebensverhältnisse aus?“

Ihr Gesprächspartner ist daran interessiert, wie Sie leben (vielleicht in einer WG?), ob Sie Familie haben.

Machen Sie sich klar, dass Ihre private Situation ein Hauptkriterium für die Vergabe der Stelle ist. Ein Unternehmen wünscht sich Mitarbeiter, die in abgesicherten Verhältnissen leben. Auch wenn Sie nicht gern über Ihr Privatleben berichten wollen, so sollten Sie doch eine knappe Darstellung Ihres Lebens liefern.

„Stellen Sie uns Ihre Familie vor.“, „Was machen Ihre Eltern beruflich“

Wenn Sie noch keine eigene Familie haben, so will man doch zumindest wissen, aus welchem sozialen Umfeld Sie kommen.

Hier gilt genauso: die Antworten knapp halten und nicht zu ausführlich gestalten. Können Sie allerdings Ihre Familienangehörigen als Vorbilder nennen, dann macht das immer einen guten Eindruck.

„Was sagt Ihr Lebenspartner zu Ihren beruflichen Plänen?“

Haben Sie Unterstützung zu Hause? Gibt es persönliche Probleme, die durch die Übernahme dieser neuen Aufgabe ausgelöst werden könnten?

Antworten Sie selbstbewusst. Erzählen Sie, Ihr Partner war von der Idee, sich bei diesem Unternehmen zu bewerben sofort begeistert. Stellen Sie klar, dass es keine Probleme durch diese Bewerbung gibt, eher im Gegenteil. Auch wenn dies nicht so ist, denken Sie daran: Sie sitzen nicht im Beichtstuhl.

„Wie sieht Ihre Familienplanung für die Zukunft aus?"

Eine sehr beliebte Frage, besonders bei weiblichen Bewerbern. Das Unternehmen will wissen, ob Sie Kinder haben möchten und aus einer eventuellen Schwangerschaft eine lange Ausfallzeit resultieren könnte.

Antworten Sie, dass im Moment gerade andere Dinge im Vordergrund stehen, zum Beispiel Ihr Berufseinstieg. Die weitere Familienplanung wird sich dann ergeben. Konkretisieren Sie auf keinen Fall Pläne, die Sie vielleicht schon haben. Auch zu sagen, man wolle unter keinen Umständen Kinder, ist auffällig und wirft weitere Fragen auf.

Zu Ihrem sozialen Umfeld

„In welchen Bereichen engagieren Sie sich privat?"

Das Unternehmen möchte wissen, ob es soziale oder politische Einrichtungen (Vereine, Parteien, Kirche) gibt, für die Sie sich besonders einsetzen.

Sie sollten sich im Klaren sein, dass jedes Engagement, das Sie ansprechen, ein bestimmtes Bild von Ihnen liefert. Sie sollten aber auch vermeiden, gar nichts zu nennen. Zumindest ein Engagement, zum Beispiel im Sportverein, sollte man angeben.

„Mit welchen Leuten sind sie gern zusammen?"

Seine Freunde lassen (zumindest theoretisch) einen Rückschluss auf die eigene Person zu. Und genau das soll diese Frage erreichen. Hier gilt wie so oft: Überlegen Sie sich, was Sie sagen wollen und in welchem Licht Sie erscheinen möchten.

„Welche Tätigkeiten üben Sie gern mit anderen Personen aus, was machen Sie lieber allein?"

Dies ist eine wichtige Frage. Die Antwort soll Aufschluss geben, wie teamfähig und kommunikativ Sie sind. Die Frage zielt auch noch auf Ihre Führungsqualitäten sowie Anpassungsfähigkeiten ab.

Diese Frage muss genauestens vorbereitet werden. Überlegen Sie sich genau, wie bestimmte Tätigkeiten auf die oben genannten Fähigkeiten wirken. Passen Sie auf, dass Sie sich nicht zu stark offenbaren.

Unangenehme Fragen

Es wird sicherlich vorkommen, dass Sie die eine oder andere unangenehmen Frage gestellt bekommen, bei der Sie erst einmal schlucken müssen. Fragen wie „Warum haben Sie eine schlechte Abschlussnote?", „Sie haben doch überhaupt nicht die Qualifikation für diesen Job!" oder „Warum sind Sie eigentlich mit 29 Jahren immer noch nicht verheiratet?" sollen Sie in eine Stresssituation versetzen. Man will sehen, wie Sie reagieren und wie Sie Stress verarbeiten können. Hier nun ein paar Hinweise, wie Sie sich bei solchen Fragen geschickt verhalten können:

- Machen Sie sich von vorneherein klar, dass unangenehme Fragen meist total übertrieben sind und Ihrem Erscheinungsbild nicht entsprechen.
- Sagen Sie, Sie seien froh, dass diese Frage aufgekommen ist. Ihre Antwort könnte dann lauten: „Vielen Dank, dass Sie diese Frage aufgegriffen haben. Es gibt mir die Möglichkeit Ihnen die Hintergründe zu erläutern. Meine Abschlussnote mag zwar nicht die beste sein, dafür habe ich aber bereits in der Schlussphase meines Studiums viele interessante Tätigkeiten ausführen können. Ich habe meinen Schwerpunkt doch eher im praktischen Bereich gesehen."
- Versuchen Sie abzulenken. „Das ist eine interessante Frage. Vorher würde ich aber gern ein paar Dinge noch einmal ansprechen..." Wenn Sie dies geschickt tun und einige Minuten reden, vergisst der Interviewer meist die eigentliche Frage.
- Wiederholen Sie die Frage. „Sie wollen also wissen, warum ...?" Ihr Gesprächspartner formuliert die Frage dann meist neu, so dass Sie „entschärft" oder einfacher zu beantworten ist. Zumindest gewinnen Sie etwas Zeit, um über eine Antwort nachzudenken.

Versuchen Sie bei allen unangenehmen Fragen, die Antworten so auszurichten, dass Ihre starken Seiten und positiven Eigenschaften deutlich werden.

Lassen Sie sich auf keinen Fall provozieren, dann wären Sie bei diesem Test durchgefallen, was Ihre Erfolgschancen extrem beeinträchtigt.

Generell gilt bei Fragen im Vorstellungsgespräch: Bereiten Sie sich ausführlich auf jede mögliche Frage vor. Legen Sie sich in Ihrem Kopf mögliche Antworten zurecht und üben Sie die Situationen mit Freunden und Bekannten. Verwenden Sie aber keine Standardantworten. Diese werden von geübten Interviewern sofort erkannt.

Fragen, die man nicht beantworten muss

Es kann vorkommen, dass in einem Vorstellungsgespräch Fragen gestellt werden, die Ihre Persönlichkeit stark betreffen. Diese müssen Sie gar nicht oder nicht wahrheitsgemäß beantworten.

Es dürfen in einem Vorstellungsgespräch eigentlich nur Dinge gefragt werden, die direkt mit der Besetzung der jeweiligen Stelle zu tun haben.

Folgende Fragen gehören auf die „schwarze Liste“:

- Fragen zu Ihrer Religion oder zu politischem und gewerkschaftlichem Engagement, besonders wenn dies nachteilig für Ihre Bewerbungschancen sein kann.
- Fragen nach Schwangerschaft und Familienplanung müssen eigentlich auch nicht beantwortet werden. Sie können ruhig ein bisschen flunkern.
- Verboten sind auch Fragen zu Vermögensverhältnissen, Schulden und Vorstrafen.

Sollten Sie solche Fragen nicht wahrheitsgetreu beantworten, so hat dies keinerlei Einfluss auf die Gültigkeit eines möglichen Arbeitsvertrags.

Eigene Fragen stellen

Sie haben in einem Vorstellungsgespräch nicht nur die Möglichkeit, selbst Fragen zu stellen, Sie sollen es sogar dringend tun. Sie zeigen dadurch aktives Interesse an Unternehmen und Position.

Meist am Ende des Gesprächs gibt Ihnen der Gesprächspartner die Möglichkeit, nach allem zu fragen, was Sie interessiert.

Überlegen Sie sich bereits vor dem Gespräch, welche Fragen Ihnen wichtig sind und notieren Sie diese. Sie dürfen während des Gesprächs die Fragen ablesen. Verschwenden Sie aber nicht die Zeit Ihres Gesprächspartners durch das Notieren der Antworten.

Natürlich kann man nicht jede x-beliebige Frage stellen. Hier nun eine Auswahl von Fragen, die Sie an Ihren Gesprächspartner richten könnten:

Checkliste: Mögliche Fragen

- Wie läuft die Einarbeitungszeit ab? Gibt es dafür bestimmte Programme?
- Wird mir von einem Mentor bei Fragen oder Problemen in der ersten Zeit geholfen?
- Wird die Stelle, die ich eventuell übernehme, neu geschaffen?
- Wer wird mein direkter Vorgesetzter sein? Besteht die Möglichkeit, ihn vor dem Arbeitsantritt kennen zu lernen.
- Wie kann ich mich bei Ihnen weiterbilden?
- Welche Entwicklungsmöglichkeiten habe ich im Unternehmen?
- Ist es möglich, ein Stellenanforderungsprofil zu bekommen?

Stellen Sie unbedingt auch Fragen zum Unternehmen. Dadurch zeigen Sie besonderes Interesse. Achten sie aber darauf, dass die Antworten nicht schon durch das vorherige Gespräch geklärt wurden.

- Könnte ich ein Organigramm bekommen?
- Wo in der Hierarchie wäre ich angesiedelt?
- Wie haben sich Umsatz und Gewinn entwickelt?
- Welcher Führungsstil wird im Unternehmen praktiziert?
- Was sind Zielgruppen und Hauptkunden?
- Wie werden Neukunden angeworben?

Stellen Sie möglichst Fragen, die man nicht nur mit Ja oder Nein beantworten kann. Ihr Gesprächspartner sollte die Möglichkeit haben, Ihnen alles ausführlich zu erklären.

Diese Fragen sollte man nicht stellen

Vermeiden Sie generell Fragen mit „Warum“. Diese Fragen klingen oft aggressiv, als ob Ihr Gesprächspartner sich rechtfertigen müsste. Ersetzen Sie warum zum Beispiel durch „Aus welchen Gründen ...“ oder „Was war ausschlaggebend ...“.

Folgende Fragen sollten Sie außerdem vermeiden:

- Fragen nach dem Arbeitsvertrag,
- Fragen zum Gehalt,
- Fragen nach der Anzahl der Urlaubstage,
- Fragen nach freiwilligen sozialen Leistungen des Unternehmens,
- Fragen nach der Beurteilung Ihrer Person (zum Beispiel: „Wie habe ich mich geschlagen?"),
- Fragen, die vorher schon beantwortet wurden.

Die meisten dieser Fragen werden in einem zweiten Gespräch behandelt, wenn es um die Aushandlung des Arbeitsvertrages geht und Sie die Stelle schon fast sicher haben.

Abschluss des Gesprächs

Am Ende des Gesprächs wird noch einmal alles zusammengefasst. Sie werden meist durch eine Frage wie **„Fassen Sie das Gespräch knapp zusammen. Was spricht für und was gegen Sie?"** dazu aufgefordert.

Versuchen Sie, in die Zusammenfassung auch ein paar neue Aspekte mit einfließen zu lassen. Sie müssen selbstverständlich schwerpunktmäßig Ihre Stärken noch einmal darlegen. Sprechen Sie auch Dinge an, von denen Sie überzeugt sind, Ihr Gesprächspartner fand sie sehr interessant und spannend.

Ganz zum Schluss werden normalerweise Vereinbarungen über das weitere Vorgehen in der Bewerbungsangelegenheit getroffen. Entweder Ihr Gesprächspartner sagt Ihnen zum Beispiel „Nächste Woche melden wir uns dann telefonisch bei Ihnen", oder Sie können Ihrerseits nachfragen. „Wann höre ich von Ihnen?" oder „Wann darf ich mich bei Ihnen melden?" sind passende Fragemöglichkeiten.

Nach Beendigung des Gesprächs sollten Sie sich in einem **Gedächtnisprotokoll** alle Dinge aufschreiben, die Ihnen im Verlaufe des Gesprächs aufgefallen sind. Was war für Sie neu und was war der Höhepunkt des Gesprächs? Wo haben Sie gut ausgesehen, wo haben Sie einen schlechten Eindruck gemacht? Welche Fragen wurden gestellt?

Beschäftigen Sie sich mit dem Gespräch und überdenken Sie es noch einmal genau. Sie können so für Ihre nächsten Vorstellungsgespräche lernen und gleiche Fehler vermeiden.

3.6.8 Der Dankesbrief

Gleich am Tag nach Ihrem Gespräch sollten Sie einen Dankesbrief formulieren. Bedanken Sie sich noch einmal bei dem Unternehmen für die Einladung.

- Halten Sie auch fest, was für Sie die wichtigsten Erkenntnisse des Gesprächs waren.
- Bemerken Sie außerdem, was noch offen geblieben ist.
- Zeigen Sie noch einmal deutlich, wie gern Sie für das Unternehmen arbeiten würden und dass Ihr Interesse an der Position sehr stark ist.

3.7 Besondere Auswahlverfahren

Viele Unternehmen wenden heutzutage verschiedene Methoden an, um interessante Positionen zu vergeben. Längst nicht jede Stelle wird auf dem klassischen Weg über ein Vorstellungsgespräch besetzt.

Ziel ist es, die Bewerber besser kennen zu lernen als dies durch ein einfaches Vorstellungsgespräch möglich ist.

3.7.1 Gruppengespräche

Es kann passieren, dass zu einem Vorstellungsgespräch gleichzeitig mehrere Bewerber eingeladen werden. In diesen Fällen wird die Fähigkeit zur sozialen Interaktion unter die Lupe genommen.

Teamfähigkeit, Kommunikationsfähigkeit sowie Anpassungsfähigkeit und Durchsetzungsvermögen stehen dabei besonders auf dem Prüfstand.

Für eine optimale Vorbereitung ist es wichtig, dass Sie bereits im Vorfeld wissen, ob ein Gruppengespräch oder ein Einzelgespräch stattfindet. Sie können dies durch einen kurzen Anruf im Unternehmen erfragen.

Die anderen Bewerber sind ihre Konkurrenten. Das Ziel ist, sich von den anderen positiv abzuheben. Dazu sollten Sie wissen: Der jeweils erste und letzte, der eine Frage beantwortet, sind im Nachteil.

So können Sie in einem Gruppengespräch bestehen:

Checkliste: Gruppengespräch

- Achten Sie darauf, dass Sie sich nicht in den Vordergrund drängen.
- Vertreten Sie selbstbewusst Ihre Meinung. Seien Sie jedoch nicht starrsinnig. Wenn sich aus dem Gespräch eine andere Meinung als besser herausstellt, lassen Sie sich überzeugen.
- Hören Sie aufmerksam zu. Wenn es um die Lösung eines Problems geht, so greifen Sie die Punkte Ihrer Mitstreiter auf und bauen Sie diese zusammen mit Ihren Ideen in eine Lösung ein.
- Halten Sie keine endlosen Monologe. Ihre Beiträge sollten kurz und präzise sein.
- Machen Sie Ihre Mitbewerber nicht schlecht.
- Sie können auch die anderen Bewerber nach deren Meinung zu einem Thema fragen.

Im Anschluss an ein Gruppengespräch folgt oft noch ein zweites Gespräch. Dort werden Sie dann einzeln befragt, und meistens sollen Sie dann die Ergebnisse des Gruppengesprächs bewerten.

3.7.2 Stressinterviews

Das Stressinterview ist eine relativ brutale Art und Weise der Gesprächsführung. Die Bewerber werden hierbei mit persönlichen und beleidigenden Fragen und Kommentaren konfrontiert.

Ziel dieser Veranstaltung ist es zu testen, wie Sie bestimmten Anforderungen gewachsen sind. Können Sie großen psychischen Druck aushalten?

Auf folgende Beleidigungen und Behauptungen können Sie stoßen:

- „Ihr Auftreten kommt bei unseren Kunden nicht an."
- „Ihre praktische Erfahrung ist geradezu lächerlich."
- „Wir haben von dem Unternehmen, bei dem Sie kürzlich ein Praktikum absolviert haben, erfahren, dass ..."
- „Wie wollen Sie überhaupt wissen, wie ..."

Es kann sogar vorkommen, dass Fragen gestellt werden, die unter die Gürtellinie gehen. Denken Sie in diesen Fällen daran, dass dies unzulässige Fragen sind.

In Stressinterviews wird man häufig von mehreren Personen befragt. Dabei hat jede Person eine ganz bestimmte Rolle. Zwei Interviewer stellen andauernd beleidigende und provozierende Fragen, während die dritte Person die Situation möglichst entschärft.

Das Problem bei einem Stressinterview ist, dass die Bewerber im Vorfeld denken, es handele sich um ein normales Vorstellungsgespräch. Man kann sich also nicht darauf vorbereiten.

Wichtig ist, dass Sie bei der ganzen Sache ruhig und gelassen bleiben. Dies klingt zwar sehr schwierig, doch das ist der Schlüssel zum Erfolg. Sie müssen schlagfertig reagieren.

Ein paar Tipps zur Bewältigung von Stressinterviews:

- Sagen Sie sich, es ist alles nur ein Spiel.
- Reizen Sie notfalls Ihre Gesprächspartner. Antworten Sie zum Beispiel: „So wie Sie Ihre Gespräche führen, werden Sie Probleme haben, geeignete Bewerber für Ihr Unternehmen zu finden."
- Beantworten Sie die Fragen nicht mit dem Hinweis, dass sie nichts mit der zu vergebenden Position zu tun haben.
- Stehen Sie auf, und gehen Sie. Das erfordert zwar viel Mut, aber wollen Sie in einem solchen Unternehmen Ihr Berufsleben starten?

Glücklicherweise sind Stressinterviews relativ selten. Sollten Sie aber einmal in eine solche Situation kommen, so sehen Sie dies als nützliche Erfahrung an.

3.7.3 Leistungstests

Nach vielen Vorstellungsgesprächen werden Sie darum gebeten, Leistungstests zu absolvieren. Die Unternehmen wollen auf diese Weise sicher gehen, dass Sie wirklich die benötigten Qualifikationen mitbringen.

Gerade bei Hochschulabsolventen sind Leistungstests üblich. Man will und muss sich von den späteren Führungskräften ein genaues Bild machen, denn Sie bestimmen die Entwicklung des Unternehmens.

Leistungstests werden in verschiedenen Bereichen durchgeführt. Der in den 80er Jahren noch gern verwendete Allgemeinwissentest wird heute seltener angewandt. Wichtig geworden ist der Persönlichkeitstest, bei dem es um Ihre persönlichen Merkmale und Charaktereigenschaften geht.

Leistungstests lassen sich genauso gut vorbereiten, wie ein Vorstellungsgespräch. Es gibt zu jeder unterschiedlichen Testart entsprechende Literatur und Beispieltests. Sie sollten daher vorher in Erfahrung bringen, ob ein Test ansteht und möglichst auch welcher.

3.7.4 Der Persönlichkeitstest

Durch Persönlichkeitstest will das Unternehmen die Bewerber „durchleuchten". Man versucht, Merkmale Ihrer Person herauszufinden. Stimmen diese mit dem Anforderungsprofil überein?

Wichtig für das Unternehmen ist auch, wie Sie sich selbst einschätzen. Schätzen Sie sich so ein, wie Sie nach außen wirken? Am besten ist es, wenn man sich realistisch einschätzt und somit auch eine gewisse Fähigkeit zur Selbstkritik beweist.

Die Fragen in einem Persönlichkeitstest sollten Sie nicht blind beantworten, gerade so wie Sie sich fühlen. Auch übergroße Ehrlichkeit ist nicht vonnöten. Sie haben zuerst einmal Ihr Ziel vor Augen, und das besteht darin, in die nächste Runde der Bewerberauswahl zu kommen. Die Kunst bei der Sache ist, jede einzelne Frage zu durchschauen und zu sehen, auf welche Fähigkeit sie abzielt. Man kann die Fragen dann so beantworten, dass nachher genau das Persönlichkeitsprofil entsteht, das mit den Anforderungen des Unternehmens übereinstimmt.

Dazu braucht es natürlich gewisser Übung. Neben einer Vielzahl von Übungsbüchern gibt es mittlerweile auch im Internet schon einige ernsthafte Angebote, die Sie bei Ihrem Training unterstützen können. Unter der Adresse *www.inomak.de* findet sich eine Online-Version des KOMPASYS-Tests mit Online-Auswertung. Weiterhin können Sie Ihre unternehmerischen Fähigkeiten mit dem an der European Business School in Oestrich-Winkel ausgearbeiteten Persönlichkeitstest untersuchen, der angehenden Unternehmern als Entscheidungshilfe dienen soll (*www.bmwi.de*). Eine ganze Sammlung von Persönlichkeitstest – nicht alle ganz erst gemeint – finden Sie unter *www.testedich.de.*

Denken Sie daran: Sie werden dort nur Beispiele für verschiedene Testtypen finden. Jedes Unternehmen hat seine eigenen Tests.

3.7.5 Spezifische Leistungstests

Zusätzlich zu Persönlichkeitstests veranstalten Unternehmen auch noch andere Leistungstest. Dazu gehören zum Beispiel Intelligenz-, Konzentrations- und Allgemeinwissenstests.

Solche Leistungstests finden unter hohem zeitlichen Druck statt. Man kann so auch Ihr Leistungsvermögen in Stresssituationen beurteilen. Oft sind sogar mit Absicht mehr Fragen aufgelistet, als man als Sterblicher in der angegebenen Zeit beantworten kann. Machen Sie sich deshalb nicht verrückt, wenn Sie nicht alle Fragen in der vorgegebenen Zeit beantworten können.

Diese Leistungstests haben meist nicht viel mit den Anforderungen des Unternehmens zu tun. In vielen Unternehmen werden diese Tests aber trotzdem durchgeführt, mit der Begründung eine objektivere Entscheidung bei der Angebotsvergabe zu ermöglichen.

Wie auf fast alles, kann man sich auf diese Tests auch sehr gut vorbereiten. Tun Sie dies auch. Man muss die Art der Fragen kennen, um sie richtig beantworten zu können. Oftmals gibt es einen bestimmten Trick bei der Sache.

Um sich einen Überblick über mögliche Testtypen und Fragen zu verschaffen, die im Bereich Banken und Versicherungen für aussagefähig gehalten werden, sollten Sie sich das im Internet aufliegende Computerspiel „Hotstaff" (www. hotstaff.de) ansehen. Hier wurden Persönlichkeitsfragen zusammen mit Konzentrations- und Gedächtnisübungen sowie Willensfragen kombiniert. Zudem wird die Geschicklichkeit und Schnelligkeit am Computer getestet. Und eine Menge Fun ist auch dabei!

Denken Sie aber bitte auch hier wieder daran, dass diese Aufgaben nur beispielhaft für die wirklichen Aufgaben sind.

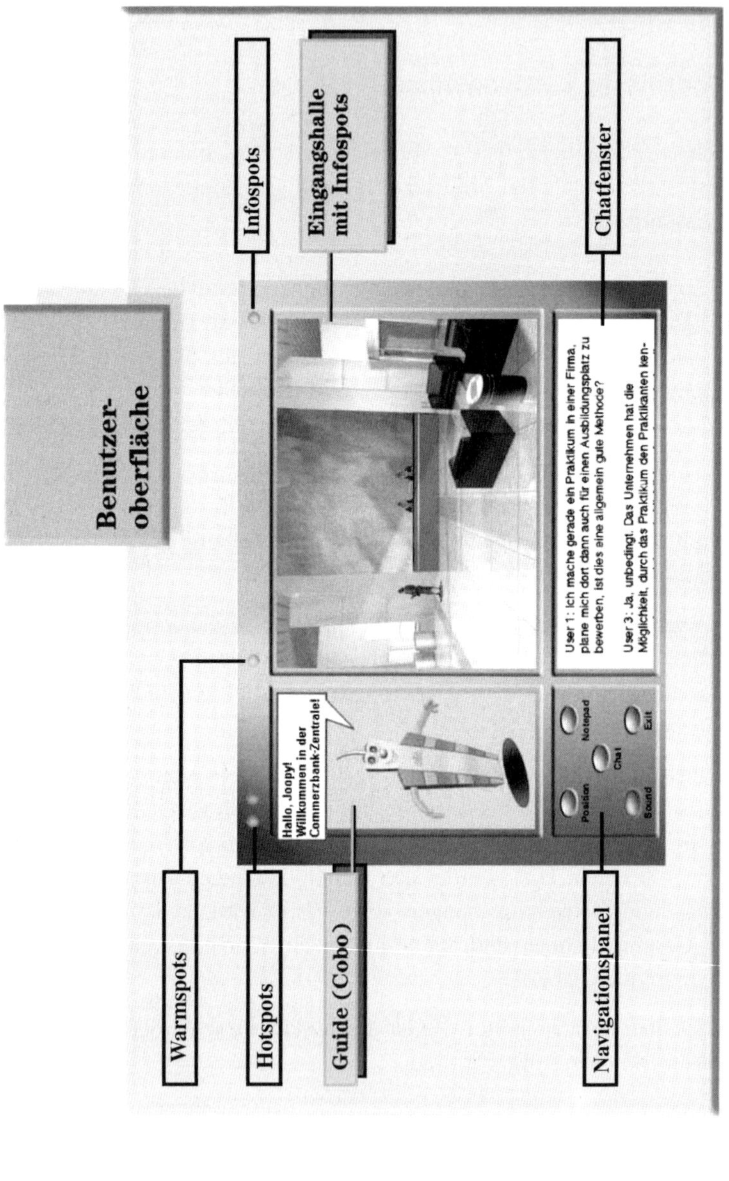
Benutzer-
oberfläche
Warmspots
Hotspots
Guide (Cobo)
Infospots
Eingangshalle
mit Infospots
Chatfenster
Navigationspanel
Hallo, Joopy!
Willkommen in der
Commerzbank-Zentrale!
Position
Notepad
Chat
Sound
Exit
User 1: Ich mache gerade ein Praktikum in einer Firma, plane mich dort dann auch für einen Ausbildungsplatz zu bewerben, ist dies eine allgemein gute Methode?
User 3: Ja, unbedingt. Das Unternehmen hat die Möglichkeit, durch das Praktikum den Praktikanten ken-
COMMERZBANK

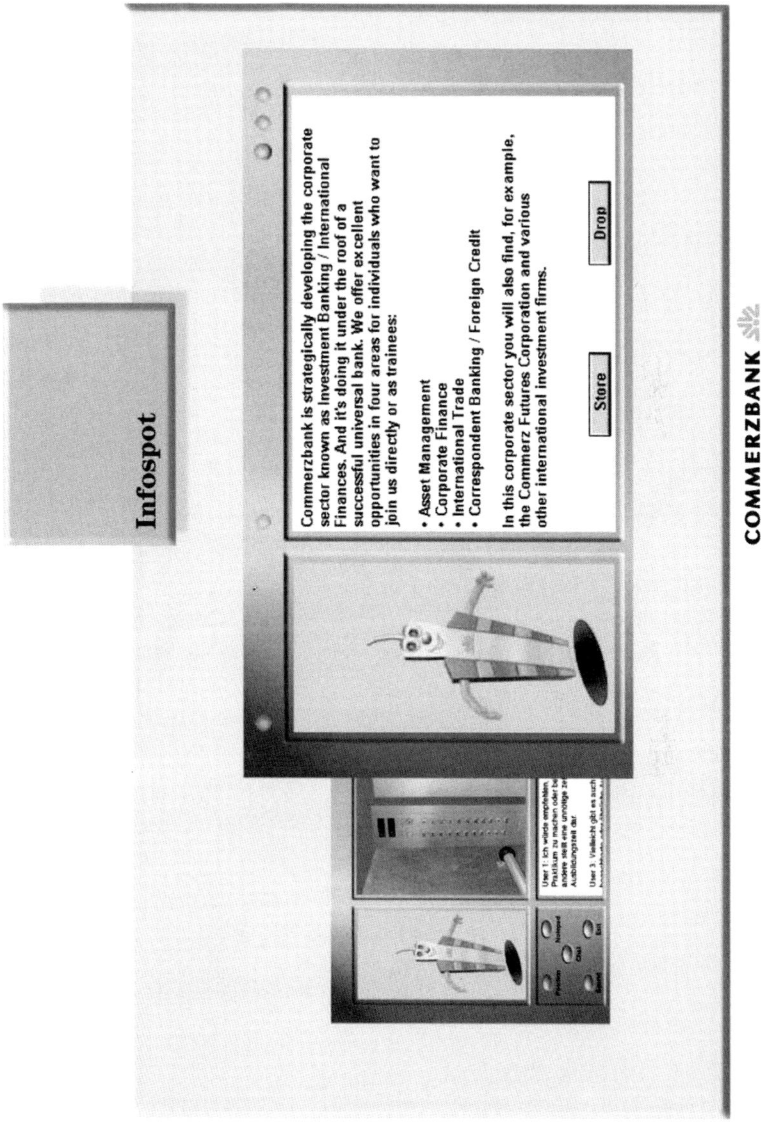
Infospot
Commerzbank is strategically developing the corporate sector known as Investment Banking / International Finances. And it's doing it under the roof of a successful universal bank. We offer excellent opportunities in four areas for individuals who want to join us directly or as trainees:
• Asset Management
• Corporate Finance
• International Trade
• Correspondent Banking / Foreign Credit
In this corporate sector you will also find, for example, the Commerz Futures Corporation and various other international investment firms.
Store
Drop
COMMERZBANK

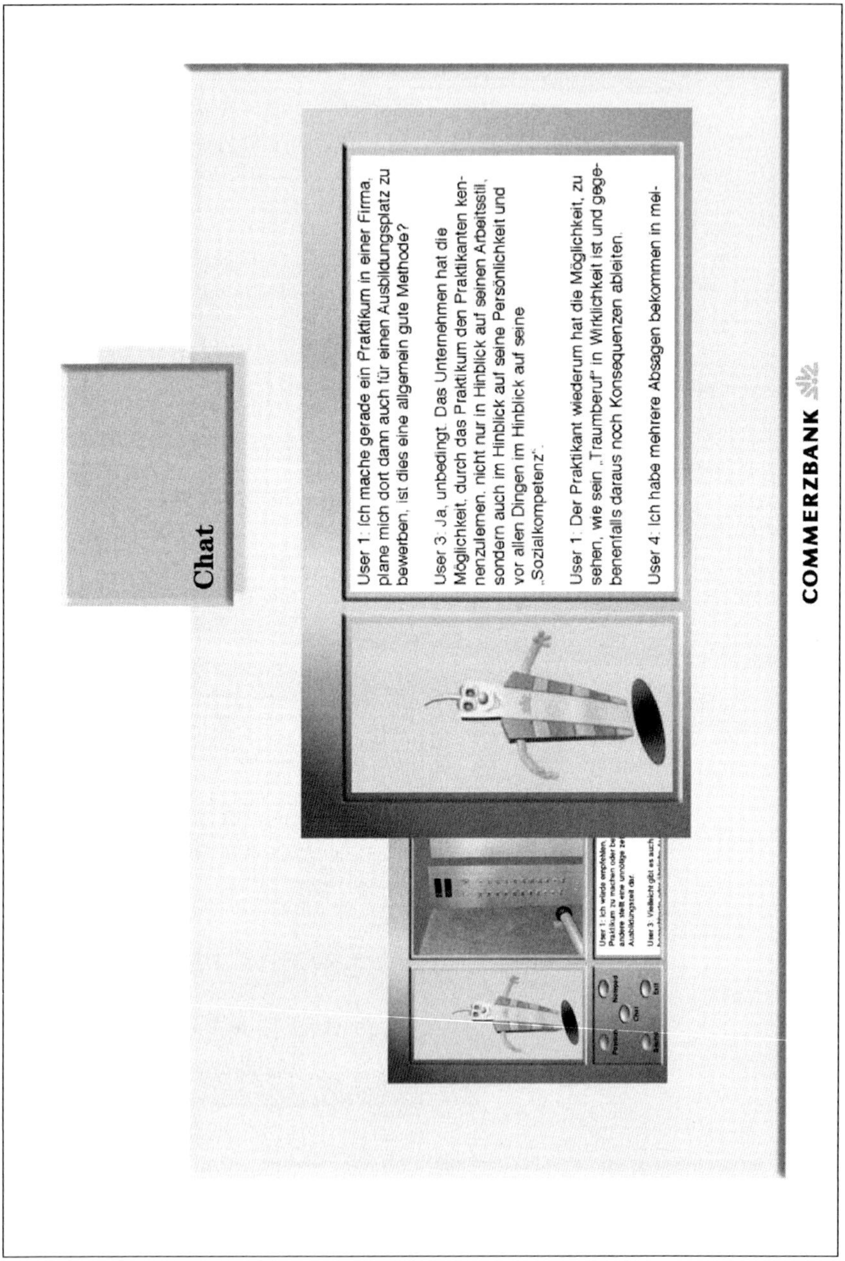
Chat
User 1: Ich mache gerade ein Praktikum in einer Firma,
plane mich dort dann auch für einen Ausbildungsplatz zu
bewerben, ist dies eine allgemein gute Methode?
User 3: Ja, unbedingt. Das Unternehmen hat die
Möglichkeit, durch das Praktikum den Praktikanten ken-
nenzulernen, nicht nur in Hinblick auf seinen Arbeitsstil,
sondern auch im Hinblick auf seine Persönlichkeit und
vor allen Dingen im Hinblick auf seine
„Sozialkompetenz“.
User 1: Der Praktikant wiederum hat die Möglichkeit, zu
sehen, wie sein „Traumberuf“ in Wirklichkeit ist und gege-
benenfalls daraus noch Konsequenzen ableiten.
User 4: Ich habe mehrere Absagen bekommen in mei-
COMMERZBANK

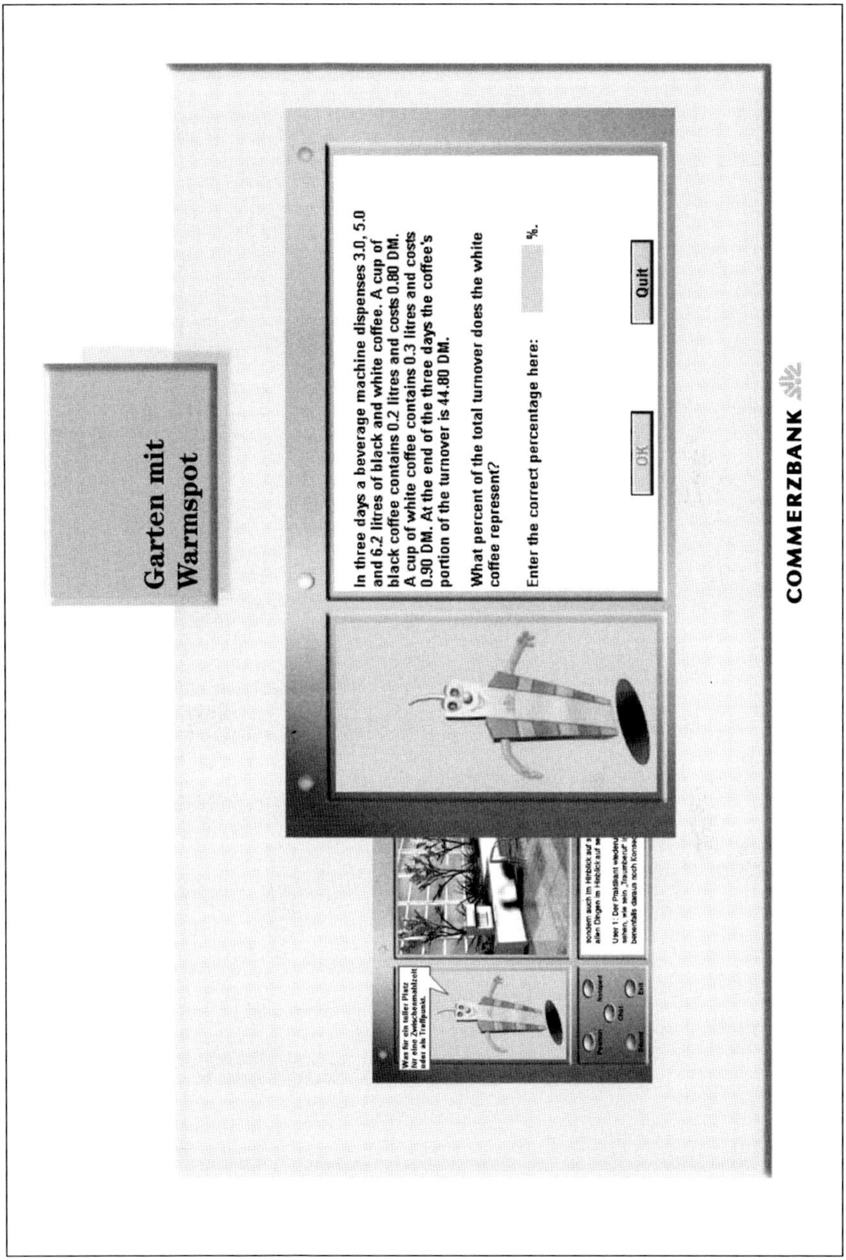
Garten mit Warmspot
In three days a beverage machine dispenses 3.0, 5.0 and 6.2 litres of black and white coffee. A cup of black coffee contains 0.2 litres and costs 0.80 DM. A cup of white coffee contains 0.3 litres and costs 0.90 DM. At the end of the three days the coffee's portion of the turnover is 44.80 DM.
What percent of the total turnover does the white coffee represent?
Enter the correct percentage here: %.
OK
Quit
COMMERZBANK

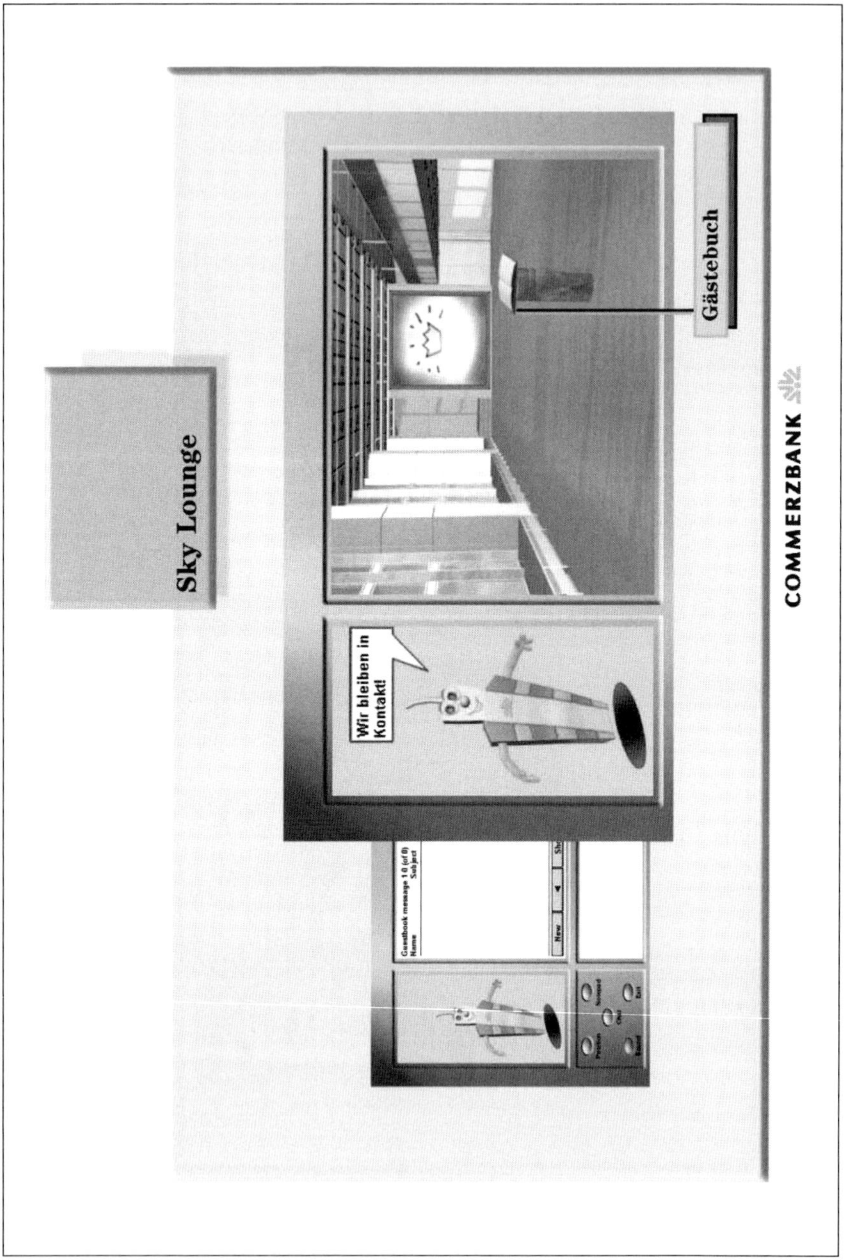
Sky Lounge
Gästebuch
Wir bleiben in Kontakt!
COMMERZBANK

3.7.6 Assessment Center

Assessment Center sind mehrtägige Veranstaltungen zur Bewerberauswahl. „Erfunden“ wurde dieses System im Dritten Reich, um hochqualifizierte Offiziersstellen zu besetzen. Viele Experten sagen, Assessment Center seien die härtesten Verfahren zur Bewerberauswahl.

Heutzutage werden immer öfter hochqualifizierte und wichtige Stelle in Großkonzernen über Assessment Center vergeben. Die gilt im Übrigen auch bei Trainee-Stellen für Hochschulabsolventen. Kleinere Unternehmen können sich Assessment Center oftmals nicht leisten, da diese mit sehr hohen Kosten verbunden sind (Konzeption, Moderation, Übernachtungen, Verpflegung).

Assessment Center finden meist über das Wochenende statt. Es gilt dort, in einer Gruppe von Bewerbern verschiedene Tests zu bestehen. Dabei werden so gut wie alle beruflich relevanten Fähigkeiten eines Menschen auf die Probe gestellt: Teamfähigkeit, Stressresistenz, Belastbarkeit und Durchsetzungsvermögen, nur um einige zu nennen.

In einzelnen Übungen werden Situationen nachgestellt, die möglichst realistisch den Berufsalltag widerspiegeln sollen.

Geleitet werden Assessment Center von ein oder zwei Moderatoren. Wichtiger sind jedoch die teilweise bis zu zehn Beobachter. Sie stammen aus der Personalabteilung des Unternehmens und oftmals sogar aus der Geschäftsleitung.

Assesment Center werden aus der Sicht des Unternehmens aus folgenden Gründen durchgeführt:

- Aus einer großen Anzahl von Bewerbern sollen die „richtigen“ ausgewählt werden.
- Die Aufgabenstellungen sind sehr realistisch. Man kann die Bewerber bei der Bewältigung der Praxis beobachten.
- Die Fähigkeiten, die am Arbeitsplatz benötigt werden, können getestet werden.
- Soziale Interaktion, Teamfähigkeit und Kommunikationsfähigkeit können im Zusammenspiel mit den anderen Bewerbern beobachtet werden.
- Besondere Talente von Bewerbern werden ersichtlich.

- Der Kandidat selbst bekommt einen Einblick in die Aufgaben des Arbeitsplatzes, der vergeben wird. Sollten diese Ihm nicht gefallen, so kann auch er sich gegen den Arbeitsplatz entscheiden.
- Durch das Feedback-Gespräch kann der Teilnehmer erfahren, wie er sich geschlagen hat, wo seine Stärken liegen und woran er noch arbeiten sollte.

Ein Assessment Center bedeutet für den Teilnehmer Stress. Das ist auch beabsichtigt. Viele unterschiedliche Aufgaben sollen in kurzer Zeit bewältigt werden. Natürlich kann man nicht jede Aufgabe gleich gut erfüllen. Es sind auch Aufgaben dabei, die keiner der Teilnehmer perfekt erfüllen kann. Wichtig ist: Treten Sie selbstbewusst auf.

Wenn man zu einem Assessment Center eingeladen wird, sollte man sofort mit der Vorbereitung beginnen. Auch Assessment Center lassen sich gut trainieren. Es gibt entsprechende Literatur oder sogar Trainingsseminare.

Zu einem Assessment Center gehören meist folgende Bestandteile:

- Eröffnungsrunde,
- Gruppendiskussion,
- Rollenspiele,
- Postkorbübung oder ähnliches,
- Präsentation oder Vortrag,
- Fallstudien,
- Interviewgespräche,
- Leistungstests,
- Abschlussrunde.

Nicht immer werden alle oben angeführten Elemente verwendet. Oft werden zwei bis drei Teile weggelassen. Die Reihenfolge ist selbstverständlich variabel.

Eröffnungsrunde

Nach der Begrüßung wird der Ablauf bekannt gegeben. Häufig folgt darauf eine kurze Vorstellung des Unternehmens.

Sie sollten sich in dieser Phase unbedingt merken, was über die Philosophie des Unternehmens gesagt wird. Behalten Sie auch die Namen der Beobachter und deren Aufgaben im Kopf.

Nun folgt eine Vorstellungsrunde. Meist hat jeder Teilnehmer drei Minuten Zeit, sich vorzustellen. Dies ist die erste Aufgabe. Bewertet werden Redegewandtheit und ideenreiches Vortragen. Halten Sie den Blickkontakt zu den anderen Teilnehmern.

Diese erste Runde vermittelt den Beobachtern den ersten Eindruck von Ihnen. Sie wissen ja, wie wichtig der ist. Geben Sie sich daher besondere Mühe.

Gruppendiskussion

Die Teilnehmer werden in Gruppen eingeteilt und sollen ein bestimmtes Thema diskutieren. Dieses Thema ist meist schon auf das Berufsleben bezogen oder befasst sich sogar mit dem Unternehmen. Ziel soll es sein, eine Lösung des Problems in der Gruppe herauszuarbeiten.

Bewertet wird in dieser Aufgabe aber nicht das Ergebnis, das die Gruppe liefert. Es geht vielmehr um die Team- und Kommunikationsfähigkeit eines jeden Teilnehmers.

Verhalten sollte man sich im Wesentlichen genauso, wie bei einem Gruppenvorstellungsgespräch. Stellen Sie Ihre Meinung also selbstbewusst vor, hören Sie anderen zu, verwenden Sie die Ideen der anderen, um zusammen mit Ihren Vorstellungen eine Gesamtlösung zu erstellen, bewerten Sie nicht die Beiträge anderer und versuchen Sie, im Hintergrund und vorsichtig die Gesprächsleitung zu übernehmen.

In seltenen Fällen muss die Gruppe vorher entscheiden, welche Person die Diskussionsführung übernimmt.

Rollenspiele

Bei einem Rollenspiel handelt es sich um ein Gespräch zwischen zwei oder mehreren Personen. Es soll eine Situation aus dem Berufsalltag der zu vergebenden Position durchgespielt werden.

Die Teilnehmer, die das Rollenspiel zusammen durchspielen, übernehmen jeweils eine Rolle, in die sie sich hineinversetzen müssen. Die Angaben sind dabei sehr genau. Ein Beispiel: Sie sind Berater im Private Banking und haben ein Gespräch mit einem wichtigen Kunden (der andere Teilnehmer). Sie versuchen, ihn von bestimmten Anlagemöglichkeiten zu überzeugen. Dieser will aber nur bei Ihnen anlegen, wenn sie ihm Sonderkonditionen einräumen. Nun startet das Gespräch.

Ziel ist es zu testen, wie Sie schwierige Gespräche meistern können. Besonders wichtig sind dabei Einfühlungsvermögen und der Umgang mit anderen. Legen Sie Ihre Schwerpunkte also weniger auf die Lösung des sachlichen Problems als auf die zwischenmenschlichen Beziehungen in der Situation.

Die Postkorbübung

Diese Aufgabenform kommt garantiert in jedem Assessment Center vor.

Sie sollen in kurzer Zeit mehrere Schriftstücke und Briefe durchgehen und dabei entscheiden, welche wichtig sind und von Ihnen selbst bearbeitet werden müssen, welche weniger wichtig sind und deshalb zur Bearbeitung weitergegeben werden können und welche im Papierkorb verschwinden.

Ziel ist es zu überprüfen, wie Sie unter Zeitdruck Prioritäten setzen können. Sind Ihre Entscheidungen richtig? Darum geht es dem Unternehmen.

Überlegen Sie sich bei jedem Brief, welche Arbeiten wichtig und dringend sind. Diese sollten Sie sofort bearbeiten. Die wichtigen, aber nicht so dringlichen Aufgaben können Sie erst einmal zur Seite legen. Weniger wichtige können sogar an andere abgegeben werden.

Präsentation oder Vortrag

Bei dieser Aufgabenstellung haben Sie meist eine Vorbereitungszeit von 30 bis 45 Minuten. Danach sollen Sie einen Vortrag über ein vorgegebenes Thema halten. Dieser sollte dann etwa 10 Minuten andauern.

Bewertet werden dabei folgende Dinge:

- Redefähigkeit,
- Gliederung des Vortrags,
- Fachwissen,
- Verständlichkeit des Vortrags,
- Art des Auftretens (Selbstsicherheit).

Um möglichst gut bei dieser Aufgabe abzuschneiden, sollten Sie Folgendes beachten:

- Halten Sie die vorgegebene Zeit unbedingt ein. Referieren Sie lieber ein wenig kürzer als länger.
- Ihre Präsentation sollte klar in Einleitung, Hauptteil und Zusammenfassung gegliedert sein.
- Benutzen Sie Hilfsmittel wie Overhead-Projektoren oder Flip-Charts.
- Zu Beginn sollten Sie eine Übersicht über den gesamten Vortrag geben.
- Lassen Sie die Möglichkeit von Fragen zu. Sagen Sie Ihren Zuhörern zu Beginn, wann sie Fragen stellen können.

Fallstudien

Bei Fallstudien müssen komplexe Probleme in einer vorgegebenen Zeit behandelt und gelöst werden. Dies geschieht in Einzelarbeit. Die Ergebnisse und Lösungen müssen meist schriftlich festgehalten und abgegeben werden.

Überprüft werden soll durch diese Aufgabe, wie groß Ihr Fachwissen ist und wie schnell Sie Probleme erfassen und lösen können. Belastbarkeit und analytisches Denken sind hierbei die Fähigkeiten, die benötigt werden.

Um diese Aufgabe zu lösen, sollten Sie ruhig und systematisch arbeiten. Schreiben Sie alles Wichtige in Stichworten auf, bevor Sie ausformulieren. Aber Achtung: Die zweitbeste Lösung ist hier immer besser als aus Perfektionsdrang in der knappen Zeit überhaupt keine Lösung präsentieren zu können.

Interviewgespräche

Ein Interview kann man mit einem Vorstellungsgespräch vergleichen. Sie werden dabei einzeln befragt und zwar von einem oder mehreren Gesprächspartnern.

Für diese Interviews gelten damit die gleichen Grundsätze wie für ein Vorstellungsgespräch. Bereiten Sie sich auch genauso darauf vor. Ein solches Gespräch findet in jedem Assessment Center statt.

Leistungstests

Diese Leistungstests sind die selben, wie sie auch nach Vorstellungsgesprächen stattfinden können. Getestet wird Ihre Persönlichkeit sowie Intelligenz und Allgemeinwissen. Diese Tests finden aber längst nicht in jedem Assessment Center statt.

Die Abschlussrunde

Nun gilt es, die Erlebnisse der letzten Tage noch einmal zusammenzufassen und Ihre Eindrücke auf den Punkt zu bringen.

Anschließend sollte es normalerweise ein Feedback-Gespräch geben. Es wird Ihnen mitgeteilt, ob Sie ein Angebot bekommen oder nicht. Außerdem wird bewertet, wie Sie sich geschlagen haben, welche Aufgaben gut gelöst wurden und welche eher schlecht gelaufen sind.

Nutzen Sie dieses Gespräch für Ihre Erfahrungen. Auch wenn Sie kein Angebot bekommen werden, so sollten Sie nachfragen, was Sie hätten besser machen können. Lernen Sie für die Zukunft und vielleicht für Ihr nächstes Assessment Center.

3.8 Die Entscheidung

Nachdem Sie nun eine gute Bewerbung verschickt, ein tolles Vorstellungsgespräch geliefert und möglicherweise noch zusätzliche Tests und Prüfungen überstanden haben, können Sie nur noch abwarten.

Jetzt ist das Unternehmen am Zug. Dort muss entschieden werden, welcher Kandidat den „Zuschlag“ erhält.

3.8.1 Das zweite Gespräch

Nicht ungewöhnlich ist es, dass Sie in dieser Phase zu einem zweiten Gespräch eingeladen werden. Denken Sie immer daran: Auch ein Unternehmen geht ein hohes Risiko ein, wenn es sich bei der Einstellung von neuen Mitarbeitern irrt. Je höher der zu besetzende Posten angesiedelt ist, desto teurer wird ein Fehlgriff.

Wenn Sie zu einem zweiten Gespräch eingeladen werden, dann heißt dies nicht schon automatisch, dass Sie bereits das Angebot in der Tasche haben. Sie sind dann zweifellos in der engsten Auswahl, in der Regel sind jedoch immer noch ein oder zwei Konkurrenten mit im Rennen.

Folgende Beweggründe hat ein Unternehmen, wenn es Sie zum zweiten Mal einlädt:

- Bisher haben Sie nur mit Personen aus dem Personalressort gesprochen. Nun sollen auch die Mitarbeiter, mit denen Sie eng zusammen arbeiten werden, Sie kennen lernen.
- Das Unternehmen ist sich einfach noch nicht schlüssig geworden, wer von den „letzten drei" das Rennen machen soll.
- Die genauen Konditionen der Zusammenarbeit (Arbeitsvertrag) müssen abgestimmt werden.

Bereiten Sie sich auf ein zweites Gespräch ebenso sorgfältig vor wie auf Ihren ersten Besuch in diesem Unternehmen. Treffen Sie auf neue Gesprächspartner, werden Sie auch wieder völlig neu beurteilt. Aber keine Angst: Die Fragen werden ähnlich sein, wie bei Ihrem ersten Gespräch.

Setzen Sie in dieser Phase nicht schon ausschließlich auf ein Pferd! Auch wenn Sie in die nähere Wahl gekommen sind, kann doch nur einer der Kandidaten den Job wirklich haben. Vernachlässigen Sie also Ihre anderen noch schwebenden Bewerbungen nicht. Denken Sie immer daran: Mehrere Eisen im Feuer sind besser als nur eines!

3.8.2 Geld ist nicht alles!

Vertragsverhandlungen sind oft der wesentliche Schwerpunkt eines zweiten Gesprächs. Auch auf dieses Gespräch sollten Sie sich gut vorbereiten.

Überlegen Sie sich, welche Wünsche Sie hinsichtlich Gehalt, Arbeitszeit, Urlaub, Fortbildung und sozialer Leistungen haben. Legen Sie fest, was für Sie wirklich wichtig ist. Ist es tatsächlich das Gehalt? – Oder sind es eher der Zuschnitt der Aufgabe, die Entwicklungsmöglichkeiten im Unternehmen und die Möglichkeit zur Weiterbildung?

Normalerweise nennt Ihr Gesprächspartner im zweiten Gespräch die Konditionen, die im Unternehmen üblich sind. Darauf aufbauend kann man dann verhandeln.

Gehen Sie bei den Verhandlungen diplomatisch vor. Insbesondere in großen Unternehmen haben Ihre Gesprächspartner nämlich oft nur sehr geringen Spielraum, um Ihnen bei individuellen Wünschen der Vertragsgestaltung entgegenkommen zu können.

In einem zweiten Gespräch kann es zu verschiedenen Schwierigkeiten kommen:

- Sie fordern ein zu hohes Gehalt. Jedes Unternehmen kalkuliert mit einem bestimmten Betrag, das für die Stelle zur Verfügung steht. Sollten Sie mehr fordern, so wird wahrscheinlich von einem Angebot Abstand genommen.
- Die Position und Ihre Aufgaben werden noch einmal genau durchgegangen. Dabei fällt Ihnen auf, dass diese Position doch nicht Ihren Erwartungen entspricht.
- Fortbildungsveranstaltungen sind für Sie sehr wichtig. Doch leider bietet das Unternehmen in dieser Hinsicht nur sehr wenig an.
- Sie erfahren, dass Ihre zukünftigen Arbeitszeiten Ihre Freizeitaktivitäten stark einschränken werden.

In einem zweiten Vorstellungsgespräch sollten Sie nicht den Anschein erwecken, dass es Ihnen ausschließlich um die Höhe des Gehalts geht. Mittlerweile ist zudem in vielen Studien festgestellt worden, dass die Arbeitszufriedenheit und die Motivation von Mitarbeitern nur zum geringeren Teil von der Höhe des Gehalts abhängt. Die Arbeitsatmosphäre, Weiterbildungs- und Entwicklungsmöglichkeiten sowie die übertragene Verantwortung sind hier viel wichtigere Größen. Zeigen Sie also, dass Sie sich auch mit den Rahmenbedingungen des Unternehmens identifizieren können.

Allerdings sollten Sie sich auch nicht „unter Preis verkaufen“. Ihre Arbeitskraft und Ihr Ideenreichtum sind die Pfunde, mit denen das Unternehmen wuchern will!

Ein Tipp zum Schluss: Versuchen Sie, dem Unternehmen die Initiative für einen Gehaltsvorschlag zu überlassen. Sie wissen dann genau, in welchem Spielraum

Sie sich bewegen können. Fragen Sie nach, ob das angegebene Gehalt möglicherweise sogar schon feststeht.

3.8.3 Am Ziel – die Zusage

Herzlichen Glückwunsch! Sie haben es geschafft, Ihre Bewerbung war sehr überzeugend und der Lohn ist ein lukratives Angebot.

Wenn Ihnen ein Angebot unterbreitet wird, so ist es üblich, Ihnen eine gewisse Bedenkzeit einzuräumen. Eine Woche oder ein Wochenende darf man sich dabei schon Zeit lassen. Nutzen Sie diese Zeit und besprechen alles noch einmal mit Ihrer Familie. Dies ist besonders wichtig, wenn ein Wohnsitzwechsel mit dem Antritt der Stelle verbunden ist.

Dehnen Sie die Bedenkzeit jedoch nicht aus, der Arbeitgeber denkt sonst, Sie haben noch andere Angebote und sind deshalb nicht interessiert.

3.8.4 Welches Angebot soll ich annehmen?

Sollten Sie in der glücklichen Situation sein, mehrere Angebote zu besitzen, so müssen Sie sich entscheiden, welches Sie gern annehmen würden.

Dies ist keine einfache Aufgabe, da man oft auf den ersten Blick nicht sieht, wo die Vorzüge und die Nachteile eines Arbeitsplatzes liegen.

Erstellen Sie in diesen Fällen eine Prioritätenliste. Halten Sie fest, was ein guter Arbeitsplatz Ihnen bieten muss. Nach einer sorgfältigen Selbstanalyse sollte dies kein Problem sein.

Folgende Punkte helfen Ihnen dabei, Prioritäten zu setzen und die verschiedenen Angebote vergleichend zu bewerten:

- Wie sicher ist der jeweilige Arbeitsplatz?
- Ist der angebotene Vertrag befristet?
- Welche Entwicklungsmöglichkeiten bieten sich mir?
- Entspricht das Gehalt meinen Vorstellungen?

- Bekomme ich Verantwortung übertragen? Will ich das überhaupt?
- Habe ich die Möglichkeit, mich gemäß meinen Wünschen weiterzubilden?
- Kann ich mich mit dem Unternehmen identifizieren?

Sie können nun prüfen, welches Angebot Ihren Prioritäten am meisten entspricht. Beziehen Sie auch Familie und eventuell auch Freunde in die Entscheidung mit ein.

3.8.5 Eine Absage ist kein Beinbruch

Sollten Sie eine Absage bekommen, so ist dies natürlich immer eine Enttäuschung. Sie denken bestimmt, die ganze Energie, die Sie in das Projekt der Bewerbung gesteckt haben, war umsonst.

Falsch gedacht, auch eine Absage trägt ein erhebliches Erfahrungspotenzial in sich und ist damit wertvoll für die Zukunft. Außerdem bekommen Sie die Möglichkeit, sich selbst und Ihr Vorgehen bei der Bewerbung noch einmal zu analysieren.

Überdenken Sie noch einmal alle Ereignisse der Bewerbung. Halten Sie Ihre Ergebnisse schriftlich fest. Wo waren Sie gut? Woran lag es, dass Sie eine Absage bekommen haben? Fragen Sie das Unternehmen ruhig danach.

Zusammenfassung: Die Bewerbung

So facettenreich das Thema Bewerbung auch ist, schlussendlich kommt es immer wieder auf wenige Persönlichkeitsmerkmale an, die über den Erfolg Ihrer Bewerbung entscheiden:

- Ausstrahlung und Auftreten,
- Autorität und Integrität,
- Begeisterungsfähigkeit und Entschlossenheit,
- Glaubwürdigkeit,
- Selbstsicherheit,
- Rücksicht und Verständnis.

4. Schritt 1 auf der Karriereleiter: Der Berufseinstieg

Ein Angebot haben Sie jetzt in der Tasche. Doch damit fängt alles erst so richtig an.

In Ihrer Berufsteinstiegsphase müssen sie sehr viel lernen. Auch wenn Sie schon praktische Erfahrung zum Beispiel durch Praktika haben, so ist der Sprung ins Berufsleben trotzdem ein völliger Neuanfang.

Unbekannte Arbeitsabläufe, Gepflogenheiten und Aufgaben werden Ihnen die ersten Wochen und Monate in der Arbeitswelt nicht einfach machen.

Und vergessen Sie nicht: Sie stehen weiterhin auf dem Prüfstand, denn während der Probezeit, die bei jeder neuen Stelle der Normalfall ist, kann das Arbeitsverhältnis jederzeit aufgelöst werden.

In der Probezeit haben jedoch auch Sie die Möglichkeit, das Arbeitsverhältnis kurzfristig und ohne Angaben von Gründen zu kündigen. Sollten die Aufgaben doch andere sein, als Sie nach den Bewerbungsgesprächen geglaubt haben oder sollte sich herausstellen, dass Sie sich in dem neuen Unternehmen auf Dauer nicht wohlfühlen, können Sie sich unproblematisch wieder trennen. Diesen Weg sollten Sie auch tatsächlich wählen, wenn schwerwiegende Differenzen auftreten.

Natürlich ist es nicht ganz leicht, als Berufsanfänger zwischen dem Katzenjammer des ganz natürlichen „Praxisschocks“ und unüberbrückbaren Schwierigkeiten zu unterscheiden.

Machen Sie sich jedoch immer klar, dass es in Ihrem Lebenslauf besser aussieht, in der Probezeit auf eigenen Wunsch das Unternehmen wieder verlassen zu haben, als nach einem Jahr gekündigt zu werden.

4.1 Einstiegswege

Im Bereich der Finanzdienstleistungen haben Sie verschiedene Möglichkeiten, den Berufseinstieg zu finden. Sie haben sich ja sicherlich vor der Bewerbung überlegt, welchen Weg Sie persönlich gehen wollen. Ziehen Sie es vor, direkt einzusteigen, zum Beispiel als Assistent der Geschäftsleitung? Oder würden Sie gern den Berufseinstieg über ein Training finden, um zielgerichtet zum Beispiel auf die Position eines Filialleiters einer Bank hingeführt zu werden?

4.1.1 Das Training als Berufsstart

Der Weg, über ein Training den Berufseinstieg zu finden, wird sowohl bei Unternehmen als auch bei Hochschulabsolventen immer beliebter.

Dem Absolventen gibt ein Training die Möglichkeit, das Unternehmen genau kennen zu lernen. Außerdem bekommt der Trainee noch nahezu eine Zusatzausbildung. Da ein Trainee-Ausbildung oft eine teuere Sache ist, wird der Trainee meist gezielt auf eine bestimmte Position oder Aufgabe vorbereitet. Das Unternehmen kann in der Trainee-Phase überprüfen, ob der Berufsanfänger wirklich gut zum Unternehmen passt und ob er seinen Aufgaben gewachsen ist.

Man darf die Trainee-Jobs nicht mit einem Praktikum vergleichen. Ein Trainee besitzt einen Arbeitsvertrag und bekommt ein Gehalt. Normalerweise ist im Vertrag schon vermerkt, wie der Berufsanfänger nach Ausführung seines Trainings in das Unternehmen eingebunden wird.

Ein solches Training dauert meist zwischen 12 und 18 Monate. In den meisten Unternehmen starten die Trainings nur ein oder zweimal im Jahr. Also: bei Interesse rechtzeitig informieren.

Banken und Versicherungen bieten jeweils Trainee-Programme in mehreren Bereichen an, zum Beispiel im Bereich Private Banking oder für eine Laufbahn im Controlling.

Ein Training besteht immer aus Phasen „on-the-job“ und aus Phasen „off-the-job“. Es ist somit ähnlich wie eine Berufsausbildung in praktische und theoretische Teile gegliedert.

Die Unternehmen erwarten sehr viel von ihren Trainees. Sie stellen deshalb auch sehr hohe Anforderungen an die Bewerber.

Immer wieder liest man Anforderungsprofile in Broschüren oder Stellenanzeigen, die in etwa so lauten: „Sie haben ein BWL-Studium abgeschlossen, kennen sich auf dem internationalen Markt aus, besitzen sehr gute Englischkenntnisse, sind analytisch denkend und problemlösungsorientiert, haben selbstverständlich auch überdurchschnittliche Team- und Kommunikationsfähigkeit, dann sind Sie die richtige Person für unser Training."

Für ein Training muss man sich genauso bewerben, wie für einen anderen Arbeitsplatz. Die Konkurrenz ist hier meist noch größer und härter. Oftmals werden Trainee-Stellen über Assessment Center besetzt.

Sie können sich noch nicht so richtig vorstellen wie ein solches Training abläuft? Kein Problem: Wir haben für Sie bei zwei Unternehmen nachgefragt und uns einige Programme beschreiben lassen.

Übrigens: Wenn Sie ernsthaftes Interesse an einem Training haben, lohnt hier wiederum der Blick ins Internet. Da Untersuchungen ergeben haben, dass die spezifische Zielgruppe der von den Finanzdienstleistern gesuchten Hochschulabsolventen auch besonders häufig das Internet als Informationsmedium nutzt, finden Sie dort nahezu alle notwendigen Angaben. Die Unternehmen sind auf der Suche nach High Potentials und darum gern bereit, Informationen zur Verfügung zu stellen.

Deutsche Bank: Trainee im Private Banking

Ziele des Unternehmens:

Ausbildung von hochqualifizierten Private Banking Beratern, die für ihre vermögenden und vermögensbildenden Kunden optimale Finanzlösungen erarbeiten.

Zielpositionen:

Nach Beendigung der Einstiegsphase werden die Teilnehmer als Junior Relationship Manager und vereinzelt als Junior Investment Manager platziert.

Ausbildungsprogramm:

Dieses regional fokussierte Einstiegsprogramm wird äußerst individuell konzipiert. Durch regelmäßige Gespräche zwischen dem Einsteiger, den jeweiligen

Führungskräften und seinem Personalbetreuer wird das Programm stets weiter gestaltet.

Das Programm besteht überwiegend aus Training-on-the-Job im Relationship Management. Je nach Fähigkeiten, Interessen und sinnvoller Abrundung werden Stationen in der Depotverwaltung, Vermögensanlage für Unternehmen und vertriebsunterstützenden Abteilungen durchlaufen.

Auf diese Weise sollen Produktkenntnisse und Erfahrungen in der Kundenbetreuung sowie Akquisition mit Hilfe erfahrener Banker gesammelt werden. Die angestrebte Kenntniserweiterung kann sich auch auf die Bereiche Steueroptimierung, Nachlass- und Stiftungsmanagement, globale Kundenbetreuung, Venture Capital und Private Equity beziehen.

Eine qualifizierte Weiterbildung off-the-job erfolgt über Einstiegsseminare, spezielle Fachseminare sowie persönliche Verkaufs- und Akquisitionsseminare.

Dauer des Programms:

Je nach Vorkenntnissen dauert das Programm zwischen sechs und zwölf Monaten.

Einstiegstermine:

Die Einstellungen für dieses individuelle, regionale Programm erfolgen zu jedem Monatsersten.

Landesbank Baden-Württemberg: Trainee im Unternehmenskundengeschäft

Zielgruppe, Anforderungen:

Hochschulabsolventen mit Studium der Betriebswirtschaft oder Wirtschaftswissenschaften, Interesse am Unternehmenskundengeschäft, Zielstrebigkeit und Überzeugungsfähigkeit, Teamfähigkeit und hohe Eigenmotivation, Kreativität und verkäuferisches Talent. Bankausbildung, Praktika sowie Kenntnisse im Kreditgeschäft sind von Vorteil.

Dauer und Startdatum:

Das Training dauert zwischen 12 und 18 Monaten und startet zu jedem Monatsersten.

Ziele des Unternehmens:

Ausbildung von hochqualifizierten Beratern beziehungsweise Analysten im Unternehmenskundengeschäft, die in Theorie und Praxis gut eingearbeitet sind.

Job nach Ende des Traineeprogramms:

Nach Beendigung des Traineeprogramms können die Trainees entweder als Unternehmenskundenberater oder als Risk Manager Unternehmenskunden ein eigenes Referat übernehmen.

Ausbildungsprogramm:

Bereits zu Beginn des Traineeprogramms erfolgt die Festlegung zwischen den Zielrichtungen Unternehmenskundenberatung beziehungsweise Unternehmensanalyse.

– Zielrichtung Unternehmenskundenberatung
Das Traineeprogramm dauert circa 18 Monate. Während dieser Zeit erhalten die Trainees eine fundierte Kreditausbildung. In Fachseminaren werden die Grundlagen zur Darstellung und Beurteilung von Kreditengagements vermittelt. Durch verschiedene Praxiseinsätze und zahlreiche Informationstage wird Kontakt zu den Fachbereichen hergestellt, mit denen im Rahmen der angestrebten Zielposition eine Zusammenarbeit stattfindet. Zur Vorbereitung auf die Anforderungen in der Kundenberatung nehmen die Trainees an methodischen und verkäuferischen Schulungen teil.

– Zielrichtung Unternehmensanalyse
Das Traineeprogramm dauert circa 12 Monate. Während dieser Zeit erhalten die Trainees eine fundierte Kreditausbildung, unterstützt durch Grundlagenseminare zu Themen wie Kreditbearbeitung, Sicherheitenbewertung, interne und externe Regelwerke sowie zur Unternehmensanalyse. Durch verschiedene Praxiseinsätze und zahlreiche Informationstage wird Kontakt zu den Fachbereichen hergestellt, mit denen im Rahmen der angestrebten Zielposition eine Zusammenarbeit stattfindet.
Praxisorientierte Projektarbeiten, Kurzpräsentationen, Fallstudien und Vorträge zu aktuellen Themen runden das Traineeprogramm ab.

Erfahrungsberichte von Trainees

Sie finden ein solches Training sehr interessant, jedoch würden Sie noch gern wissen, welche Erfahrungen man in einem Training persönlich macht? Was wird bereits in dieser Phase von mir erwartet?

Wir haben drei Trainees für Sie befragt. Hier ihre Erfahrungsberichte:

Frank Just

war Trainee bei der Landesbank Baden-Württemberg im Unternehmenskundengeschäft, Bereich Unternehmensanalyse

Welche Vorbildung haben Sie für die Trainee-Ausbildung mitgebracht?
Nach meiner Ausbildung bei einer Sparkasse habe ich ein Studium der Betriebswirtschaftslehre mit dem Schwerpunkt Bank, Finanz- und Investitionswirtschaft absolviert.

Wie verlief das Auswahlverfahren?
Nach meiner Bewerbung wurde ich zu einem eintägigen Assessment Center eingeladen. Danach folgte noch ein Gespräch mit dem Bereichsleiter für das Unternehmenskundengeschäft im Bereich Kredit.

Beschreiben Sie den Ablauf des Traineeprogramms.
Mein Trainee-Programm dauerte 15 Monate. Während dieser Zeit durchlief ich die verschiedenen Sparten des Kreditgeschäfts, um ein fundiertes Basiswissen zu erlangen. Parallel dazu fanden Seminare statt.

Welche Rolle spielte ihr Mentor?
Der Mentor ist Ansprechpartner in fachspezifischen Fragen. Weiterhin übernimmt er die gezielte Einsatzplanung vor Ort.

Was war Ihre wichtigste Erfahrung? – Was hat Sie am meisten fasziniert?
Wichtig war für mich die Vielfältigkeit des Kreditgeschäfts sowie die Abläufe einer Großbank kennen zu lernen.

Was soll ein Bewerber Ihrer Meinung nach unbedingt mitbringen, wenn er sich bewerben möchte?
Ein Bewerber sollte fundierte Kenntnisse im Bankwesen haben. Weiterhin sollte er ein gewisses Maß an Flexibilität mitbringen.

Welche Rolle spielt Ihre Trainee-Zeit für Ihre künftige berufliche Zukunft?
Die Trainee-Zeit ist eine gute Möglichkeit herauszufinden, ob der gewählte Beruf einem Spaß macht. Für Hochschulabsolventen ist er eine Chance ohne endgültige Eigenverantwortung verschiedene Arbeitsweisen kennen zu lernen, etwa vergleichbar mit einer weiteren Berufsausbildung.

Silke Mahlke

nimmt seit August 2001 am Traineeprogramm Private Banking der Deutschen Bank teil. Ohne Banklehre und mit einem geisteswissenschaftlichen Studienabschluss ist ihre Geschichte ein Beweis für die Möglichkeit eines Quereinstiegs in die Finanzdienstleistungsbranche.

Welche Vorbildung haben Sie für die Trainee-Ausbildung mitgebracht?
Parallel zum Studium der Philosophie und Geschichte habe ich als Tutorin am Lehrstuhl und als freie Journalistin gearbeitet. Der Sprung in die Wirtschaft kam nach dem Examen: Ein Jahr lang habe ich bei einem Finanzdienstleister mit Schwerpunkt Ärzte und Zahnärzte gearbeitet, bevor ich zur Deutschen Bank kam.

Wie verlief das Auswahlverfahren?
In meinem Fall recht unkonventionell: Ich habe ein etwa zweistündiges Gespräch geführt. Eine Woche später kam die Zusage.

Beschreiben Sie den Ablauf des Traineeprogramms.
Die ersten drei Monate waren eine Art „Grundausbildung“ in einem Private Banking Center. Danach wechselte ich für zwei Monate in das Mandatsge-

schäft, wozu vor allem das Portfoliomanagement gehört. Aufenthalte in der Vermögensanlage für Unternehmen, Private Banking Spezial, dem Kreditvertrieb und der Vertriebsunterstützung rundeten das Programm ab. Zur Zeit arbeite ich in Projekten zu den Themen Marketing und Vertriebssteuerung.

Welche Rolle spielt Ihr Mentor?
In den einzelnen Stationen war mein jeweiliger Vorgesetzter erster Ansprechpartner. Darüber hinaus hatte ich das Glück, von einem ehemaligen Gebietsleiter „unter die Fittiche" genommen zu werden, von dem ich persönlich sehr viel lernen konnte.

Was war Ihre wichtigste Erfahrung? – Was hat Sie am meisten fasziniert?
Private Banking ist ein People's Business, und es sind die Menschen hier, die mich am meisten faszinieren. Ich hatte insbesondere bei Projektarbeiten schnell Gelegenheit, mich und meine Ideen einzubringen.

Was soll ein Bewerber Ihrer Meinung nach unbedingt mitbringen, wenn er sich bewerben möchte?
Neben einer ausgeprägten Affinität zum Kapitalmarkt halte ich Initiative und Selbständigkeit sowie das Selbstbewusstsein, Dinge einzufordern, für sehr wichtig.

Welche Rolle spielt Ihre Trainee-Zeit für Ihre zukünftige berufliche Zukunft ?
Es ist ein großer Vorteil, in einem Unternehmen so viele unterschiedliche Arbeitsbereiche kennen zu lernen. Dies trägt nicht nur zur fachlichen Qualifikation, sondern auch zur persönlichen Entwicklung bei. Besonders wertvoll sind die Kontakte, die man während dieser Zeit automatisch knüpft. Sie sind ein „Turbo" und erleichtern viele Problemlösungen.

Thomas Grell

in Seoul geboren und in Hamburg aufgewachsen, studierte Volkswirtschaftslehre in Freiburg und Münster und absolvierte schon während des Studiums Praktika bei mehreren Bankhäusern. Seit Abschluss seiner Trainee-Ausbildung bei der Deutschen Bank im Bereich Private Banking ist er als Berater im Betereuungscenter Derivate der Deutschen Bank in Frankfurt tätig.

Welche Vorbildung haben Sie für die Trainee-Ausbildung mitgebracht?
Während des Studiums der Volkswirtschaftslehre habe ich Praktika in den Bereichen Asset Management sowie im Private Banking absolviert.

Wie verlief das Auswahlverfahren?
Es wurden zwei Einzelgespräche geführt, das erste mit Vertretern des zentralen Personalwesens, das andere mit Verantwortlichen des Private Bankings.

Beschreiben Sie den Ablauf des Traineeprogramms.
Während des individuell zugeschnittenen Programms lernte ich die verschiedenen Bereiche des Private Banking kennen. Dabei wurde ich in jeder Stage in die Teams eingebunden und konnte so mein Wissen gewinnbringend einbringen. Außerdem wurde ich kontinuierlich unter anderem durch verschiedene Schulungen an meine jetzige Tätigkeit als Investment Consultant im Bereich Private Banking herangeführt.

Welche Rolle spielt Ihr Mentor?
Mein Mentor, ein Führungsverantwortlicher der Region, stand mir für den ständigen Erfahrungsaustausch zur Seite.

Was war Ihre wichtigste Erfahrung? – Was hat Sie am meisten fasziniert?
Besonders prägend war die ständige Herausforderung, neue Gebiete in kürzester Zeit zu erlernen, um darauf Kundenbedürfnisse im Team analysieren und dann befriedigen zu können.

Was soll ein Bewerber Ihrer Meinung nach unbedingt mitbringen, wenn er sich bewerben möchte?
Man sollte ein hohes Maß an Eigeninitiative und Flexibilität mitbringen, um auf die Kundenwünsche eingehen können.

Welche Rolle spielt Ihre Trainee-Zeit für Ihre zukünftige berufliche Zukunft?
Ich habe während der Zeit die Möglichkeit erhalten, das gesamte Spektrum des Geschäftsbereichs kennen zu lernen und kann somit sehr breit ausgebildet meine Tätigkeit im Bereich des Private Banking ausführen. Zudem lernte ich viele unterschiedliche Teams und Strategieansätze kennen, was mir bei meinen Entscheidungen sehr nützlich ist.

4.1.2 Direkt einsteigen

Der Direkteinstieg ist die „normale" Variante, das Berufsleben zu starten. Nachdem Sie den Arbeitsvertrag unterschrieben haben, beginnen Sie direkt in der vorgesehenen Position.

Natürlich werden Sie zunächst noch eingearbeitet. Häufig steht Ihnen dafür sogar ein Mentor zur Verfügung, der Sie bei Fragen und Problemen unterstützt. Sie bekommen jedoch von Ihrem ersten Arbeitstag an verschiedene Aufgaben übertragen. Das Motto ist „training on the job".

Sie müssen sich aber dennoch die meisten Dinge selbst aneignen und die Verhältnisse und Arbeitsweisen im Unternehmen kennen lernen. Manchmal werden Sie sogar absichtlich ins kalte Wasser geworfen, um zu sehen, wie Sie mit einer solchen Situation umgehen können.

Bei einem Direkteinstieg hat die Probezeit eine besondere Bedeutung. Sie stehen hier noch einmal richtig auf dem Prüfstand. Wie schlagen Sie sich? Sind Sie mit Ihren Aufgaben überfordert? Können Sie sich gut integrieren? Sollte es den Anschein haben, Sie wären dem Job nicht gewachsen, so kann Ihr Arbeitsverhältnis schneller beendet sein, als Sie denken.

Genauso wie bei Trainee-Stellen gilt: Interessante Positionen sind mit hohen Anforderungen verbunden. Dies kann man aus jeder Stellenanzeige entnehmen. Bei einem direkten Übergang von der Hochschule in ein Unternehmen wird aber teilweise noch mehr Wert auf praktische Erfahrung gelegt, da Sie direkt und zunächst ohne Weiterbildung Ihre Aufgaben erfüllen müssen.

Sorgen Sie sich jedoch nicht allzu sehr. Es gibt im Finanzdienstleistungssektor unzählige Möglichkeiten, als Hochschulabsolvent den direkten Einstieg zu finden. Sie haben sozusagen die Qual der Wahl.

Eine sorgfältig durchgeführte Selbstanalyse zeigt Ihnen, für welche Positionen Sie auch die notwendigen Anforderungen erfüllen können.

4.2 Der Arbeitsvertrag

Wenn Sie sich für den für Sie „richtigen" Einstiegsweg entschieden haben und auch die Zusage eines Unternehmens in der Tasche haben, müssen die Bedingungen der Zusammenarbeit vertraglich festgelegt werden. In aller Regel haben Sie die Rahmen – meist bei einem zweiten Gespräch – mit Ihrem zukünftigen Arbeitgeber schon recht genau abgesteckt.

Bevor Sie einen Vertrag unterzeichnen, sollten Sie sich vergewissern, dass alles im Vertrag richtig aufgenommen wurde. Achten Sie auch auf Zusätze, das sogenannte „Kleingedruckte".

4.2.1 Dauer des Arbeitsvertrags

Es wird unterschieden zwischen befristeten und unbefristeten Verträgen.

Bei unbefristeten Verträgen wird eine Probezeit festgeschrieben. Diese beträgt meist sechs Monate. In dieser Zeit kann sowohl das Unternehmen als auch der Arbeitnehmer ohne Angabe von Gründen das Arbeitsverhältnis mit einer Frist von zwei Wochen beenden. Nach Ende der Probezeit fallen Sie dann unter das Kündigungsschutzgesetz.

Befristete Arbeitsverträge haben eine festgelegte Laufzeit. Danach sind sie ungültig und müssen verlängert werden. Gesetzlich ist festgelegt, dass ein befristeter Arbeitsvertrag ohne sachliche Gründe für die Befristung bis zur Dauer von zwei Jahren zulässig ist. Innerhalb dieses Zeitraums darf ein kalendermäßig befristeter Arbeitsvertrag sogar dreimal verlängert werden.

Sie sollten als Hochschulabsolvent nicht unbedingt auf einen unbefristeten Arbeitsvertrag gleich von Beginn an bestehen. Einige Unternehmen wenden diese Vertragsform heutzutage gern an, da sie im Prinzip einer längeren Probezeit gleichkommt. Sollte Ihnen ein befristeter Vertrag für eine Stelle angeboten werden, die Sie unbedingt ausfüllen wollen, nehmen Sie das Angebot an.

Ein befristeter Arbeitsvertrag gibt einem die Möglichkeit das Unternehmen kennen zulernen und Kontakte zu knüpfen. In den meisten Fällen wird man nach einem befristeten Arbeitsvertrag in ein unbefristetes Verhältnis übernommen. Das Unternehmen hat immerhin schon eine ganze Menge Geld in Ihre Einarbeitung gesteckt.

4.2.2 Was muss alles in einem Arbeitsvertrag festgelegt sein?

Sie sollten darauf achten, dass so viel wie möglich in Ihrem Arbeitsvertrag fixiert ist. Besonders wichtig sind hierbei Dinge, die Ihre Tätigkeit und Ihre Stellung im Unternehmen betreffen.

Die folgende Checkliste hilft Ihnen, alle wichtigen Punkte zu regeln und den Vertrag auf Vollständigkeit hin zu prüfen.

Checkliste: Der Arbeitsvertrag

- **Arbeitsort, Tätigkeit, Aufgabengebiet**
  Gesetzlich festgelegt ist, dass der Arbeitsvertrag Regelungen zum Tätigkeitsfeld und zum Arbeitsort enthält. Wollen Sie vermeiden versetzt zu werden, so achten Sie darauf, möglichst genaue Angaben zum Arbeitsort zu vereinbaren.
- **Gehalt**
  Die Zusammensetzung und Höhe des Gehalts einschließlich der Zuschläge, Zulagen, Prämien und Sonderzahlungen sowie anderer Bestandteile des Arbeitsentgelts gehören selbstverständlich auch in den Arbeitsvertrag. Bei den genannten Beträgen handelt es sich immer um den Bruttolohn.

- **Arbeitsverhinderung**
  Was passiert in Krankheitsfällen? Geregelt werden Dinge wie Entschuldigungspflicht und ab welchem Krankheitstag Sie ein ärztliches Attest vorweisen müssen.
- **Urlaub**
  Der Urlaubsanspruch sollte auch im Arbeitsvertrag fixiert sein. In Deutschland müssen einem Arbeitnehmer mindestens 24 Werktage Urlaub pro Jahr zugestanden werden.
- **Geheimhaltungspflicht**
  Interne Dinge aus dem Unternehmen dürfen nicht nach außen getragen werden. Oftmals gibt es sogar eine Klausel, die Sie verpflichtet, die ersten sechs Monate nach dem Ausscheiden aus dem Unternehmen nicht bei einem Konkurrenten anzufangen. Solche Konkurrenzklauseln sind jedoch nur begrenzt zulässig, da sie den Wettbewerb einschränken.
- **Probezeit und Befristungen**
  Die Dauer der Probezeit wird festgelegt. Die Probezeit darf nicht länger als sechs Monate sein. Sollte der Vertrag befristet sein, so wird diese Befristung natürlich auch festgesetzt.
- **Beendigung des Arbeitsverhältnisses**
  Festgelegt wird auch, wie das Arbeitsverhältnis gekündigt wird. Eine Kündigungsfrist wird vereinbart, die im Falle einer Kündigung zum Schutz beider Seiten eingehalten werden muss.
- **Reisekosten**
  Festgelegt werden sollte, wie eventuelle Reisekosten mit dem Unternehmen abgerechnet werden und welche Kosten ersetzt werden. Meist existieren geregelte Spesensätze pro Tag.
- **Arbeitszeit**
  Wie lange muss man arbeiten, gibt es bestimmte Kernzeiten oder hat man flexible Arbeitszeiten? Diese Fragen werden normalerweise ebenfalls schriftlich im Vertrag geregelt.
- **Soziale Leistungen**
  Gewährt das Unternehmen vermögenswirksame Leistungen? Existiert eine zusätzliche betriebliche Altersvorsorge? Gibt es Beteiligungsmodelle für Mitarbeiter? Auch diese Fragen werden oft im Rahmen des Arbeitsvertrags geklärt.

4.2.3 Die Unterschrift

Lassen Sie sich mit der Unterschrift unter dem Arbeitsvertrag Zeit. Durch die Unterschrift machen Sie den Arbeitsvertrag rechtsgültig. Die getroffenen Vereinbarungen sind dann für Sie aber auch für Ihren Arbeitgeber absolut bindend.

Lassen Sie sich nicht dazu überreden, gleich nach dem Vorstellungsgespräch einen Vertrag zu unterschreiben. Sie sollten den Vertrag auf jeden Fall vor der Unterzeichnung eingehend prüfen. Am besten tun Sie dies zu Hause, schlafen noch einmal eine Nacht darüber und ziehen eventuell noch Bekannte zu Rate.

Dehnen Sie die Bedenkzeit jedoch auch nicht zu sehr aus. Das Unternehmen gewinnt ansonsten den Eindruck, Sie hätten noch weitere Angebote und seien nicht mehr interessiert.

4.2.4 Versicherungen

Zu Beginn des Arbeitsverhältnisses müssen Sie noch einige Dinge im Hinblick auf Versicherungen klären.

Welche Krankenversicherung wollen Sie wählen? Sollten sie unter 40.500 Euro Brutto im Jahr verdienen, so müssen Sie sich pflichtversichern lassen. Verdienen Sie mehr, so haben Sie die Auswahl zwischen privaten und gesetzlichen Krankenkassen. Sie sollten sich darüber eingehend informieren, da es zum Teil gravierende Kosten- und Leistungsunterschiede zwischen den Kassen geben kann.

Checkliste: Der Arbeitsantritt

Das müssen Sie vor dem Arbeitsantritt klären:

- Welcher Krankenkasse möchten Sie beitreten?
- Wollen sie zusätzlich zur gesetzlichen Rentenversicherung noch in eine private Altersvorsorge investieren?
- Gibt es eine betriebliche Altersversorgung?
- Sie sollten unbedingt auch eine Berufsunfähigkeitsversicherung abschließen.
- Haftpflicht- und Hausratsversicherungen sind für Berufseinsteiger sinnvoll.
- Werden Ihnen Vermögenswirksame Leistungen gewährt und wie wollen Sie sie nutzen?

4.3 Die Probezeit

So, nun kann es endlich losgehen. Der erste Tag in Ihrem Berufsleben steht vor der Tür. Sie sind schon aufgeregt? Das ist völlig normal. Hier nun noch ein paar Tipps, wie Sie gut durch die Probezeit kommen.

4.3.1 Der erste Tag

Gehen Sie selbstbewusst an Ihrem ersten Tag zur Arbeit. Sie haben sich in der Bewerbungsphase immerhin gegen Hunderte durchgesetzt. Also: Sie wissen, was Sie können. Freuen Sie sich auf einen neuen Lebensabschnitt!

In der Regel werden Sie von Ihren neuen Kollegen freundlich empfangen, denn Sie wissen auch, wie man sich als Berufsanfänger fühlt. Außerdem verbinden sie mit Ihrem Eintritt in das Unternehmen auch Hoffnungen auf Arbeitsentlastung, auf neue – bislang fehlende – Fähigkeiten und Kenntnisse im Team. Enttäuschen Sie sie nicht!

Wenn Sie nun noch alle folgenden Hinweise zu Kleidung, Arbeitsbeginn und Umgang mit den Kollegen beachten, dann kann überhaupt nichts mehr schief gehen.

Kleidung

Im Prinzip kennen Sie die Sache mit dem Outfit ja schon aus dem Vorstellungsgespräch. Eine gute äußerliche Erscheinung ist sehr wichtig.

Passen Sie sich mit Ihrer Kleidung dem Stil des Unternehmens an. Spätestens während des Vorstellungsgesprächs konnten Sie sich ein Bild machen, was im Unternehmen getragen wird. Als Hochschulabsolvent steigen Sie schon direkt in den Positionen ein, bei denen für Frauen ein Kostüm und für Männer ein Anzug mit Krawatte zum Alltag gehören.

Sollte diese Kleidung neu für Sie sein, so müssen Sie sich darauf einstellen. In Ihrer Arbeits-Outfit werden Sie in Zukunft einige Zeit verbringen müssen.

Gegen Ende des Studiums sind die Finanzreserven meist ziemlich erschöpft. Eine Grundausstattung reicht für den Anfang völlig aus. Es wird nicht erwartet, dass Sie Designeranzüge oder teure Krawatten tragen.

Trotz einer gewissen Kleiderordnung sollten Sie sich selbstbewusst kleiden. Ein persönlicher Stil, der im Rahmen bleibt, kommt immer gut an. Sollten Sie Zweifel haben bezüglich Ihrer Kleidung, so orientieren Sie sich an Ihren Kollegen.

Arbeitsbeginn

Auch wenn im Arbeitsvertrag gleitende Arbeitszeiten vereinbart wurden, so sollten Sie sich an gewisse Zeiten halten.

Es ist sinnvoll, zur gleichen Zeit zu erscheinen wie der Kollege, der für Ihre Einarbeitung zuständig ist. Oft wird Ihnen auch ein genauer Zeitpunkt für den ersten Arbeitstag in einem Schreiben mitgeteilt. Falls Zweifel auftreten, fragen Sie einfach im Unternehmen nach.

Sie sollten am ersten Tag nicht zu früh kommen. Ein untätiges Rumsitzen macht nicht gerade einen tollen Einstiegseindruck. Zu spät kommen ist natürlich vollkommen tabu.

Umgang mit den Kollegen

Versuchen Sie, ein freundliches und entspanntes Verhältnis zu Ihren Kollegen und auch Vorgesetzten aufzubauen.

Seien Sie zunächst zurückhaltend und erzählen Sie nicht zu viel Privates über sich. Versuchen Sie auch nicht, belanglose Gespräche zur Erheiterung der anwesenden zu führen. Erst langsam werden Sie feststellen, wie die informellen Fäden an Ihrem Arbeitsplatz geknüpft sind.

Bedenken Sie immer: Die Machtstrukturen eines Unternehmens sind ein Kosmos für sich, der sich nicht am ersten Tag erschließt. Oft bilden die Funktionsbezeichnungen nach außen hin nicht zwangsläufig die inneren Strukturen des Unternehmens wirklich ab.

Fragen stellen sollten Sie nur zu beruflichen Dingen. Vermeiden sollten Sie Fragen nach

- dem Einkommen Ihrer Kollegen. Erzählen Sie auch nichts über Ihr Gehalt.
- dem Privatleben und den Vermögensverhältnissen der Kollegen.
- Karriereplänen.

Checkliste: Der erste Tag

Das sollten Sie an Ihrem ersten Tag beachten:

- Interesse und Motivation zeigen,
- sich in die Hierarchie einfügen,
- sich helfen lassen und hilfsbereit sein,
- Bescheidenheit üben,
- exakt pünktlich sein,
- Eigeninitiative zeigen,
- höflich mit den Kollegen umgehen.

4.3.2 Terminplanung

Kennen Sie die Situation: Sie müssen noch viele Dinge erledigen, es bleibt Ihnen aber nur noch wenig Zeit? In solchen Situationen ist es wichtig, einen Plan dafür zu haben, in welcher Reihenfolge man welche Tätigkeiten ausüben soll.

In Ihrem Berufsleben wird das nicht anders sein. Sie müssen stressige Situationen meistern und zwar fast täglich. Gute Selbstorganisation und gute Terminplanung sind dafür Voraussetzung.

In Ihrem studentischen Leben hatten Sie zum Großteil die Möglichkeit, sich die Pausen selbst einzuteilen und Arbeitszeiten selbst zu bestimmen. Zeit war ja meist im Überfluss vorhanden. – In einem Unternehmen ist Zeit jedoch eines der knappsten Güter überhaupt. Es ist nahezu eine Todsünde, die Zeit seiner Vorgesetzten, Mitarbeiter oder Kollegen zu verschwenden.

Sie müssen sich deshalb rechtzeitig umstellen. Die letzten Monate oder zumindest Wochen Ihres Studiums sollten Sie zeitlich anhand von Terminkalendern oder Zeitplanbüchern organisieren. Sie bekommen so bereits einen Blick für die Arbeit mit diesen Hilfsmitteln und können es bei Arbeitsbeginn einsetzen.

Beim Arbeiten mit Terminkalendern oder Zeitplanbüchern gibt es folgende Anhaltspunkte:

- Termine immer sofort eintragen,
- Termine gemäß Prioritäten ordnen,

- Termine, an denen noch andere Personen beteiligt sind, immer absprechen,
- alle beruflichen Aktivitäten und Aufgaben mit Endterminen eintragen,
- termingerechte Fertigstellung von Aufgaben überprüfen,
- Unterlagen für anstehende Termine bereithalten,
- erledigte Termine streichen.

Prioritäten setzen

Um seine Aufgaben und Termine in eine geeignete Reihenfolge zu bringen, muss man alles mit Prioritäten versehen. Beantworten Sie dabei für jede Aufgabe die Fragen: Wie wichtig ist diese Aufgabe und wie dringend muss Sie erledigt werden?

Eine geeignete Methode, um Aufgaben in eine bestimmte Reihenfolge zu bringen ist die sogenannte ABC-Analyse.

A-Aufgaben sind diejenigen Aufgaben, die am wichtigsten sind und am schnellsten erledigt werden müssen. Diese Aufgaben müssen als erstes bearbeitet werden, und zwar von Ihnen selbst. Mit der Arbeit an den A-Aufgaben erzielen Sie den größten Teil Ihrer Ergebnisse, haben aber den geringsten Zeitaufwand.

Als nächstes erledigen sollten Sie die **B-Aufgaben**. Diese Aufgabe nehmen ungefähr soviel Zeit in Anspruch, wie Sie auch zu den Lösungen beitragen. Schieben Sie die B-Aufgaben daher ein wenig im Terminkalender nach hinten.

Die **C-Aufgaben** benötigen den größten Arbeitsaufwand. Die bearbeiteten C-Aufgaben tragen nur einen geringen Teil zur Problemlösung oder zu den Ergebnissen bei. Doch trotzdem müssen Sie bearbeitet werden. Sie werden deshalb an den Schluss der Terminplanung gestellt. Sollten Sie unter großem Zeitdruck stehen, so können Sie die C-Aufgaben an andere Personen abgeben.

Fehler, die man vermeiden kann

Natürlich macht man gerade am Anfang noch etliche Fehler. Diese werden Ihnen auch zugestanden. Man sollte jeden Fehler jedoch nur einmal machen.

Typische Fehler sollte man vermeiden. Dadurch verbessert sich nur der Eindruck, den man von Ihnen bekommt.

Der häufigste Fehler, der gemacht wird, ist folgender: Viele Berufseinsteiger versuchen in ihrem Enthusiasmus und um besondere Leistungsbereitschaft zu zeigen, gleichzeitig mehrere Aufgaben zu bearbeiten. Doch leider bleibt dabei meist eine auf der Strecke und wird nicht fertiggestellt.

Aufgaben, die einmal angefangen wurden, sollten auch beendet werden. Man kann so den Überblick nicht verlieren. Außerdem ist dies viel effektiver, da jeder Neuanfang eine gewisse Einarbeitungszeit benötigt. Wenn Sie die Arbeiten oft unterbrechen, müssen Sie sich auch oft neu hineindenken und dabei verschwenden Sie nicht unerheblich viel Zeit.

Zu knappe Zeitplanung ist auch nicht gut. Oft werden unnötige Stresssituationen erzeugt oder die letzten Arbeitsschritte werden unzureichend ausgeführt, um die Terminplanung einzuhalten.

Geben Sie sich deshalb genügend Zeit für eine Aufgabe. Sorgfältige Bearbeitung einer Sache ist oft wichtiger als mehrere Sachen zu bearbeiten, die später dann noch einmal von einem Kollegen überarbeitet werden müssen.

Berufseinsteiger tendieren dazu, Ihre gesamte Zeit von vorneherein zu verplanen. Wenn dann plötzlich unvorhergesehene Aufgaben auftreten, so bleibt kein Raum für die Bearbeitung dieser oft wichtigeren Aufgaben.

Verplanen Sie nicht Ihre ganze Zeit. Ungefähr 40 Prozent sollten Sie sich noch aufheben für unvorhergesehene Aufgaben. Sie werden sehen, an Arbeit wird es Ihnen auch dann nicht mangeln.

Viele Berufsanfänger gehen unvorbereitet in Besprechungen oder führen Telefonate ohne ausreichenden Vorlauf. Selbst bei Präsentationen wird auf eine sorgfältige Vorbereitung oft verzichtet. Auf der einen Seite geht dadurch Effizienz verloren, auf der anderen Seite machen Sie einen schlechten Eindruck.

Gespräche aller Art bedürfen einer gewissenhaften Vorbereitung. Selbst vor einem Telefonat sollten Sie sich Notizen darüber machen, welche Dinge Sie klären und ansprechen wollen. Überlegen Sie sich immer, wer Ihr Gesprächspartner ist und wie man am besten mit ihm redet. Bei Präsentationen sollten Sie sich immer im Vorfeld der Vorbereitung und des Vortrags über die Zielgruppe und das Publikum Gedanken machen. Stimmen Sie die Präsentation darauf ab.

Zusammenfassung: Berufseinstieg

- Arbeitsvertrag vor der Unterschrift gut prüfen und sich dazu Zeit lassen.
- Sich um Versicherungen kümmern, möglicherweise eine Berufsunfähigkeitsversicherung abschließen und an private Altersversorgung denken.
- Orientieren Sie sich mit Ihren Arbeitszeiten an Ihrem Mentor oder Ihrem Kollegen, der Ihre Einarbeitung durchführt.
- Passende Kleidung und höfliche Umgangsformen erleichtern den Einstieg.
- Aufgaben und Termine sorgfältig planen.
- Einfache und typische Fehler vermeiden.
- Auf Gespräche gut vorbereiten.

Wenn Sie all diese Punkte beachten, sollten Sie eigentlich keine Probleme mit dem ersten Schritt auf Ihrer Karriereleiter haben.

Viel Glück für Ihr Berufsleben!

5. Unternehmensprofile

A

Aareal Bank

Aareal Bank AG
Paulinenstraße 15
65189 Wiesbaden

06 11/3 48 – 0; – 29 55

http://www.aareal-bank.com

Konzernstab Personal / Personalmarketing
Dirk Schiffauer
– 23 34
dirk.schiffauer@aareal-bank.com

Birgid Rita Schlasius
– 27 15
birgid.schlasius@aareal.bank.com

Firmenbroschüren, Homepage

Das Unternehmen

Als börsennotierte Immobilienbank neuen Typs zählt die Aareal Bank Gruppe zu den führenden europäischen Immobilien-Spezialisten. Immobilienfinanzierung, Asset Management und Consulting/Services für die Immobilienwirtschaft ergänzen sich zu einer perfekten Kombination von zukunftsweisenden Geschäftsfeldern.

In Europa sind wir an allen wichtigen Finanzplätzen aktiv; für unser Nordamerika-Geschäft kommt eine Niederlassung in New York hinzu. Das hört sich gut an? Finden wir auch, und deshalb sollten Sie gleich mal auf unserer Homepage vorbeischauen.

Wir freuen uns auf Sie!

A

Das Profil:	
Name:	Aareal Bank AG
Branche:	Kreditwirtschaft, Immobilien, Finanzdienstleistung, IT-Beratung
Standorte:	Amsterdam, Brüssel, Kopenhagen, London, Madrid, Mailand, New York, Paris, Rom, Stockholm, Warschau, Wiesbaden (Zentrale) und weitere Standorte in Deutschland
Beitragseinnahmen:	33 Mrd. Euro (2001)
Mitarbeiter:	circa 3.300

Das Angebot

- **Geplante Einstellungen 2003:** 40 bis 50
- **Fachrichtungen:** Wirtschaftswissenschaften, (Wirtschafts-)Mathematik, (Wirtschafts-)Informatik, Physik, Jura, Wirtschaftsingenieurwesen
- **Startprogramm:** Aareal Academy (Trainee-Programme), Direkteinstieg und Training-on-the-Job
- **Einsatzbereiche:** Nationale und internationale Immobilienfinanzierung, Information Technology, Bilanzen, Syndication/Securitization
- **Weiterbildung:** Fachtraining, Persönlichkeitstraining, Sprachkurse, DV-Schulungen, Job Rotation
- **Karriere:** qualifikationsabhängig
- **Einstiegsgehälter:** 40.000-47.000 Euro
- **Auslandseinsatz:** möglich
- **Besondere soziale Leistungen:** branchenüblich

Der Einstieg

Bewerbung	Vollständige Unterlagen, Bewerbung per Internet/E-Mail oder auf dem Postweg
Auswahl	Strukturierte Interviews mit der Personal- und Fachabteilung, Bewerbertag (für Aareal Academy)
Pluspunkte	Möglichst Praktika außerhalb Deutschlands, europäische Sprache neben Deutsch und Englisch, außeruniversitäres Engagement
Fachliche Qualifikation	Examensnote/Studienleistungen, Studiendauer/-verlauf, Studienschwerpunkte/Fächerkombination
Persönliche Qualifikation	Als Immobilienbank neuen Typs suchen wir Mitarbeiter neuen Typs. Menschen, die über den Tag hinausdenken, Dinge hinterfragen und gut und gerne mit anderen zusammenarbeiten. Sie sollten gut kommunizieren können, fachlich flexibel und engagiert arbeiten und ebenso neugierig wie lernbereit sein.
Was Sie erwartet	Einer der führenden europäischen Immobilien-Spezialisten bietet Ihnen ein Aufgabenspektrum und fachliches Wissen, wie Sie es in dieser Qualität und Vielfalt kaum ein zweites Mal finden. So sichern Sie sich berufliche Perspektiven von internationalem Format.

B

Barmenia
Versicherungen

Barmenia Krankenversicherung a. G.
Kronprinzenallee 12-18
42094 Wuppertal

02 02/4 38 – 0

http://www.barmenia.de

Hauptabteilung Außendienst/Makler

Andreas Feller
– 26 46
andreas.feller@barmenia.de

Firmenbroschüren, Homepage

Das Unternehmen

Die Barmenia ist eine der großen unabhängigen Versicherungsgruppen in Deutschland. Das attraktive Produktangebot der Unternehmensgruppe reicht von Kranken- und Lebensversicherungen über Unfall- und Kraftfahrzeugversicherungen bis hin zu Haftpflicht- und Sachversicherungen. Über 3.000 Innen- und Aussendienstmitarbeiter und eine Vielzahl von Maklern betreuen mehr als eine Millionen Kunden und einen Bestand von über einer Million Versicherungsverträgen.

Qualifizierte Mitarbeiter, eine zukunftsorientierte Unternehmensführung, moderne Informations- und Kommunikationstechnik sowie ein hohes Kunden- und Wachstumspotential sichern der Barmenia einen vorderen Platz in der Versicherungsbranche.

Sichern Sie sich Ihren Einstieg als Führungsnachwuchskraft für den Vertrieb.

Das Profil:	
Name:	Barmenia Krankenversicherung a. G.
Branche:	Finanzdienstleistungen
Standorte:	Bundesweit
Beitragseinnahmen:	1.174 Mio. Euro
Mitarbeiter:	circa 3.300

Das Angebot

- **Fachrichtungen:** Wirtschaftswissenschaften, Volkswirtschaft, Mathematik, Wirtschaftsmathematik
- **Startprogramm:** Trainee-Programm
- **Einsatzbereiche:** Bundesweit
- **Weiterbildung:** Training-on-the-job, individuell abgestimmtes Entwicklungsprogramm
- **Karriere:** Entwicklung zum Bezirksdirektor
- **Einstiegsgehälter:** qualifikationsabhängig
- **Auslandseinsatz:** nicht vorgesehen
- **Besondere soziale Leistungen:** Branchenüblich

Der Einstieg

Bewerbung	Vollständige Unterlagen
Auswahl	Strukturierte Interviews, Schnuppertage
Fachliche Qualifikation	Kurze Studiendauer, möglichst Berufsausbildung/ Berufserfahrung.
Persönliche Qualifikation	Hohe Einsatzbereitschaft, Fleiß, Flexibilität, Kommunikationsfähigkeit.
Was Sie erwartet	Ein sehr interessanter Berufseinstieg mit hervorragenden Perspektiven.

B

Bayerische Landesbank
Finanzgruppe

Bayerische Landesbank
Briennerstr. 20
80333 München
0 89/21 71 – 1
http://www.bayernlb.de
Junge Karriere und Hochschulmarketing
Gabriele Brachmann; Cornelia Wilhelmy
– 249 15; – 215 69
trainee@bayernlb.de
Broschüre, Geschäftsbericht, Homepage

Das Unternehmen

Die Bayerische Landesbank bietet als international tätige Universalbank die komplette Service- und Produktpalette aller Finanzdienstleistungen. Bevorzugt betreibt sie als Wholesale-Bank das Geschäft mit Großunternehmen und vermögenden privaten wie institutionellen Anlegern im In- und Ausland.

Aus der Eigentümerstruktur - das Kapital halten zu gleichen Teilen der Freistaat Bayern und der Sparkassenverband Bayern - resultieren die besonderen Funktionen des Instituts: als Hausbank des Freistaats Bayern zur Finanzierung des staatlichen Kreditbedarfs sowie als Spitzeninstitut der bayerischen Sparkassen mit Zentralbankfunktion zur Sicherung des Liquiditätsausgleichs.

Ambitionierten Hochschulabsolventen insbesondere der Studienrichtungen Wirtschafts-wissenschaften, Jura, Mathematik oder Wirtschaftsingenieurwesen als Berufsanfänger oder bereits mit Berufserfahrung bietet die Bank einen Karriereeinstieg mit einem individuellen Trainee-Programm oder einen Direkteinstieg in zahlreichen Geschäftsfeldern. Ein breit gefächertes Fortbildungsangebot orientiert an den eigenen Bedürfnissen begleitet Ihre berufliche Tätigkeit und eröffnet Ihnen neue Chancen für die berufliche Weiterentwicklung innerhalb des Konzerns.

Das Profil:	
Name:	Bayerische Landesbank
Branche:	Finanzdienstleistungen
Standorte:	München (Hauptsitz), Nürnberg, Frankfurt, Berlin, London, Paris, New York, Singapur, Hongkong, Tokio u.a.
Konzern-bilanzsumme:	325,8 Mrd. Euro (2001)
Mitarbeiter:	über 8.800 konzernweit

Das Angebot

- **Geplante Einstellungen 2003:** 25 bis 35 für das Trainee-Programm; Direkteinstieg je nach Bedarf
- **Fachrichtungen:** WiWi, Jura, Mathematik, Wirtschaftsmathematik, Wirtschaftsinformatik
- **Startprogramm:** Praktikum oder Diplomarbeit, Trainee-Programm, Direkteinstieg
- **Einsatzbereiche:** gesamtbankweit
- **Weiterbildung:** Training-on-the-job, verschiedene fachliche und persönliche Entwicklungsmaßnahmen
- **Karriere:** je nach individueller Leistung
- **Einstiegsgehälter:** je nach Qualifikation
- **Auslandseinsatz:** bei sinnvoller Ergänzung im Rahmen des Trainee-Programms möglich
- **Besondere soziale Leistungen:** diverse

B

Der Einstieg

Bewerbung	Vollständige Unterlagen
Auswahl	Bewerberrunde und Gespräche mit Vertretern der Personal- und Fachabteilung
Pluspunkte	bankpraktische Vorkenntnisse, außeruniversitäres Engagement, Auslandserfahrung
Fachliche Qualifikation	mit gutem Erfolg abgeschlossenes Studium, Fremdsprachenkenntnisse
Persönliche Qualifikation	Eigeninitiative, Ideenreichtum, Spaß an der Dienstleistung und am Kundenkontakt, kommunikatives Talent, Aufgeschlossenheit und Teamfähigkeit.
Was Sie erwartet	Wir bieten interessante Tätigkeitsfelder und ein gutes Arbeitsklima.

COMMERZBANK

Commerzbank AG
Personalzentrum Zentrale
60261 Frankfurt

Nicole Rosenstein (Investment Banking)
0 69/1 36 – 4 22 51
nicole.rosenstein@commerzbank.de

Sylvia Marinov (Konzernsteuerung)
0 69/1 36 – 2 45 96
sylvia.marinov@commerzbank.de

Isabel Jahn IT
0 69/1 36 – 2 23 42
isabel.jahn@commerzbank.de

http://www.commerzbank.de

Das Unternehmen

Mit einer Konzern-Bilanzsumme von rund 500 Mrd Euro ist die Commerzbank mit Sitz in Frankfurt am Main eine der größten privaten Banken in Deutschland und Europa. Die Muttergesellschaft, Commerzbank AG, und die Konzerntöchter beschäftigen rund 40.000 Mitarbeiter, davon 7.700 außerhalb Deutschlands.

In Deutschland unterhält die Commerzbank ein Netz von etwa 800 Filialen. Darüber hinaus konzentriert sich der Konzern auf das europäische Geschäft und einige ausgewählte Märkte wie die USA. Die Commerzbank ist international an allen wichtigen Finanzplätzen mit eigenen Filialen und durch Beteiligungen an Kreditinstituten vertreten.

Im deutschen Firmenkundengeschäft konzentriert sich die Commerzbank insbesondere auf mittelständische Unternehmen, von denen 39 Prozent eine Kontoverbindung mit der Bank unterhalten. Im Investment Banking hat sich die Commerzbank erfolgreich auf dem europäischen Markt etabliert. Die Integration von Corporate und Investment Banking ermöglicht es der Commerzbank, maßgeschneiderte Lösungen für die Kapitalbedürfnisse ihrer Firmenkunden zu entwickeln.

C

Die Commerzbank rekrutiert pro Jahr etwa 100 Hochschulabsolventen. Die Schwerpunkte liegen im Investment Banking, im IT-Bereich und im Inländischen Filialgeschäft.

Der Einstieg

Einsatz bereiche	Zielgerichtete Traineeprogramme in unterschiedlichen Bereichen, z. B. Asset Management, Investment Banking; IT, Transaktion Banking, Bilanzen und Steuern, Kreditgeschäft, Revision, Filialleitung, Firmenkundengeschäft
Dauer	Abhängig von Zielrichtung und Erfahrung zwischen 6 und 18 Monaten
Einsatz-kriterien	Studium der Wirtschaftswissenschaften, (Wirtschafts)- Informatik, (Wirtschafts-) Mathematik oder Wirtschaftsingenieurwesen., Praxiserfahrung, Englischkenntnisse, Eigeninitiative, Teamfähigkeit und Kundenorientierung.
Auswahlver-fahren	Grundsätzlich ein bis zwei Gespräche, je nach Ausbildungsziel Assessment Center

Deutsche
Börse

D

Deutsche Börse AG
Neue Börsenstraße 1
60487 Frankfurt am Main
0 69/21 01 – 0
http://www.deutsche-boerse.com
Bewerberhotline
– 18 10
Praktikanten/Studenten
– 84 86
students@deutsche-boerse.com

Das Unternehmen

Ohne hoch engagierte Menschen hätte sich die Deutsche Börse in den letzten Jahren bestimmt nicht zur größten Börsenorganisation Europas entwickelt. Heute decken wir in Frankfurt alles ab, was zum Börsengeschäft gehört: Wertpapier- und Terminhandel, Abwicklung der Aufträge, Bereitstellung der Marktinformationen, Entwicklung und Betrieb der vollelektronischen Handelssysteme. Über 1.500 Mitarbeiter arbeiten bei uns – ein junges, internationales Team mit einem Durchschnittsalter von 37 Jahren. Kleine Projektgruppen, flache Hierarchien und kurze Entscheidungswege garantieren, dass der Job nicht nur Erfolg, sondern auch viel Spaß bringt. Außerdem ist ein Arbeitsplatz an der Deutschen Börse sicher, indem wir den Börsenmarkt organisieren, attraktive Segmente und Handelssysteme schaffen, treiben wir das Geschäft mit den Aktien voran. ein Beispiel: Eurex. Über diese Tochtergesellschaft organisieren wir den bereits größten Terminmarkt der Welt. Auch mit unserem vollelektronischen Handelssystem Xetra sind wir sehr erfolgreich: Hier werden mittlerweile über 90 Prozent der deutschen Aktien umgesetzt. Schon heute kommen rund 40 Prozent der Xetra-Teilnehmer aus dem Ausland. Das internationale Geschäft wollen wir auch in Zukunft vorantreiben. Internationalität ist aber nur ein Grund, bei uns zu arbeiten. Wechselnde Projekte, eigenverantwortliches Handeln und die neueste Technik ermöglicht es jedem, sich ständig weiter zu qualifizieren.

Das Angebot

- **Geplante Einstellungen 2002/2003:** ca. 250
- **Fachrichtungen:** Wirtschaftswissenschaften, Jura, Mathematik, Wirtschaftsmathematik, Informatik, Wirtschaftsinformatik, Physik
- **Startprogramm:** Direkteinstieg,
- **Einsatzbereiche:** im Projekt
- **Weiterbildung:** Training-on-the-job, individuell abgestimmtes Entwicklungsprogramm
- **Einstiegsgehälter:** qualifikationsabhängig
- **Auslandseinsatz:** je nach Projekt möglich

Der Einstieg

Bewerbung	Vollständige Unterlagen, Bewerbung per Internet/E-Mail oder auf dem Postweg
Auswahl	Strukturierte Interviews mit der Personal- und Fachabteilung
Pluspunkte	Relevante Praktika, außeruniversitäres Engagement,
Fachliche Qualifikation	Hochschulabschluss, sehr gutes Englisch, Studienleistung -verlauf
Persönliche Qualifikation	Analytische Fähigkeiten, ausgeprägte Team- und Kommunikationsfähigkeit, Flexibilität
Was Sie erwartet	Ein abwechslungsreiches Aufgabenspektrum in einem jungen, dynamischen Umfeld. In Projekten können Sie früh Verantwortung übernehmen und Karrierechancen nutzen. Gemeinsam entwickeln wir uns weiter - das garantiert den Erfolg der Gruppe Deutsche Börse.

Postbank
Leistung ohne Umwege

Deutsche Postbank AG
Postfach 4000
53105 Bonn
(02 28) 9 20 – 0; Fax – 3 51 51
http://www.postbank.de/karriere
Personalentwicklung/-marketing
Raphaela vom Hofe
Tel. – 3 24 11
trainee@postbank.de

Firmenbroschüren, Homepage

Das Unternehmen

Die Postbank AG ist mit über 10 Millionen Kunden eine der größten Banken Deutschlands und gleichzeitig einer der Marktführer im Direktbereich. 1,4 Millionen Konten führen Kunden der Postbank inzwischen online, über 280.000 davon sind Depotkonten bei Postbank Easytrade. Und rund 1,9 Millionen Kunden nutzen die Möglichkeit des Telefon-Banking. Tendenz: weiter steigend. Viele Postbank Kunden schätzen die gute Erreichbarkeit und die kurzen Wege zu ihrer Postbank. Egal, ob in der Filiale, online oder per Telefon.

Im Verbund mit der Deutschen Post, die 100 Prozent der Postbank Aktien hält, verfügt die Postbank über das dichteste Filialnetz einer Bank in Deutschland. Herzstück dabei: rund 700 Center-Filialen der Deutschen Post, in denen den Kunden speziell geschulte Finanzdienstleistungsberater zur Verfügung stehen.

Die Beziehung zu ihren 400.000 Geschäfts- und Firmenkunden will die Postbank noch wesentlich stärker ausbauen.

Das Angebot

- **Fachrichtungen:** BWL, VWL, Wirtschaftswissenschaften, Informatik, Wirtschaftsinformatik, Mathematik

D

- **Startprogramm:** Allgemeines Traineeprogramm, Fach-Traineeprogramm, Direkteinstieg
- **Einsatzbereiche:** IT, Anwendungssysteme, Investmentbanking, Treasury, Brokerage, Elektronic Banking, E-Commerce, Risk Management, Marketing, Bankenorganisaton, Rechnungswesen, Controlling
- **Weiterbildung:** Training-on-the-job, individuell abgestimmtes Entwicklungsprogramm
- **Einstiegsgehälter:** qualifikationsabhängig
- **Auslandseinsatz:** beschränkt möglich

Der Einstieg

Bewerbung	Vollständige klassische Bewerbungsunterlagen
Auswahl	Assessment-Center, strukturiertes Interview
Pluspunkte	Einschlägige Praktika, überzeugende, teamfähige Persönlichkeit
Fachliche Qualifikation	Überdurchschnittlicher Studienabschluss
Persönliche Qualifikation	Sie treten freundlich und sicher auf. Mit Ihrer raschen und detaillierten Analyse komplexer Zusammenhänge arbeiten Sie sich mühelos in neue Herausforderungen ein. Teamgeist und gute Englischkenntnisse zeichnen Sie ebenfalls aus.
Was Sie erwartet	Die Deutsche Postbank AG befindet sich im Aufbruch: Das ist Ihre Chance, schon heute die Bank von morgen zu gestalten.

Dresdner Bank
Die Beraterbank

D

Dresdner Bank AG
Jürgen-Ponto-Platz 1
60301 Frankfurt am Main

0 69 / 2 63 – 0

http://www.dresdner-bank.de

Corporate Center Personal
HR Marketing
Sonja Kiefer, Cristina Galindo
– 5 74 27, – 5 90 70
sonja.kiefer@dresdner-bank.com,
cristina.galindo@dresdner-bank.com

Firmenbroschüren, Homepage

Das Unternehmen

Der Dresdner-Bank-Konzern ist mit rund 1.150 Geschäftsstellen und knapp 51.000 Mitarbeiterinnen und Mitarbeitern in mehr als 70 Ländern der Welt tätig. Nach Bilanzsumme, Marktwert und Zahl der Kunden zählt die Dresdner Bank zu den führenden europäischen Bankengruppen.

Seit dem 23. Juli 2001 ist die Dresdner Bank als „Kompetenzzentrum Banking" Teil der Allianz Gruppe. In der Verbindung von Allianz und Dresdner Bank besteht das Potenzial für die Schaffung erheblichen Mehrwerts durch ein größeres Angebot von Finanzprodukten, breitere Vertriebskanäle sowie mehr Beratungskapazität und Beratungskompetenz. Nicht zuletzt können durch die Kombination von Versicherungsprodukten der Allianz und von Vermögensanlageprodukten der Dresdner Bank die nachgefragten Produkte im Bereich der betrieblichen und privaten Altersvorsorge noch effektiver angeboten werden.

Sichern Sie sich Ihren Einstieg bei der Dresdner Bank AG

D

Das Profil:	
Name:	Dresdner Bank AG
Branche:	Internationale Finanzdienstleistungen
Standorte:	in über 70 Ländern, Hauptsitz: Frankfurt am Main
Bilanzsumme:	491,8 Milliarden Euro (per 30.6.2002)
Mitarbeiter:	circa 51.000 weltweit

Das Angebot

- **Geplante Einstellungen 2003:** ca. 200 Hochschulabsolventen
- **Fachrichtungen:** Wirtschaftswissenschaften (schwerpunktmäßig), Wirtschaftsingenieurwesen, Informatik, Wirtschaftsinformatik, Mathematik, Physik, Rechtswissenschaften
- **Startprogramm:** Ausbildung zum Zertifizierten Wertpapierberater, Nachwuchsprogramm im Firmenkundengeschäft, Direkteinstieg (Training-on-the-Job) in den verschiedenen Unternehmensbereichen und Corporate Center Einheiten
- **Einsatzbereiche:** Private Kunden und Geschäftskunden, Corporates & Markets, Corporate Center Einheiten
- **Weiterbildung & Karriere:** interne Nachwuchsprogramme und individuelle Weiterbildung
- **Einstiegsgehälter:** ca. 38.000 bis 44.000 Euro p. a.
- **Auslandseinsatz:** möglich
- **Besondere soziale Leistungen:** Beiträge zum BVV, Belegschaftsaktien

Der Einstieg

Bewerbung	Vollständige Unterlagen (Aussagefähiges Anschreiben, aus dem Interessen und Ziele hervorgehen; Lichtbild; tabellarischer Lebenslauf; Zeugnisse ab Hochschulreife; Nachweis über weitere Qualifikationen)
Auswahl	Abhängig von der Position: Assessment-Center; Gespräch mit dem Fachbereich; Gespräch mit der Personalabteilung
Pluspunkte & fachliche Qualifikation	Praktika, Interesse am Bankgeschäft, überzeugende Studienleistungen, Fremdsprachen, außeruniversitäres Engagement
Persönliche Qualifikation	Persönlichkeit, Kreativität, erste praktische Erfahrungen im Bankgeschäft, leistungs- und serviceorientierte Einstellung
Was Sie erwartet	Abwechslungsreiche und vielseitige Aufgabenbereiche, attraktive Vergütung, individuell abgestimmte persönliche und berufliche Karriereförderung

F

FJA AG
Leonhard-Moll-Bogen 10
D-81373 München
+49 89 / 7 69 01 - 0; +49 89 / 7 69 88 13
http://www.fja.com
Human Resources
Alexandra Heubuch
+ 49 800 / JobsFJA oder + 49 800 / 562 73 52
jobs@fja.com

Das Unternehmen

Die seit Februar 2000 am Neuen Markt notierte FJA AG ist eines der führenden Beratungs- und Softwarehäuser für die Versicherungsbranche, das sich auf die Entwicklung und Implementierung von Standardsoftware für Versicherer und andere Finanzdienstleister spezialisiert hat.

Dynamisches Wachstum und nachhaltiger Ertrag prägen die Entwicklung der FJA-Gruppe.

In den vergangenen fünf Jahren konnte die Gesamtleistung mehr als verdreifacht werden und stieg von 35,4 Mio. Euro 1997 auf 111,9 Mio. Euro im Jahr 2001. Das operative Betriebsergebnis (EBIT) lag 2001 bei 20,6 Mio. Euro und der Jahresüberschuss nach Steuern bei 13,6 Mio. Euro. Der positive Trend der letzten Jahre soll auch im laufenden Geschäftsjahr fortgesetzt werden.

Das Angebot

- **Geplante Einstellungen 2003:** k. A.
- **Fachrichtungen:** Mathematik (Schwerpunkt Versicherungsmathematik), Informatik, Naturwissenschaften
- **Startprogramm:** Basisseminar und Training-on-the-job
- **Einsatzbereiche:** versicherungsfachliche Beratung, Anwendungsentwicklung

- **Weiterbildung:** individuelle Weiterbildung an der FJA-Akademie
- **Karriere:** versicherungsfachlicher Experte; IT Experte, Projektleitung;
- **Einstiegsgehälter:** qualifikationsabhängig
- **Auslandseinsatz:** je nach Projekt
- **Besondere soziale Leistungen:** Direktversicherung, Mitarbeiterbeteiligungsprogramm, Freizeitangebote

Der Einstieg

Bewerbung	Vollständige Bewerbungsunterlagen per E-Mail oder auf dem Postweg
Auswahl	Einzelgespräche mit Fach- und Personalabteilung
Pluspunkte	Erfahrung aus dem Versicherungsbereich
Fachliche Qualifikation	Erfolgreich abgeschlossenes Studium, Praxiswissen aus Praktika, erste Erfahrungen in der Softwareentwicklung oder Know-how im versicherungsmathematischen Bereich
Persönliche Qualifikation	Ausgeprägte analytische und konzeptionelle Fähigkeiten, Teamgeist, Kundenorientierung
Was Sie erwartet	Bei uns erwartet Sie ein sicherer Arbeitsplatz, ein angenehmes Arbeitsklima, ein vielseitiges Aufgabengebiet und interessante Entwicklungsmöglichkeiten in einem prosperierenden Unternehmen. Sie werden schnell die Vorteile unserer unbürokratischen Organisation, einer flachen Hierarchie und des partnerschaftlichen Umgangs bei FJA schätzen lernen

H hannover rück

Hannover Rückversicherungs-AG
Human Resources
Karl-Wiechert-Alle 50 oder: Postfach 61 03 69
30625 Hannover

http://www.hannover-rueck.de

career@hannover-re.com (für Bewerbungen)
personnel@hannover-re.com (für Anfragen, bitte geben Sie für Rückfragen Ihrer Telefonnummer mit an, damit wir Sie ggfs. zurückrufen können!)

Das Unternehmen

Der Hannover Rück-Konzern ist mit einem Prämienvolumen von 11,5 Mrd. Euro der fünftgrößte Rückversicherer der Welt. Er betreibt alle Sparten der Schaden-, Personen- und Finanz-Rückversicherung sowie Programmgeschäft und unterhält Rückversicherungsbeziehungen mit rund 2.000 Versicherungsgesellschaften in mehr als 100 Ländern. Seine weltweite Infrastruktur besteht aus über 100 Tochter- und Beteiligungsgesellschaften sowie Repräsentanzen in 19 Ländern.

Das Deutschlandgeschäft der Gruppe wird von der Tochtergesellschaft E+S Rück betrieben.

Die Hannover Rück-Gruppe beschäftigt zur Zeit weltweit über 1700 Mitarbeiter, wovon ca. 700 am Hauptsitz in Hannover tätig sind.

Das Angebot

- **Geplante Einstellungen 2003:** 70-90
- **Gesuchte Fachrichtungen:** Wirtschaftswissenschaften, Mathematik, Wirtschaftsmathematik, Informatik, Wirtschaftsinformatik
- **Startprogramm:** Direkteinstieg, Traineeprogramm
- **Einsatzbereiche:** Alle Markt- und Servicebereiche in Hannover

- **Weiterbildung:** Training-on-the-job, Seminarprogramm, Ausbildungshospitationen, individuell abgestimmtes Entwicklungsprogramm
- **Karriere:** Leistungs- und performanceabhängig
- **Einstiegsgehälter:** ab 40.600 Euro p.a.
- **Auslandseinsatz:** nach gründlicher Einarbeitung möglich
- **Besondere soziale Leistungen:** zus. Altersversorgung, volle VWL, Sportprogramm, flex. Arbeitszeiten

Der Einstieg

Bewerbung	Ausführliche Unterlagen incl. Abi und Angabe Ihrer Sprachkenntnisse sowie Nationalität und Geburtsdatum, Bewerbung per E-Mail oder auf dem Postweg
Auswahl	Strukturierte Interviews mit der Personal- und Fachabteilung
Pluspunkte	Branchenrelevante Praktika
Fachliche Qualifikation	erfolgreich abgeschlossenes Studium, gern mit Schwerpunkt Versicherungsbetriebslehre, Statistik, Steuern/ Controlling
Persönliche Qualifikation	Wir suchen aufgeschlossene unkomplizierte Menschen mit hoher Sozialkompetenz und Kundenorientierung, die Spass am Umgang mit Zahlen haben und analytisch denken können. Sprachkenntnisse sind notwendig, insbesondere sehr gute Englischkenntnisse, die auch gern in einem Auslandsaufenthalt erworben wurden.
Was Sie erwartet	Unsere Mitarbeiter sind überwiegend Akademiker, Männer und Frauen halten sich etwa die Waage. Unsere Teams sind international und pflegen weltweite Kontakte, unter den Mitarbeitern finden sich mehr als 30 verschiedene Nationalitäten. Sie arbeiten gemeinsam mit vielen jungen Kollegen in einem attraktiven Umfeld und übernehmen rasch eigene Verantwortung.

H

HAUCK & AUFHÄUSER
PRIVATBANKIERS

✉ **Hauck & Aufhäuser Privatbankiers KGaA**
Kaiserstraße 24
60311 Frankfurt am Main

✉ **☎ 069/2161-0**

http://www.hauck-aufhaeuser.de

Personalabteilung
Silvia Winkler
☎ - 318; Fax - 374

Das Unternehmen

Eine konstante und ausgewogene Personalpolitik ist uns in Hinblick auf die langfristige und kontinuierliche Kundenbetreuung ein besonderes Anliegen. Kennzeichen dieser Politik ist unter anderem die durchschnittliche Zugehörigkeit der Mitarbeiter zu unserer Bank, die bei etwa zehn Jahren liegt.

Die Gruppe Hauck & Aufhäuser beschäftigt derzeit (Stand 31.12.2001) insgesamt 476 Mitarbeiterinnen und Mitarbeiter. In der Muttergesellschaft sind an den Standorten Frankfurt am Main und München 380 Personen tätig, davon zirka zwei Drittel in Frankfurt. Bei unseren in- und ausländischen Tochtergesellschaften sind 96 Mitarbeiter angestellt. Mehr als die Hälfte von ihnen arbeiten bei unserer Luxemburger Tochtergesellschaft.

Das Angebot

- **Personalplanung:** bedarfsorientiert
- **Fachrichtungen:** Wirtschaftswissenschaften
- **Startprogramm:** individuell abgestimmtes Trainee-Programm (9-12 Monate) oder Direkteinstieg
- **Weiterbildung:** Training-on-the-job, interne und außerbetriebliche Weiterbildung
- **Einstiegsgehälter:** je nach Qualifikation und Einsatzbereich
- **Auslandseinsatz:** möglich

Bewerbung	Vollständige Unterlagen mit Lebenslauf und Zeugnissen
Auswahl	Einzelinterview mit Personal- und Fachabteilung
Fachliche Qualifikation	Wirtschaftswissenschaftliches Prädikatsexamen, gute Kenntnisse finanzwirtschaftlicher Zusammenhänge
Persönliche Qualifikation	Team- und Kontaktfähigkeit, analytisches bzw. ökonomisches Denken, Zielstrebigkeit, Freude am Arbeiten im Team

H

Hochschule
für Bankwirtschaft / HfB

Hochschule für Bankwirtschaft
Sonnemannstraße 9-11
60314 Frankfurt am Main

0 69 / 1 54 00 87 35

http://www.hfb.de
info@hfb.de

Broschüre, Jahresbericht, Hochschulzeitschrift „HfB aktuell“

Die Hochschule für Bankwirtschaft / HfB bietet seit über zehn Jahren auf die Bedürfnisse der Finanzwirtschaft zugeschnittene akademische Studiengänge und Weiterbildungen. Mit Sitz in der Finanzmetropole Frankfurt / Main verfügt sie über ein dichtes Netzwerk in die Branche. Ihre Absolventen und Absolventinnen sind in verantwortungsvollen Fach- und Führungspositionen tätig.

Die HfB bietet zwei grundständige Bachelor-Studiengänge an, die inklusive des obligatorischen Auslandssemesters jeweils sieben Semester dauern. Der **Bachelor of Business Administration** ist ein Studium der Betriebswirtschaftslehre, der **Bachelor of Computer Science in Banking & Finance** ein Studium der Wirtschaftsinformatik. Alle Studierenden in den Bachelor-Studiengängen haben einen Arbeitgeber: Sie absolvieren entweder eine Berufsausbildung in einem Unternehmen oder studieren nach abgeschlossener Ausbildung und arbeiten Teilzeit. Dadurch können die Studierenden kontinuierlich in der Praxis anwenden, was sie an der Hochschule lernen und starten ihre Karriere bereits im 1. Semester.

Darüber hinaus bietet die HfB mit dem **Master of Arts (Banking & Finance)** ein zweisemestriges Aufbaustudium an. Hier werden den Studierenden vertiefende Kenntnisse und Methoden vermittelt, die sie benötigen, um komplexe Aufgaben in der Finanzwirtschaft zu bewältigen. Das Studium wird mit den alternativen Vertiefungen Bankmanagement und Investment Banking angeboten. Es kann parallel zu einer Teilzeittätigkeit absolviert werden (nicht obligatorisch). Der Master of Arts (Banking & Finance) berechtigt zur Promotion.

Beide Bachelor-Studiengänge und der Master of Arts (Banking & Finance) sind staatlich anerkannt und von der FIBAA akkreditiert.

Im September 2003 startet die HfB gemeinsam mit Henley Management College ein MBA-Programm. Es dauert zwei Jahre und kann parallel zu einer Vollzeittätigkeit absolviert werden. Unterrichtssprache wird Englisch sein. Gemeinsame Studienaufenthalte mit der Parallelgruppe in England, die in Frankfurt, Henley sowie an anderen Orten stattfinden sollen, ermöglichen internationalen Austausch. Das Henley Management College und seine Studiengänge sind durch die AMBA, durch das europäische EQUIS und die US-amerikanische AACSB akkreditiert.

Bachelor-Programme

Studienbeginn: jeweils im Wintersemester
Bewerbungsschluss: 31. Januar des Jahres, in dem das Studium aufgenommen werden soll

Master of Arts (Banking & Finance)

Studienbeginn: jeweils im Sommersemester
Bewerbungsschluss: 31. Dezember vor Studienbeginn

MBA

Studienbeginn: jeweils im September
Bewerbungsschluss: bis 30. Juni vor Studienbeginn

K

KfW DEUTSCHLANDS GROSSE FÖRDERBANK

KfW
Palmengartenstraße 5-9
60325 Frankfurt am Main
☎ 0 69/74 31 – 0; Fax – 29 44
www.kfw.de
Personalmarketing
Gisela Rupp
☎ – 49 21
gisela.rupp@kfw.de

Geschäftsbericht, Image- und Trainee-Broschüre, Homepage

Das Unternehmen

Die KfW ist als Förderbank des Bundes und der Länder ein zentrales Kreditinstitut mit wirtschaftspolitischen Aufgaben. Als Mittelstandsbank fördert sie kleine und mittlere Unternehmen und deren Investitionen im In- und Ausland und macht innovativen Unternehmen Risikokapital zugänglich. Auch Infrastruktur-, Regional- und Wohnraummaßnahmen werden gefördert. Zur Finanzierung von Investitionsgüterexporten vergibt die KfW langfristige Kredite auch in Fremdwährungen. In der Finanziellen Zusammenarbeit mit Entwicklungsländern arbeitet die KfW als die Entwicklungsbank der Bundesrepublik. Die Förderung der Umwelt, der Rohstoffsicherung und des Ressourcenschutzes ist Querschnittaufgabe für die KfW in allen Bereichen. Die KfW hat ihren Hauptsitz in Frankfurt am Main sowie eine Niederlassung in Berlin.

Das Angebot

- **Geplante Einstellungen 2003:** ca. 60 Hochschulabsolventen
- **Fachrichtungen:** BWL, VWL, Ökonomie, Wirtschaftsingenieurwesen, Mathematik, Wirtschaftsmathematik, Informatik, Wirtschaftsinformatik, andere wirtschaftsnahe Studiengänge

- **Einstiegsmöglichkeiten:** Trainee-Programm
- **Einsatzbereiche:** Export- und Projektfinanzierung, Finanzierung von Innovationen und Beteiligungen/Venture Capital, Wirtschaftsförderung in Deutschland und Europa, Treasury/Kapitalmarkt, Finanzielle Zusammenarbeit mit Entwicklungsländern, Rechnungswesen/Controlling, IT-Koordination
- Weiterbildung: individuell abgestimmte Personalentwicklung
- **Einstiegsgehälter:** ca. 44.500 Euro p. a.
- **Auslandseinsatz:** im Rahmen von Dienstreisen
- **Besondere soziale Leistungen:** Altersversorgung, Gruppenunfallversicherung, Mitarbeiterdarlehen, Sozialfonds, betriebseigener Kindergarten

Der Einstieg

Bewerbung	Vollständige Unterlagen, Bewerbung per Internet/E-Mail oder auf dem Postweg
Auswahl	Strukturierte Interviews mit der Personal- und Fachabteilung
Pluspunkte	Relevante Praktika, Auslandserfahrung, außeruniversitäres Engagement,
Fachliche Qualifikation	Relevante Studienschwerpunkte, gute Studienleistungen, gute Englischkenntnisse, weiter Sprachkenntnisse sind von Vorteil
Persönliche Qualifikation	Kommunikationsfähigkeit, Offenheit, Teamfähigkeit, Initiative.
Was Sie erwartet	Bei der KfW erwarten Sie vielseitige, innovative Aufgaben in einem internationalen Umfeld.

L

LB≡BW

✉ **Landesbank Baden-Württemberg**
Hochschulmarketing/Trainees
Fritz-Elsas-Str. 31
70174 Stuttgart

☎ **07 11/1 24-71 82**

www.lbbw.de

Homepage

Das Unternehmen

Die Landesbank Baden Württemberg gehört zu den Top Ten in Deutschland. Sie stellt mit rund 10 000 Mitarbeitern eine Landesbank mit einem einzigartigen Geschäftsspektrum dar:

- Universalbank – sowohl mit Retail- als auch mit Wholesale-Fokus
- Internationale Geschäftsbank mit regionaler Verankerung
- Zentralbank der Sparkassen in Baden-Württemberg
- Hausbank des Landes Baden-Württemberg und der Landeshauptstadt Stuttgart

Das Angebot

- **Für Studenten:** Praktika und Diplomarbeiten ⌦ Frau Kuhnle ☎ – 12 23
- **Personalplanung:** nach Bedarf
- **Fachrichtungen:** Wirtschaftswissenschaften, BWL, VWL, (Wirtschafts-)Mathematik, (Wirtschafts-) Informatik
- **Startprogramm:** 12- bis 15-monatiges positionsbezogenes Trainee-Programm, individuell geplanter, zielgerichteter Einsatz in verschiedenen Bereichen
- **Weiterbildung:** interne und externe Fortbildung, Lernsoftware, Sprach- und PC-Kurse
- **Karriere:** leistungsabhängig
- **Einstiegsgehälter:** nach Vereinbarung
- **Auslandseinsatz:** grundsätzlich möglich

Der Einstieg

Bewerbung	Vollständige Bewerbungsunterlagen
Auswahl	Interview, AC
Pluspunkte	Zügiges zielorientiertes Studium, Praktika, Auslandserfahrung
Fachliche Qualifikation	Gutes Studienergebnis; Bankbezug
Persönliche Qualifikation	Einsatz- und Leistungsbereitschaft, Erfolgsorientierung

Die Landesbank Baden-Württemberg bietet herausfordernde Aufgaben in einer der größten Banken Deutschlands.

P

PRICEWATERHOUSECOOPERS

✉ **PricewaterhouseCoopers**
Marie-Curie-Straße 24-28
60439 Frankfurt am Main
☎ **0 69/95 85-0**
💻 **www.pwc.career.de**
⌧ **Personalmarketing & Recruiting**
Briony Wilson ☎ – 52 53 – 🖷 52 56

Bewerberbroschüre, Unternehmensbroschüre

Das Unternehmen

Mit rund 9.000 Mitarbeitern an mehr als 40 Standorten n Deutschland und als Teil einer weltweiten Organisation bieten wir hochqualifizierte Dienstleistungen in den Bereichen Wirtschaftsprüfung und prüfungsnahe Dienstleistungen, Steuer- und Rechtsberatung sowie Corporate Finance-Beratung. Exzellente Fachkenntnisse, Branchenfokussierung wowie international ausgerichtetes und unternehmerisches Denken prägen unsere Tätigkeit. Darüber hinaus erwartet Sie eine systematische Fortbildung sowie eine individuell gestaltete Karriere in einer zukunftsorientierten Organisation.

Deutschland	2002
Umsatz	1,2 Mrd. Euro
Beschäftigte	9.000

Das Angebot

- **Für Studenten:** Praktika ⌧ Briony Wilson
- **Personalplanung:** ca. 750 Hochschulabsolventen
- **Fachrichtungen:** WiWi, Jura, Wi-Informatik, Wi-Ingenieure, Wi-Mathematik
- **Startprogramm:** Training-on-the-job in den u.g. Unternehmensbereichen

- **Einsatzbereich:** Wirtschaftsprüfung und prüfungsnahe Dienstleistungen, Steuer- und Rechtsberatung, sowie Corporate Finance-Beratung
- **Weiterbilung:** kontinuierliches, intensives Fort- und Weiterbildungsprogramm
- **Einstiegsgehälter:** nach Vereinbarung
- **Auslandstätigkeit:** innerhalb von Projekteinsätzen und im Rahmen unseres „Global Deployment Program“

Der Einstieg

Bewerbung	Vollständige Bewerbungsunterlagen
Auswahl	strukturierte Interviews
Pluspunkte	Zielgerichtete Praktika, Auslandserfahrung
Fachliche Qualifikation	Studienschwerpunkte, gute Englisch- und EDV-Kenntnisse
Persönliche Qualifikation	Leistungsbereitschaft, Eigeninitiative, Teamfähigkeit, analytische und selbständige Arbeitsweise

Firmenkultur, interessantes Aus- und Weiterbildungsprogramm, internationales Netzwerk.

S

STANDARD LIFE

Standard Life Versicherung
Lyoner Straße 15
60528 Frankfurt
0 69/6 65 72 – 0 (Zentrale)
http://www.standardlife.de

Das Unternehmen

Wir, die Standard Life Versicherung mit Sitz in Frankfurt/Main, sind die deutsche Niederlassung der schottischen The Standard Life Assurance Company, dem größten Lebensversicherungsverein auf Gegenseitigkeit in Europa. Niederlassungen und Joint Ventures von Standard Life finden Sie in Europa, Nordamerika und Asien. An die deutsche Niederlassung angeschlossen ist im Übrigen auch die Vertriebsdirektion in Österreich.

Als modernes und international tätiges Unternehmen ist uns seit Markteintritt 1996 in Deutschland der erfolgreichste Start eines ausländischen Versicherers seit langem gelungen. So vertrauen uns hier mittlerweile mehr als 140.000 deutsche und österreichische Kunden. Die Gründe dafür: die finanzielle Stärke eines weltweiten Unternehmens, unsere modernen und innovativen Produkte, die Zusammenarbeit mit unabhängigen Qualitätsvermittlern sowie das gelebte Service-Engagement unserer Mitarbeiter.

Das Angebot

- **Fachrichtungen:** Wirtschaftswissenschaften, Jura, Mathematik, Wirtschaftsmathematik, Informatik, Wirtschaftsinformatik
- **Startprogramm:** Direkteinstieg, gezieltes Training-on-the-job
- **Einsatzbereiche:** Accounting, Aktuariat, Controlling, Geschäftsprozesse, IT, Kundenservice, Marketing, Vertrieb

- **Weiterbildung:** regelmäßige Teilnahme an Fachseminaren (intern und extern)
- **Auslandseinsatz:** wird im Rahmen der Projektarbeit mit dem schottischen Mutterhaus gefördert
- **soziale Leistungen:** betriebliche Altersversorgung, zusätzlich variable Vergütung

* Vergessen Sie alles, was Sie bisher über Versicherungen gehört haben. Bei uns weht ein junger, dynamischer Wind.

W WestLB

WestLB AG
Herzogstr.15
40217 Düsseldorf

02 11 / 8 26 – 01; Fax – 96 83

http://www.westlb.de/jobforum

Personalmarketing
Anja Niggemann
– 24 49
jobs@westlb.de

Geschäftsbericht, Unternehmensbroschüre, Berufseinstiegsbroschüre, Praktikumsbroschüre

Das Unternehmen

Die WestLB gehört mit einer Bilanzsumme für 2001 von 431,9 Mrd. Euro und weltweit ca. 11.500 Mitarbeitern zu den größten deutschen Banken.

Als international tätige deutsche Geschäftsbank mit Schwerpunkt im Großkundengeschäft ist die WestLB AG mit ihren Niederlassungen in zahlreichen Ländern der Welt präsent.

Als Ansprechpartner für unsere Kunden in nationalen und internationalen zukunftsträchtigen Märkten reicht unsere Produktpalette vom Aktiengeschäft über das Kreditgeschäft bis hin zu Equity Investment. Unsere Zielkunden sind Firmenkunden, Sparkassen, öffentliche Kunden und Finanzinstitutionen. Der Sitz der WestLB AG ist Düsseldorf und Münster.

Einsatzbereiche für Absolventen sind alle Stabs- und Linienbereiche der Bank. Der Berufseinstieg erfolgt über einen Direkteinstieg oder über flexible Einstiegsprogramme mit den möglichen Ausrichtungen Equities/Investment Banking, Global Financial Markets, Special Finance, Risk Management, Controlling/Accounting oder Informationsmanagement, Dauer ca. 9 Monate, eventuell einige Monate davon im Ausland.

Weitere Informationen zur WestLB AG finden Sie auf unserer Website www.westlb.de.

Das Angebot

- **Geplante Einstellungen 2003:** ca. 50-80 Hochschulabsolventen
- **Fachrichtungen:** Wirtschaftswissenschaften, Volkswirtschaft, Mathematik, Wirtschaftsmathematik, Informatik, Wirtschaftsinformatik
- **Startprogramm:** Direkteinstieg
- **Einsatzbereiche:** Alle Stabsabteilungen und Geschäftsbereiche der Bank
- **Weiterbildung:** Gezielte Training-on-the-job und Training-off-the-job-Maßnahmen, Persönlichkeitsentwicklung sowie Fachtraining, Potenzialanalyse und -entwicklung.
- **Einstiegsgehälter:** ca. 43.000 Euro p.a.
- **Auslandseinsatz:** Nach erster Berufserfahrung möglich.
- **Besondere soziale Leistungen:** branchenüblich

Der Einstieg

Bewerbung	Vollständige Unterlagen, Bewerbung online möglich
Auswahl	Gespräche in der Personal- und Fachabteilung
Pluspunkte	Praktika, Sprachkenntnisse, Bankausbildung, Auslandsaufenthalte
Fachliche Qualifikation	Analytisches Denken, Kenntnisse der Finanz-/Kapitalmärkte gute englische Sprachkenntnisse
Persönliche Qualifikation	Teamfähigkeit, Eigeninitiative, Überzeugungskraft, gutes Persönlichkeitsbild, außeruniversitäres Engagement
Was Sie erwartet	„People make the difference“ Die ständige Veränderung der Märkte stellt immer neue Anforderungen an jeden von uns. Wir in der WestLB AG arbeiten in dem Bewusstsein, dass unser Erfolg und unser Wachstum in hohem Ausmaß von der Qualifikation und Motivation unserer Mitarbeiter abhängt.

6. Adressen

ABN AMRO Bank AG
Mainzer Landstraße 65
60329 Frankfurt am Main
www.abnamro.de

ADG Akademie Deutscher
Genossenschaften e. V.
Schloss Montabaur
56410 Montabaur
www.adg-online.de

Advance Bank AG
Putzbrunner Straße 71
80003 München
www.advance.de

AMB Aachener und Münchener
Versicherung-Aktiengesellschaft
Aureliusstraße 2
52064 Aachen
www.amb.de

AdvoCard Rechtsschutz-versicherung
Aktiengesellschaft
Heidenkampsweg 81
20097 Hamburg
www.advocard.de

AEGON Lebensversicherungs-
Aktiengesellschaft
Kavalleriestraße 2-4
40213 Düsseldorf
www.aegon.de

AKA Ausfuhrkredit-Gesellschaft mbH
Große Gallusstraße 1-7
60311 Frankfurt am Main
www.akabank.de

Allgemeine Deutsche Direktbank AG
Baseler Straße 27-31
60329 Frankfurt am Main
www.diba.de

ALLGEMEINE KREDIT-
VERSICHERUNG
AKTIENGESELLSCHAFT
Isaac-Fulda-Allee 1
55124 Mainz
www.allgemeine-kredit.de

Allianz Lebensversicherungs-
Aktiengesellschaft
Reinsburgstraße 19
70178 Stuttgart
www.allianz.de

Allianz Versicherungs-
Aktiengesellschaft
Königinstraße 28
80802 München
www.allianz.de

American Express Bank GmbH
Theodor-Heuss-Allee 112
60486 Frankfurt am Main
www.amex.de

ARAG Allgemeine Versicherungs-AG
ARAG-Platz 1
40472 Düsseldorf
www.arag.de

ASPECTA Versicherung AG
Schwarzer Weg 28
22309 Hamburg
www.aspecta.de

AXA Colonia Konzern
Aktiengesellschaft
Gereonsdriesch 9-11
50670 Köln
www.axa.de

Badenia Bausparkasse AG
Badeniaplatz 1
76114 Karlsruhe
www.badenia.de

Bankakademie e. V.
Sonnemannstraße 9-11
60314 Frankfurt am Main
www.bankakademie.de

Bankhaus Gebr. Bethmann
Bethmannstraße 7-9
60311 Frankfurt am Main
www.bethmannbank.de

Bankhaus Lampe
Jägerhofstraße 10
40479 Düsseldorf
www.lampebank.de

Bank Julius Bär Deutschland AG
Friedrich-Ebert-Anlage 49
60327 Frankfurt am Main
www.juliusbaer.com

Barmenia Krankenversicherung auf
Gegenseitigkeit
Kronprinzenallee 12-18
42119 Wuppertal
www.barmenia.de

Basler Versicherungs-Gesellschaft
Basler Straße 4
61352 Bad Homburg
www.basler.de

Bausparkasse Schwäbisch-Hall AG
Crailsheimer Straße 52
74520 Schwäbisch-Hall
www.schwaebisch-hall.de

Bayerische Beamten Lebens-
versicherung a.G.
Thomas-Dehler-Straße 25
81737 München
www.bbv.de

Bayerische Hypo- und
Vereinsbank AG
Am Tucherpark 16
80538 München
www.hypovereinsbank.de

Bayerische Landesbank
Brienner Straße 20
80333 München
www.bayernlb.de

Bayerischer Versicherungsverband
Maximilianstraße 35
80538 München
www.vkb.de

Berenberg Bank
Jungfernstieg 20
20354 Hamburg
www.berenberg.de

Berlinische Lebensversicherung Aktiengesellschaft
Gustav-Stresemann-Ring 7-9
65173 Wiesbaden
www.berlinische.de

Berufsbildungswerk der Deutschen Versicherungswirtschaft (BWV) e. V.
Arabellastraße 29
81925 München
www.bwv-online.de

BHF-Bank AG
Bockenheimer Landstraße 10
60323 Frankfurt am Main
www.bhf-bank.com

BHW Bausparkasse AG
Lubahnstraße 2
3789 Hameln
www.bhw.de

BMW Bank GmbH
Heidemannstraße 164
80788 München
www.bmwbank.de

Bundesverband der Deutschen Volksbanken und Raiffeisenbanken (BVR)
Heussallee 5
53113 Bonn
www.vrnet.de

Bundesverband Deutscher Banken e. V.
Burgstraße 28
10178 Berlin
www.bdb.de

Bundesverband Deutscher Investmentgesellschaften e. V.
Eschenheimer Anlage 28
60318 Frankfurt am Main
www.bvi.de

CC-Bank Aktiengesellschaft
Bismarckstraße 84
41061 Mönchengladbach
www.cc-bank.de

Citibank Privatkunden AG
Kasernenstraße 10
40213 Düsseldorf
www.citibank.de

CiV Versicherung AG
Neustraße 62
40721 Hilden
www.civ-versicherung.de

ComDirect Bank GmbH
Pascalkehre 15
25451 Quickborn
www.comdirect.de

Commerzbank AG
Kaiserplatz
60261 Frankfurt am Main
www.commerzbank.de

Concordia Versicherungs-Aktiengesellschaft
Karl-Wiechert-Allee 55
30625 Hannover
www.concordia.de

Condor Allgemeine Versicherungs-Aktiengesellschaft
Admiralitätstraße 67
20459 Hamburg
www.condor-versicherung.de

Consors Discount Broker
Johannesgasse 20
90402 Nürnberg
www.consors.de

Continentale Versicherung
Aktiengesellschaft
Ruhrallee 94
44139 Dortmund
www.continentale.de

COSMOS Versicherung
Aktiengesellschaft
Halbergstraße 52-54
66121 Saarbrücken
www.cosmos.de

Credit Suisse First Boston AG
Postfach 20 01 40
60605 Frankfurt am Main
www.creditsuisse.de

DaimlerChrysler Bank GmbH
Nordbahnhofstraße 147
70191 Stuttgart
www.daimlerchrysler-bank.com

D.A.S. Allgemeine Rechtsschutz-Versicherungs-Aktiengesellschaft
Thomas-Dehler-Straße 2
81737 München
www.das.de

DBV Deutsche Beamten-Versicherung
Aktiengesellschaft
Frankfurter Straße 50
65189 Wiesbaden
www.dbv-winterthur.de

DBV-Winterthur Versicherungs AG
Leopoldstraße 204
80804 München
www.dbv-winterthur.de

Debeka Allgemeine Versicherung
Aktiengesellschaft
Ferdinand-Sauerbruch-Straße 18
56073 Koblenz
www.debeka.de

Deka Deutsche Kapitalanlagegesellschaft mbH
Mainzer Landstraße 50
60253 Frankfurt am Main
www.deka.de

Delbrück & Co. Privatbankiers
Gereonstraße 15-23
50670 Köln
www.delbrueck.de

Depfa Deutsche Pfandbrief AG
Paulinenstraße 15
65189 Wiesbaden
www.depfa-bank.de

Deutsche Apotheker- und
Ärztebank eG
Emanuel-Letze-Straße 8
40547 Düsseldorf
www.apobank.de

Deutsche Ausgleichsbank
Ludwig-Erhard-Platz 1-3
53179 Bonn
www.dta.de

Deutsche Bank AG
Taunusanlage 12
60325 Frankfurt am Main
www.deutsche-bank.de

Deutsche Börse AG
Börsenplatz 7-11
60313 Frankfurt am Main
www.deutsche-boerse.com

Deutsche Bundesbank
Wilhelm-Epstein-Straße 14-16
60431 Frankfurt am Main
www.bundesbank.de

Deutsche Factoring Bank –
Deutsche Factoring GmbH & Co.
Langenstraße 15-21
28195 Bremen
www.deutsche-factoring.de

Deutsche Kreditbank AG
Kronenstraße 8-10
10117 Berlin
www.dkb-bank.de

Deutsche Sparkassenakademie
Buschstraße 32
53113 Bonn
www.sparkassenakademie.de

Deutsche Verkehrs-Bank AG
Friedrich-Ebert-Anlage 2-14
60325 Frankfurt am Main
www.dvbbank.com

Deutsche Versicherungsakademie e. V.
Stuntzstraße 16
81677 München
www.dva-online.de

DEUTSCHER HEROLD Allgemeine
Versicherungs-Aktiengesellschaft der
Deutschen Bank
Poppelsdorfer Allee 25-33
53115 Bonn
www.deutscherherold.de

DEUTSCHER RING
Ludwig-Erhard-Straße 22
20459 Hamburg
www.deutscherring.de

Deutscher Sparkassen- und
Giroverband e. V.
Behrenstraße 31
10117 Berlin
www.dsgv.de

DEVK Allgmeine Versicherungs-
Aktiengesellschaft
Riehler Straße 190
50735 Köln
www.devk.de

DG HYP - Deutsche Genossenschafts-
Hypothekenbank AG
Rosenstraße 2
20095 Hamburg
www.dghyp.de

DGZ Deka Bank
Mainzer Landstraße 16
60325 Frankfurt am Main
www.dgz-dekabank.de

DIT Deutscher Investment Trust
Gesellschaft für Wertpapieranlagen
Mainzer Landstraße 11-13
60329 Frankfurt am Main
www.dit.de

DKV Deutsche Krankenversicherung
Aktiengesellschaft
Aachener Straße 300
50933 Köln
www.dkv.com

Dresdner Bank AG
Jürgen-Ponto-Platz 1
60301 Frankfurt am Main
www.dresdner-bank.de

DSL-Bank Deutsche Siedlungs-
und Landesrentenbank
Kennedyallee 62-70
53175 Bonn
www.dsl-bank.de

DWS Deutsche Gesellschaft
für Wertpapiersparen
Grüneburgweg 113-115
60323 Frankfurt am Main
www.dws.de

DZ Bank Deutsche Zentral-
Genossenschaftsbank AG
Platz der Republik
60325 Frankfurt am Main
www.dzbank.de

ebs-Finanzakademie an der European
Business School
Kranenstraße 19
63375 Oestrich-Winkel
www.ebs.de

ERGO Verischerungsgruppe AG
Victoriaplatz 2
40198 Düsseldorf
www.ergo.de

Europäische Zentralbank
Kaiserstraße 29
60311 Frankfurt am Main
www.ecb.int

Ford Bank AG
Von-Gablenz-Straße 2-6
50679 Köln
www.fordbank.de

Frankfurter Sparkasse
Neue Mainzer Straße 47-53
60311 Frankfurt am Main
www.fraspa1822.de

GEFA Gesellschaft für Absatzfinanzierung mbH
Robert-Daum-Platz 1
42117 Wuppertal
www.gefa.de

Generali Lloyd Aktiengesellschaft
Karlstraße 10
80333 München
www.generali.de

Genossenschaftsverband
Rheinland e. V.
Severinstraße 214-218
50676 Köln
www.gvr-koeln.de

Gerling-Konzern Allgemeine
Versicherungs-Aktiengesellschaft
Von-Werth-Straße 4-14
50670 Köln
www.gerling.de

Gothaer Lebensversicherung auf
Gegenseitigkeit
Gothaer Platz 2-8
37083 Göttingen
www.gothaer.de

Hallesche-Nationale Krankenversicherung auf Gegenseitigkeit
Reinsburgstraße 10
70178 Stuttgart
www.hallesche.de

Hamburger Sparkasse
Adolphsplatz
20457 Hamburg
www.haspa.de

Hamburgische Landesbank
Gerhart-Hauptmann-Platz 50
20095 Hamburg
www.hamburglb.de

Hamburg-Mannheimer Versicherungs-Aktien-Gesellschaft
Überseering 45
22297 Hamburg
www.hamburg-mannheimer.de

Hannoversche Lebensversicherung a.G.
Karl-Wiechert-Allee 10
30622 Hannover
www.hannoversche.de

Hanse-Merkur Allgemeine
Versicherungs-Aktiengesellschaft
Neue Rabenstraße 28,
20354 Hamburg
www.hansemerkur.de

Hauck & Aufhäuser
Privatbankiers KGaA
Kaiserstraße 24
60311 Frankfurt am Main
www.hauck-aufhaeuser.de

HDI Lebensversicherung
Aktiengesellschaft
Schwarzer Weg 28
22309 Hamburg
www.hdi.de

HERMES Kreditversicherungs-
Aktiengesellschaft
Friedensallee 254
22763 Hamburg
www.hermes.de

Hochschule für Bankwirtschaft
Sonnemannstraße 9-11
60314 Frankfurt am Main
www.hfb.de

HSBC Trinkaus & Burkhardt
Königsallee 21-23
40212 Düsseldorf
www.hsbctrinkaus.de

HUK COBURG Allgemeine
Versicherungs-Aktiengesellschaft
Bahnhofsplatz
96444 Coburg
www.huk.de

IDUNA Vereinigte
Lebensversicherung aG
Neue Rabenstraße 15-19
20354 Hamburg
www.iduna.de

IKB Deutsche Industriebank AG
Wilhelm-Bötzkes-Straße 1
40474 Düsseldorf
www.ikb.de

JP Morgan AG
Grüneburgweg 2
60322 Frankfurt am Main
www.jpmorgan.com

Karlsruher Versicherung
Aktiengesellschaft
Hermann-Veit-Straße 6
76135 Karlsruhe
www.karlsruher.de

KfW Kreditanstalt für Wiederaufbau
Palmengartenstraße 5-9
60325 Frankfurt am Main
www.kfw.de

Kölnische Rückversicherungs-
Gesellschaft AG
Theodor-Heuss-Ring 11
50668 Köln
www.gcr.com

KPMG Deutsche Treuhand
Gesellschaft AG
Taubenstraße 44-45
10117 Berlin
www.kpmg.de

KRAVAG-Allgemeine
Versicherungs-Aktiengesellschaft
Heidenkampsweg 100
20097 Hamburg
www.kravag.de

Kreissparkasse Köln
Neumarkt 18-24
50667 Köln
www.ksk-koeln.de

Landesbank Baden-Württemberg
Am Hauptbahnhof 2
70173 Stuttgart
www.lbbw.de

Landesbank Berlin
Bundesallee 171
10889 Berlin
www.lbb.de

Landesbank Hessen-Thüringen
Neue Mainzer Straße 52-58
60311 Frankfurt am Main
www.helaba.de

Landesbank Rheinland-Pfalz
Große Bleiche 54-56
55098 Mainz
www.lrp.de

Landesbank Schleswig-Holstein
Martensdamm 6
24103 Kiel
www.lb-kiel.de

Landeszentralbank in Baden-Württemberg
Marstallstraße 3
70173 Stuttgart
www.bundesbank.de

Landeszentralbank im Freistaat Bayern
Ludwigstraße 13
80539 München
www.bundesbank.de

Landeszentralbank in Berlin und Brandenburg
Steinplatz 2
10623 Berlin
www.bundesbank.de

Landeszentralbank in der Freien und Hansestadt Hamburg in Mecklenburg-Vorpommern und Schleswig-Holstein
Ost-West-Straße 73
20459 Hamburg
www.bundesbank.de

Landeszentralbank in Hessen
Taunusanlage 5
60329 Frankfurt am Main
www.bundesbank.de

Landeszentralbank in der Freien Hansestadt Bremen, in Niedersachsen und Sachsen-Anhalt
Georgsplatz 5
30159 Hannover
www.bundesbank.de

Landeszentralbank in Nordrhein-Westfalen
Berliner Allee 14
40212 Düsseldorf
www.bundesbank.de

Landeszentralbank in Rheinland-Pfalz und im Saarland
Hegelstraße 65
55122 Mainz
www.bundesbank.de

Landeszentralbank in den Freistaaten Sachsen und Thüringen
Prager Straße 200
04103 Leipzig
www.bundesbank.de

Leonberger Bausparkasse
Lindenstraße 21
71229 Leonberg
www.leonberger.de

Lloyd's Versicherer
Bockenheimer Anlage 4
60322 Frankfurt am Main
www.lloyds.com

LVM Landwirtschaftlicher Versicherungsverein Münster a.G.
Kolde-Ring 21
48151 Münster
www.lvm.de

Mannheimer Versicherung Aktiengesellschaft
Augustaanlage 66
68165 Mannheim
www.mannheimer.de

Merck Finck & Co. Privatbankiers
Pacellistraße 16
80333 München
www.merckfinck.de

Merrill Lynch
Capital Markets Bank Ltd.
Neue Mainzer Straße 75
60311 Frankfurt am Main
www.mlim.de

M. M. Warburg & Co. KGaA
Ferdinandstraße 75
20044 Hamburg
www.mmwarburg.com

Morgan Stanley Dean Witter Bank Ltd.
Junghofstraße 13-15
60311 Frankfurt am Main
www.morganstanley.de

Münchener Rückversicherungs-Gesellschaft
Königinstraße 107
80802 München
www.munichre.com

Nassauische Sparkasse
Rheinstraße 42-46
65185 Wiesbaden
www.naspa.de

NECKURA Versicherungs-Aktiengesellschaft
John-E.-Fischer-Straße 1
61440 Oberursel
www.neckura.de

NORD/LB Norddeutsche Landesbank
Georgsplatz 1
30159 Hannover
www.nordlb.de

Norisbank AG
Rathenauplatz 12-18
90486 Nürnberg
www.norisbank.de

Nürnberger Allgemeine Versicherungs-Aktiengesellschaft
Ostendstraße 100
90482 Nürnberg
www.nuernberger.de

Ökobank
Am Hauptbahnhof 6
60329 Frankfurt am Main
www.oekobank.de

ONTOS Versicherung
Aktiengesellschaft
Rheinlandplatz
41460 Neuss
www.ontos.de

Opel Bank GmbH
Stahlstraße 34
65428 Rüsselsheim
www.opelbank.de

Optima Versicherungs-
Aktiengesellschaft
Admiralitätsstraße 67
20459 Hamburg
www.optima.de

Parion OHG
Kaiser-Wilhelm-Ring 23-25
50672 Köln
www.parion.de

Patria Versicherung Aktiengesellschaft
Riehler Straße 88-90
50668 Köln
www.patria.de

Postbank AG
Friedrich-Ebert-Allee 114-126
53113 Bonn
www.postbank.de

PriceWaterhouseCoopers
Marie-Curie-Straße 24-28
60439 Frankfurt am Main
www.pwcglobal.com

Provinzial Rheinland
Versicherung AG
Provinzialplatz 1
40591 Düsseldorf
www.provinzial.de

Quelle Versicherung
Aktiengesellschaft
Nürnberger Straße 91-95
90758 Fürth
www.quelle-versicherung.de

R+V VERSICHERUNG
Aktiengesellschaft
Taunusstraße 1
65193 Wiesbaden
www.ruv.de

Rabobank International AG
Solmsstraße 2-26
60486 Frankfurt am Main
www.rabobank.de

RHEINHYP
Rheinische Hypothekenbank AG
Taunustor 3
60311 Frankfurt am Main
www.rheinhyp.de

Rheinland Versicherungs-
Aktiengesellschaft
Rheinlandplatz
41460 Neuss
www.rheinland-versicherung.de

ROLAND Rechtsschutz-Versicherungs-Aktiengesellschaft
Deutz-Kalker Straße 46
50679 Köln
www.roland-rechtsschutz.de

SaarLB Landesbank Saar
Ursulinenstraße 2
66111 Saarbrücken
www.saarlb.de

Sachsen LB Landesbank Sachsen
Humboldtstraße 25
04105 Leipzig
www.sachsenlb.de

Sal. Oppenheim jr. & Cie. KGaA
Unter Sachsenhausen 4
50667 Köln
www.oppenheim.de

Santander Direkt Bank AG
Gräfstraße 97
60487 Frankfurt am Main
www.santander.de

SIGNAL IDUNA Versicherungen
Joseph-Scherer-Straße 3
44139 Dortmund
www.signal.de

Skandia Lebensversicherung AG
Bismarckstraße 101
10625 Berlin
www.skandia.de

Stadtsparkasse Köln
Hahnenstraße 57
50667 Köln
www.sk-koeln.de

Stadtsparkasse München
Sparkassenstraße 2
80791 München
www.sskm.de

Standard life Assurance Company
Lyoner Straße 15
60528 Frankfurt am Main
www.standardlife.de

Stuttgarter Allgemeine Versicherung
Aktiengesellschaft
Rotebühlstraße 120
70197 Stuttgart
www.stuttgarter.de

SV Sparkassen Versicherung
Bahnhofstraße 69
65185 Wiesbaden
www.sparkassenversicherung.de

THURINGIA Versicherungs-
Aktiengesellschaft
Adenauerring 7
81737 München
www.thuringia.de

UBS Schröder Münchmeyer Hengst
Ballindamm 33
20095 Hamburg
www.smh.de

uniVERSA Allgemeine Versicherung AG
Sulzbacher Straße 1-7
90489 Nürnberg
www.universa.de

vbb Vereinigung für Bankberufsbildung e. V.
Darmstädter Landstraße 125
60589 Frankfurt am Main
www.vbb.de

Vereinte Versicherung Aktiengesellschaft
Königinstraße 28
80802 München
www.vereinte.de

Versicherungskammer Bayern
Maximilianstraße 53
80538 München
www.vkb.de

VHV Vereinigte Haftpflichtversicherung Versicherungsverein
Constantinstraße 40
30177 Hannover
www.vhv.de

VICTORIA Versicherung Aktiengesellschaft
Victoriaplatz 1
40477 Düsseldorf
www.victoria.de

Volksfürsorge Deutsche Lebensversicherung Aktiengesellschaft
An der Alster 57-63
20099 Hamburg
www.volksfuersorge.de

Volkswagen Bank GmbH
Gifhorner Straße 57
38112 Braunschweig
www.vwbank.de

VPV ALLGEMEINE
Pohligstraße 3
50969 Köln
www.vpv.de

VPV Lebensversicherungs-Aktiengesellschaft
Mittlerer Pfad 19
70499 Stuttgart
www.vpv.de

Westfalenbank AG
Huestraße 21-25
44787 Bochum
www.westfalenbank.de

Westfälische Provinzial-Lebensversicherungsanstalt
Provinzial-Allee 1
48159 Münster
www.provinzial.de

WESTHYP Westfälische Hypothekenbank AG
Florianstraße 1
44139 Dortmund
www.westhyp.de

WestLB Westdeutsche Landesbank
Herzogstraße 15
40217 Düsseldorf
www.westlb.de

WGZ-Bank Westdeutsche
Genossenschaft-Zentralbank eG
Ludwig-Erhard-Allee 20
40227 Düsseldorf
www.wgz-bank.de

Württembergische Versicherung
Aktiengesellschaft
Gutenbergstraße 30
70176 Stuttgart
www.wuerttembergische.de

Wüstenrot Bank AG
Im Tambour 1
71630 Ludwigsburg
www.wuestenrot.de

WWK Lebensversicherung auf
Gegenseitigkeit
Marsstraße 37
80335 München
www.wwk.de